I0582879

Беларускія галасы з Познані

Павел Залескі

Pavieł Zaleski, *Biełaruskija hałasy z Poznani.*

Skaryna Press
skarynapress.com

Тэксты інтэрв'ю і гутарак публікуюцца згодна з ліцэнзіяй
Польскага радыё для замежжа

Выхад гэтае кнігі падтрымалі ахвяраваннямі:
Андрэй і Святлана
Максім Самароў
Антон Барысенка
Алена Баркоўская
Раман Курпачэнка
Кастусь Якубоўскі
Уладзіслаў Гарбацкі
Таццяна Трыфанава
Раман Курпачэнка
Яўген Кавалёў
Андрэй Мацко
Алена В.
Eugenia Spiewak
Пра баскетбол па-беларуску
і іншыя, хто пажадаў застацца неназваным.
Нізкі паклон вам!

Дзякуй краўдфандынгавай платформе Gronka.

Адказны рэдактар *Ігар Іваноў*
Рэдактарка тэкстаў *Надзея Амельчанка*
Дызайнер вокладкі *Ігар Назарэнка*

ISBN 978-1-915601-78-0

Ад аўтара

Гэта кніга пра беларусаў, якія пасля падзей 2020 года вымушаны былі пакінуць радзіму і нечакана для сябе сталі эмігрантамі. Я быў адным з іх у польскай Познані, еў той самы эміграцкі хлеб, бачыў, як людзі перажывалі развітанне з радзімай, блізкімі і сябрамі. Я перажываў тое ж самае. Працуючы ў беларускай рэдакцыі Польскага радыё, пачаў запісваць іх гісторыі — гісторыі тых, хто ў 2020 годзе выходзіў у сваіх гарадах і мястэчках на плошчы з бел-чырвона-белымі сцягамі, каго арыштоўвалі, катавалі, судзілі, каму давялося ўцякаць разам з сем'ямі з адным заплечнікам за мяжу і потым нанова ўладкоўваць сваё жыццё ў чужой краіне. Іх галасы гучалі на хвалях Польскага радыё.

Усе мае героі — звычайныя беларусы. Сярод іх бадай няма вядомых палітыкаў, дзеячаў культуры ці навукі. Яны з таго бел-чырвона-белага рою, які ў 2020 годзе запаўняў вуліцы і праспекты Мінска, Гродна, Брэста, Віцебска, Магілёва, Гомеля і іншых нашых гарадоў, мястэчак і вёсак. Мне хацелася, каб тое, што яны перажылі тады, не забылася і не згубілася. Каб у будучыні пра гэта маглі пачытаць іх нашчадкі і каб, урэшце, маглі ўзгадаць самі ўдзельнікі тых гістарычных падзей, а цяпер яшчэ раз нагадаць сучаснікам.

У гэтай кнізе практычна няма прозвішчаў маіх герояў — усё яшчэ балела, і на радзіме заставаліся блізкія і родныя, якім надалей пагражала небяспека. Я разумеў людзей і з павагай ставіўся да іх аргументаў. Перада мной былі тыя, хто ніколі раней не ўдзельнічаў у палітычных падзеях, многія не размаўлялі ў Беларусі па-беларуску, а цяпер сталі вучыць мову, цікавіцца гісторыяй сваёй краіны і глядзець на свет беларускімі вачыма. Я хацеў занатаваць тое, як за кароткі час эвалюцыянавалі звычайныя беларусы ў сваёй свядомасці, што яны перажылі і аб чым марылі. Хацелася, каб яны самі ўзгадалі, як іх практычна перамалолі тыя незабыўныя падзеі.

Без перабольшвання, падзеі 2020 года — адзін з самых цікавых адрэзкаў нашай сучаснай гісторыі. І кожны з маіх суразмоўцаў зазначаў, што падобнае перажываў упершыню ў жыцці. Хаця нельга не дадаць, што былі і змрочныя ўспаміны.

І яшчэ. Усе мае матэрыялы абмежаваны па форме. Фармат маіх гукавых стужак дазваляў размову не больш за восем хвілін. Прызнацца, было нялёгка ўкласці ў гэты прамежак часу гісторыю чалавека. Але атрымалася тое, што атрымалася...

Прадмова

Яланта Смялоўская
кіраўнічка Беларускай службы
Польскага радыё

Кожная старонка гэтай кнігі з'яўляецца адлюстраваннем лёсаў, надзей і моцных жаданняў герояў, якія перажываюць выклікі часу і абставін.

Гісторыі, сабраныя ў гэтым зборніку, былі ўпершыню апублікаваныя ў эфіры Беларускай рэдакцыі Польскага радыё для замежжа, а таксама на сайце і ў сацыяльных сетках. Гэтыя апавяданні прасякнутыя любоўю да жыцця, пошукам сябе і адданасцю радзіме, нават калі абставіны прымушаюць пакінуць яе межы.

Гэтая кніга — не проста зборнік гісторый, гэта люстэрка чалавечых перажыванняў, якія ва ўмовах эміграцыі набываюць асаблівы сэнс. Тут кожны радок напоўнены надзеяй і болем, радасцю ад перамог і смуткам ад страт. Чытач зможа адчуць, як у душах герояў пераплятаюцца моцныя эмоцыі — каханне, смеласць, туга і жаданне вяртання дамоў.

Адным з герояў з'яўляецца Ягор — інжынер, які пакінуў Беларусь з палітычных прычын і пачаў новае жыццё ў Польшчы. Яго мара стварыць вытворчасць электрычных ровараў сімвалізуе веру ў тое, што любыя цяжкасці можна пераадолець. Праз упартую працу і веру ў свае сілы ён паказвае прыклад таго, якператварыць мары ў рэальнасць, нават калі ўсе абставіны нібыта супраць цябе. Яго гісторыя натхняе не здавацца, нават калі здаецца, што ўсе дзверы зачыненыя.

Іншы герой, Каця, — маладая жанчына, якая змагалася за справядлівасць у сваёй краіне і была вымушана шукаць прытулку ў іншай дзяржаве. Яе гісторыя — гэта аповед пра адданасць і гатоўнасць ахвяраваць сабой дзеля агульнай справы. Яна працягвае сваю барацьбу за свабоду і справядлівасць, нават знаходзячыся далёка ад дому. Кожны яе дзень у эміграцыі — гэта напамін пра важнасць змагання за свае каштоўнасці і права на жыццё ў свабоднай краіне.

Гісторыя харэографа Насты, якая знаходзіць новыя спосабы самавыяўлення ў эміграцыі, паказвае, як важна захаваць творчасць і культурную спадчыну нават у складаных умовах. Яе танцы становяцца мовай, якая аб'ядноўвае людзей і натхняе на рух наперад. Наста паказвае, што культура можа быць як выратаваннем, так і інструментам барацьбы за ідэнтычнасць і самавызначэнне.

Аповеды ў гэтай кнізе раскрываюць, як эміграцыя можа змяніць чалавека, але ў той жа час даць новыя магчымасці. Ілона, якая пачала сваё рамесніцтва з кветкамі, знайшла ў гэтым не толькі крыніцу даходу, але і спосаб самарэалізацыі. Яе прыклад нагадвае нам, што ў кожным выпрабаванні можна знайсці новы пачатак, нават калі шлях да яго складаны і поўны невядомасці.

Шмат месца ў кнізе адводзіцца тэме адукацыі і захавання нацыянальнай ідэнтычнасці. Беларускія суботнія школы ў Польшчы — гэта не толькі магчымасць для дзяцей вывучаць мову і гісторыю сваёй краіны, але і платформа для падтрымання культурных традыцый. Настаўнікі і бацькі разам ствараюць прастору, дзе дзеці могуць адчуваць сябе часткай беларускай супольнасці. Гэтыя школы становяцца сапраўдным сімвалам таго, што беларускасць жыве, нягледзячы на адлегласць і цяжкасці.

Асаблівую ўвагу заслугоўвае гісторыя сям'і, якая пераехала ў Польшчу, пакінуўшы за сабой не толькі дом, але і лад жыцця. У цэнтры аповеду — спадарыня Вольга, якая знайшла ў сабе сілы не толькі адаптавацца ў новай краіне, але і адкрыць уласнае бухгалтарскае агенцтва. Яе вопыт даказвае, што нават у складаных умовах можна заставацца прафесіяналам і знайсці сваё месца.

Не меншую важнасць мае тэма супольнасці. Беларуская эміграцыя ў Польшчы паказвае, як людзі знаходзяць адно аднаго, ствараюць новыя сувязі і падтрымліваюць культуру праз сумесныя мерапрыемствы, канцэрты, танцы і творчыя праекты. Гэтыя гісторыі натхняюць на тое, каб не здавацца і шукаць светлыя бакі нават у самых складаных сітуацыях.

Чытаючы гэтую кнігу, вы ўбачыце, як моцна пераплятаюцца лёсы людзей, якія імкнуцца да лепшай будучыні, не забываючы пра сваё мінулае. Кожны герой — гэта асобны сусвет са сваімі выпрабаваннямі і перамогамі, але ўсе яны аб'яднаныя адным: жаданнем жыць поўным жыццём, нягледзячы на ўсе цяжкасці. Іх прыклады вучаць нас, што нават у найцяжэйшых абставінах можна знайсці сілы для таго, каб стварыць нешта новае і каштоўнае.

Запрашаем вас у падарожжа па старонках гэтай кнігі, дзе кожная гісторыя напоўнена глыбокім сэнсам і верай у лепшае. Магчыма, вы пазнаеце ў гэтых героях сябе або знойдзеце натхненне для сваіх уласных мараў і перамог. Мы верым, што пасля прачытання гэтай кнігі ў вашым сэрцы застанецца святло і ўпэўненасць у тым, што нават у самыя цяжкія часы можна знайсці сілы, каб рухацца далей і з надзеяй глядзець у будучыню.

Рэкамендую.

Праз 2020 год да беларускасці

Падзеі 2020 года паўплывалі на многіх людзей у Беларусі. Шмат хто змяніў свае погляды на жыццё ў цэлым, нехта палітызаваўся, а некаторым давялося прайсці праз выпрабаванні, уключаючы турмы і катаванні. **Вольга**, якая з'ехала за мяжу да 2020 года, дзеліцца сваім досведам і распавядае, як тое, што адбывалася ў Беларусі, паўплывала на яе асобу.

У пошуках сябе

Вольга — творчы чалавек, у яе педагагічная адукацыя. Яна малюе, займаецца камп'ютарнай графікай, арганізуе розныя вечарыны, друкавалася ў беларускіх выданнях. У яе шмат розных ідэй, і яна ўвесь час у пошуку.

Магчыма, менавіта таму лёс творчага чалавека прывёў яе ў Польшчу яшчэ да 2020 года. Не знайшоўшы магчымасцяў для рэалізацыі сваіх планаў і задум на радзіме, яна палічыла, што прынцыповыя змены ў жыцці палепшаць яго.

Як сама заўважае, ёй давялося сутыкнуцца з усімі праблемамі эмігранта: складанасці з легалізацыяй, цяжкасці з уладкаваннем на працу, безграшоўе... Усё гэта давялося перажыць.

Паводле яе слоў, у Польшчы ёсць шмат магчымасцяў для творчага чалавека зарабляць грошы, але пры ўмове, што ты афіцыйна ўладкаваны і маеш дамову аб працы, фірма плаціць за цябе падаткі і робіць усе неабходныя адлічэнні.

Атрымалася беларуская кавярня

Не маючы асаблівага досведу, у перыяд пандэміі яна наважылася разам з сяброўкай адчыніць кавярню ў Познані.

— Ідэя была простай. У нейкі момант нам здалося, што будзе цікава і спакойна, калі ў нас будзе нешта сваё і мы будзем рабіць канапкі і падаваць людзям каву.

Але ўсё аказалася не так проста. Да таго ж пачалася другая хваля кавіду, справы ў кавярні складваліся не найлепшым чынам. І ёй, і сяброўцы давялося, працуючы штодня за барнай стойкай, мыючы посуд і падлогу, яшчэ падпрацоўваць у іншых месцах, каб хапала на жыццё. Было нават жаданне зачыніцца, але цудам пераадолелі гэтыя складанасці.

Дзеля таго каб развіваць справу і прываблівань кліентаў, Вольга выкарыстоўвае ўсе свае творчыя здольнасці: арганізуе ў кавярні адмысловыя вечары, сустрэчы, ладзіць выставы, майстар-класы, нават такія, як цыраваць шкарпэткі. І гэта дало свой плён — кліенты зацікавіліся.

Дзяўчына прызнаецца, што спачатку, адчыняючы з сяброўкай кавярню, яны нават не задумваліся, што яна будзе менавіта беларускай. Але самі кліенты, пераважна палякі, знаёмячыся з дзяўчатамі, пачуўшы іх беларускую мову і ацаніўшы творчы падыход да справы, казалі, што ідуць у беларускую кавярню.

Той год не забываецца

А пасля 2020 года сюды сталі прыходзіць і беларусы, якія па вымушаных прычынах апынуліся ў Польшчы. Над кавярняй лунае бел-чырвона-белы сцяг. Тут гучыць беларуская мова, абмяркоўваюцца праблемы, вырашаюцца розныя справы.

Цікаўлюся ў Вольгі, як успрымаліся тут падзеі 2020 года. Яна згадвае, што перад выбарамі быў прыўзняты настрой. Большасць яе знаёмых і яна сама паехалі ў Варшаву, каб прагаласаваць у амбасадзе.

Побач з беларускай амбасадай, распавядае дзяўчына, таксама панавала святочная атмасфера. Была вялікая чарга, людзі хваляваліся, што не здолеюць патрапіць туды, каб аддаць свой голас. Жартавалі, што дыпламаты робяць штучныя перашкоды, каб беларусы не маглі абраць новага прэзідэнта, але нават гэта не псавала тады настрою.

— Такая вялікая чарга, і яна ператварылася ўжо ў нешта большае: людзі размаўлялі паміж сабой, дзяліліся думкамі, хто ішоў у краму, набывалі ваду не толькі для сябе, але і для іншых. Такая салідарнасць панавала...

Тады Вользе здавалася, што ўсё відавочна, зразумела і хутка наступіць сапраўднае свята.

Вяртаючыся ўвечары дадому, прачытала ў аўтобусе першыя навіны з Мінска і бачыла, як змяніліся твары тых, хто прыязджаў галасаваць...

Дзяўчына згадвае, што два тыдні ў яе трэсліся рукі і пагоршыўся зрок, бо яна не выпускала з рук тэлефон.

— Адчувала такую трывогу, што ўвечары пастаянна пачынала моцна плакаць. Праз тры гадзіны ў мяне, як у дзіцяці, усё паўтаралася, і я плакала наўзрыд. Так хацелася дамоў, не бачыла маці тры гады. А яна кажа: „Не прыязджай“, бо баіцца. І плачаш, плачаш, плачаш...

Убачыўшы ўсе зверствы і кроў на плошчы роднага горада, яна не магла сабе ўявіць, адкуль у яе сяброў бяруцца сілы і адвага выходзіць на вуліцы супраць узброенага АМАПу. Пазней адна з сябровак ёй патлумачыла:

— Калі я там была, то ўспрымала ўсё інакш: стрэлы, выбухі... людзей было шмат. Але пазней, калі паглядзела відэа, то толькі тады спалохалася...

Вольга згадвае, што ў той час тут, у Польшчы, яна асабіста адчувала вялікую падтрымку ад палякаў, якія праяўлялі салідарнасць з беларусамі.

— Яны імкнуліся быць побач, бачылі, у якім мы стане, што нехта не мог дазваніцца да родных ці блізкіх. Нават тыя, хто звычайна спазняўся на спатканні, цяпер загадзя прыходзілі, чакалі. Памятаю, адзін мой знаёмы ўвесь час імкнуўся запрашаць мяне на нейкія імпрэзы, хоць мне было вельмі складана кудысьці хадзіць. Але я разумела, што ён хацеў, каб я хоць трохі адключылася...

Мы ўсе павінны дапамагчы сваёй краіне

Перажыўшы гэты няпросты для ўсіх беларусаў перыяд, Вольга прызнаецца, што для яе асабіста гэта быў час пераацэнкі сваіх поглядаў і каштоўнасцяў, найперш адносна беларускасці.

Дзяўчына не хавае, што раней Беларусь атаясамлівалася для яе з буслом і васількамі. Прычына ў тым, што з дзяцінства дзяржаўная сістэма была скіравана на тое, каб дзеці не ведалі мовы, у школе не вучылі беларускай гісторыі, пазней не цікавіліся апазіцыяй і не сфармавалі грамадзянскай адказнасці. Тым не менш у дзяцінстве Вольга чытала беларускія кніжкі, спрабавала пісаць вершы па-беларуску, але практычна не было з кім размаўляць на роднай мове.

— Я, на жаль, толькі ў 2020 годзе даведалася, як выглядаюць катаванні, як выглядае палітычная барацьба, пра што гавораць разумныя людзі ў нашай краіне і за што яны перажываюць.

Шкада толькі, што змяніць погляды давялося праз такія страшныя абставіны. Дзяўчына звяртае ўвагу на тое, што праз гэтыя падзеі, коштам людзей, якія дагэтуль знаходзяцца ў турмах, беларусы заслужылі паважлівае стаўленне ў свеце. А ёй вельмі хочацца дамагчыся павагі проста сваім жыццём і сваімі ўчынкамі.

— Я вельмі спадзяюся, што мы ўсе тут адказныя за свае ўчынкі, удзячныя за дапамогу і ўвагу да нас у нашай бядзе, якую нам аказвае свет. Таму што насамрэч ніхто нам нічога не вінен.

Вольга не загадвае, як складзецца яе жыццё далей, але разумее, што дэмакратыя наступіць рана ці позна і ў Беларусі. Ёй вельмі хацелася б вярнуцца туды хоць на некалькі гадоў.

— Мы павінны будзем вярнуцца і дапамагчы сваёй краіне. Гэта будзе нашым адказам на тую ўвагу да нас, якая была ўвесь гэты час. Бо вельмі лёгка казаць, калі ты на добрым баку і ўвесь свет разам з табою. Важным крокам будзе той, калі мы будзем патрэбныя толькі беларусам, а не ўсяму свету. Вось тады будзе момант адказнасці. Я спадзяюся, што ў мяне хопіць сіл.

А яшчэ дадае, што вельмі сумуе па Беларусі:

— Я якраз з тых, хто заўсёды кажа, што ў нас і малако лепшае, і сыркі ёсць, і цягнікі не спазняюцца. У мяне заўсёды шмат крытэрыяў: і гэта было лепей, і з тым было лягчэй...

22 траўня 2023

„Здавалася б, усё тут маю, але радасці на 100 % не стае“

Гісторыя **Аліны** — эмігранткі, якая ўдзельнічала ў падзеях 2020 года ў Мінску, вымушана была з'ехаць за мяжу, наладзіла там прыстойнае жыццё, але так і не можа атрымаць ад яго поўнай сатысфакцыі.

Надакучыла слухаць хлусню

Аліна — мінчанка. З 2021 года жыве ў Польшчы і працуе ў сферы IT. Як і многія з цяперашніх эмігрантаў, да 2020 года яна хоць і цікавілася палітыкай, але ніколі не была актывісткай. Аднак адсутнасць дэмакратыі ў краіне і свабоды слова ўсё ж адбіваліся на яе жыцці. Мы імкнёмся размаўляць пра наш сучасны стан, але ўсё чамусьці зводзіцца да падзей 2020 года, якія дагэтуль уплываюць на наш лёс.

Дзяўчына згадвае, як яшчэ ў 2017 годзе хадзіла на святкаванне Дня Волі, бачыла жорсткія затрыманні людзей у цэнтры сталіцы, што моцна яе кранула. Пасля гэтага яна не магла глядзець прапагандысцкую хлусню па тэлебачанні.

— Усе гэтыя гісторыі на мяжы з джыпамі мяне моцна абуралі, — распавядае Аліна. — Стаўленне да нас было, як да дурняў нейкіх.

А таму ў 2020 годзе яна апынулася ў ініцыятыўнай групе Віктара Бабарыкі. Стала назіральнікам у невялікім мястэчку, бо хацела данесці да людзей, што змены ў краіне магчымыя. Але там яна ўбачыла, як, нягледзячы на пануючы ў краіне страх перад уладай, людзі станавіліся ў чаргу, каб аддаць подпіс за дэмакратычнага кандыдата, бо прагнулі перамен.

У якасці назіральніка на ўчастак яна не патрапіла па зразумелых прычынах, але зафіксавала, што яўка выбаршчыкаў рознілася з дадзенымі ўчастковай камісіі прыкладна на 30%. Пасля закрыцця ўчасткаў да яе пачала паступаць інфармацыя аб падзеях у Мінску. На наступны дзень, вярнуўшыся ў родны горад, яна ўбачыла яго іншым.

— Гэта было лета, спёка. Ты ўязджаеш днём і бачыш паўпусты горад. А на душы — нядобрае адчуванне, — згадвае Аліна.

Быў страх, але нас было шмат

Далей штодня з сябрамі і калегамі яна ўдзельнічала ў акцыях пратэсту. Было страшна, бо побач ірваліся шумавыя гранаты, людзі ў чорных балаклавах з дручкамі дзейнічалі як шалёныя. Ногі былі ватныя, даводзілася ўцякаць, але побач плячом да пляча стаялі ўжо блізкія людзі.

— Увесь час было адчуванне, што ты не адзін, што побач тыя, хто думае гэтак жа, як і ты. Ты іх бачыла, як яны ішлі, далучаліся і таксама хацелі выказаць сваю пазіцыю, — гаворыць Аліна.

Да гэтага дзяўчына пабывала ўжо ў аўтазаку, калі яе везлі з галоўнага будынка КДБ у раённы пастарунак. Пасля арышту Віктара Бабарыкі напісала асабістае хадайніцтва аб змене меры ўтрымання для яго і занесла ў КДБ. Разам з іншымі грамадзянамі, якія такім чынам выказалі сваю пазіцыю, яна апынулася ў аўтазаку, нягледзячы на тое, што церпіць на клаўстрафобію.

Гэта дадало ёй пераканання, што дзяржаўная ўстанова, якая існуе ў тым ліку і на яе падаткі, дзейнічае супраць свайго народа. Тады ж яна ўпэўнілася, што яе не ўдасца запалохаць.

Мары засталіся толькі марамі

Нягледзячы на тое, што Аліна хадзіла амаль на ўсе акцыі ў Мінску, ёй удавалася пазбегнуць затрымання, хоць ужо многія яе калегі з ініцыятыўнай групы і суседзі пабывалі на Акрэсціна або ў Жодзіне. Тым не менш, згадвае дзяўчына, у паветры над сталіцай яшчэ лунала надзея.

— Яшчэ пэўны час многія, у тым ліку і я, спадзяваліся, што арэлі калыхнуцца ў наш бок і мы здолеем вырашыць сітуацыю нашай масавасцю. Спыніцца было немагчыма, бо паўставала пытанне — як вярнуцца да таго жыцця, якое было перад гэтым. І пакуль людзі былі актыўныя, я не магла выйсці з пратэсту, — кажа Аліна.

Калі пачаліся масавыя арышты і стала вядома пра катаванні, яна разам з іншымі ўдзельнічала ў арганізацыі падтрымкі сем'ям палітзняволеных, дапамагала збіраць перадачы, бо без гэтай дапамогі ім не абысціся.

Падчас гэтай супольнай дзейнасці з іншымі, раней незнаёмымі людзьмі адкрыла для сябе нешта, пра што раней ніколі не магла нават падумаць. З сумнай усмешкай згадвае, што раней нават не ведала сваіх суседзяў, а цяпер усе разам, салідарныя і блізкія ёй людзі.

— Гэтыя падзеі звялі мяне са шматлікімі цудоўнымі людзьмі, і тады марылася, як магло б быць хораша пасля перамогі. І наагул, якія б магчымасці маглі адкрыцца для падобных супольнасцяў.

На жаль, мары засталіся толькі марамі. З'язджаць Аліне давялося, калі стала зразумела, што мірны пратэст не здолеў перамагчы. Яна добра ўсведамляла, што раней ці пазней з'явіцца на радары сілавікоў. Па некаторых сяброў ініцыятыўнай групы пачалі прыходзіць, і ёй не хацелася проста чакаць сваёй чаргі.

— Некалькі сітуацый былі такімі трывожнымі, калі здавалася, што ўжо прыйшлі. І ты разумееш, што ў пастаянным напружанні больш жыць немагчыма.

Дзякуй Польшчы, але думкі толькі пра Беларусь

ІТ-кампанія, у якой працавала Аліна, дала ёй магчымасць працягваць працу за мяжой, з ад'ездам таксама праблем не ўзнікла. З'явіліся новыя клопаты з легалізацыяй і наладжваннем побыту ў чужой краіне. Але дзякуючы гасціннасці і разуменню палякаў гэта ўсё, з яе слоў, хутка наладзілася.

Польскай мовы Аліна наагул не ведала, але дзякуючы беларускай удавалася не толькі дамовіцца са звычайнымі людзьмі, але і вырашаць праблемныя пытанні ў дзяржаўных установах.

— Я вельмі ўдзячная Польшчы за прытулак для беларусаў, — падкрэслівае Аліна. — Было б значна складаней для тых, хто ўцякае ад рэжыму, калі б палякі ставіліся да нас інакш. І чалавечае стаўленне вельмі важнае. Мне пашанцавала, бо я не мела адмоўнага досведу.

Тым не менш думкі пра Беларусь, родны Мінск, блізкіх і сяброў не пакідаюць штодня. Жыць з гэтым няпроста, і тут трэба шукаць нейкае выйсце.

— Я ментальна падрыхтавала сябе да горшага, што магу ніколі не вярнуцца ў Беларусь, але надзея, што сітуацыя зменіцца і можна будзе вярнуцца дадому, не адпускае, — прызнаецца дзяўчына.

Штодня чытае навіны з Беларусі, і нават нягледзячы на тое, што мае працу і матэрыяльна забяспечаная, радасці на 100% не адчувае.

— Тут магчыма ўсё, і ёсць сродкі на гэта, але душа не на месцы, бо ўсё маё, уключаючы кватэру, працу і даходы, засталося там, — прызнаецца Аліна. — Я лічу дні, калі змагу вярнуцца. Але застаецца толькі спадзявацца на гэта.

„Яны няшчасныя людзі, — пераканаўча кажа дзяўчына пра катаў. — Яны не ведаюць, што такое любоў у жыцці, што такое апека блізкіх людзей. Я наогул не разумею, як у чалавеку можа знікнуць гэта чалавечае. Калі ў іх не было гэтай любові, гэтай эмпатыі ў дзяцінстве, то, напэўна, цяжка ўключыць іх у сабе ў дарослым жыцці. Я не думаю, што і ў іх сем'ях ёсць шчасце і ўсё добра. Я так тлумачу сабе гэтую сітуацыю".

Напрыканцы нашай размовы я запытаўся ў Аліны, ці вернецца яна на радзіму, калі гэта стане магчымым, бо многім з беларускіх эмігрантаў спадабалася жыццё за мяжой і яны не збіраюцца вяртацца дадому.

— Я б хацела, я б вельмі хацела вярнуцца, але як гэта будзе і колькі яшчэ часу зойме? І што са мной тут будзе? Усё гэта пакуль даволі складана ўяўляць. Неяк так... — задумліва кажа дзяўчына.

23 траўня 2023

„Я ўжо не магу спыніцца — так хочацца наблізіць перамогу...“

Каця, беларуская эмігрантка ў Польшчы, спрабуе ўладкаваць жыццё на новым месцы, але падзеі 2020 года не адпускаюць...

Яшчэ да выбараў за намі сачылі

Каця родам з раённага горада, але вучылася, а затым працавала і жыла ў сталіцы. Яна яшчэ зусім маладая дзяўчына, ды падчас нашай размовы адчуваецца, наколькі ў яе абвостранае пачуццё справядлівасці. І яе ўдзел у падзеях 2020 года быў цалкам заканамерным крокам.

З кандыдатаў у яе найбольш выклікаў давер Віктар Бабарыка. Працуючы ў банку, яна магла ацаніць яго кампетэнтнасць у фінансавай сферы, здольнасці сучаснага менеджара. Верыць, што яго каманда магла б паспяхова правесці рэформы ў Беларусі, прасунуць краіну ў тэхналагічным развіцці, палепшыць жыццё народа, аднавіць культуру і мову.

Таму яшчэ задоўга да выбараў, разам з іншымі аднадумцамі, пачала падрыхтоўку да іх. Ужо напачатку лета 2020 года актыўна арганізоўваліся раённыя і дваровыя чаты, фарміраваліся каманды падтрымкі будучых кандыдатаў. Але, паводле Каці, у той самы час яны ўжо адчувалі ціск з боку сілавых органаў.

— Таму паступова мы пачалі разумець, што ў чаты сталі ўкараняць людзей з органаў, каб яны правакавалі, каб урэшце не далі нармальна адбыцца выбарам.

Уразіла людская салідарнасць

З кожным днём атмасфера напружвалася. Каця адчувала, што ўсе цяжкасці яшчэ наперадзе, але ў дзень выбараў была здзіўлена, калі пабачыла, колькі людзей у яе рабочым раёне сталіцы стаяць у чарзе, каб прагаласаваць. А потым яшчэ і чакалі вынікаў.

— Гэта было нешта феерычнае. Мы адчулі, што мы сіла, што мы нешта можам, і сталі патрабаваць ад сяброў выбарчай камісіі аб'явіць вынікі галасавання.

У адказ гучала традыцыйная хлусня: сябры выбарчых камісій хавалі пратаколы, іх эвакуявала міліцыя. З іншых участкаў паступала інфармацыя, што перамагла Ціханоўская, — сітуацыя напружвалася. А далей было яшчэ горш: у ноч з 9 на 10 жніўня толькі ў мінскія шпіталі патрапілі сотні параненых і пакалечаных.

— Яны кідалі гранаты, стралялі ва ўпор нават у жанчын з дзецьмі. Людзі спрабавалі ратавацца, а яны дабівалі іх у дварах, пад машынамі, пад пад'ездамі... Тут ужо дастаткова было нават аднаго дня, каб стала зразумела, што мы не даруем, не забудзем.

Мы працягвалі рабіць сваю справу

Каця разам са сваёй сям'ёй стварыла мабільную групу, якая перамяшчалася па горадзе на веласіпедах. Яны падвозілі медыкаменты, харчаванне, спрабавалі перакрываць сілавікам дарогу, каб тыя не маглі хутка дабрацца да патрэбнага пункта. Цяпер усе гэтыя падзеі ёй згадваюцца як сапраўдныя ваенныя дзеянні.

— Мы працягвалі рабіць сваю справу кожны дзень. Малявалі плакаты, не прапусцілі ніводнага маршу, стаялі побач з Акрэсціна, каб падтрымаць тых, хто знаходзіўся там, і іх сваякоў. Увесь час імкнуліся рабіць яшчэ больш. Увесь час партызанілі, на вуліцу з дому выходзілі без тэлефонаў.

Далей — горш. Пачаліся арышты тых, з кім разам партызанілі, забіралі суседзяў, знаёмых. Дзяўчына лічыць, гэта быў бадай самы складаны перыяд.

Пагражалі, пагражалі, пагражалі...

Кацю схапілі каля яе дома, правялі ператрус у кватэры і адвезлі ў Следчы камітэт. Там дапыталі, запісалі традыцыйнае ганебнае відэа, палохалі тым, што могуць прад'явіць любы крымінальны артыкул, маральна здзекаваліся.

— Мяне папярэдзілі, што могуць ізноў прыйсці ў любы час, і не важна, буду я ўдзельнічаць у нейкіх акцыях ці не. Пагражалі, што пасадзяць на суткі, што могуць скласці новыя пратаколы, але ўжо па крымінальным артыкуле.

Дамоў Каця больш не вярнулася, бо разумела, што ў яе няшмат часу. Праз пару дзён разам з мужам апынулася ва Украіне.

Вайна заспела ў Ірпені

Украіна, згадвае дзяўчына, сустрэла іх як родных. Па яе словах, гэта неверагодная краіна з неверагоднымі людзьмі, якія прынялі, дапамаглі і паказалі, што насамрэч такое свабода.

— Там, дзе мы жылі, калі ўкраінцы даведваліся, што мы беларусы, віталі нас воклічам: „Жыве Беларусь!“ Побач было шмат беларусаў, якія вымушаны былі пакінуць краіну. Мы жылі ў новых прыгожых дамах, клімат там значна мякчэйшы, чым у Мінску, харчаванне ў крамах было недарагое... Але пачалася вайна.

Паколькі яны жылі ў Ірпені, то вайну заспелі ўжо ў першы дзень. Каця згадвае, як той лютаўскай раніцай людзі цэлымі сем'ямі пакідалі свае дамы, наогул не ведаючы, што іх чакае. Але ўсё, паводле яе ўспамінаў, адбывалася даволі спакойна, арганізавана і без панікі.

— Многія беларусы, як і ўкраінцы, адразу спрабавалі запісацца ва ўкраінскае войска, каб атрымаць зброю і змагацца, — дадае дзяўчына.

Цяпер у Польшчы, трэба жыць далей

Сям'і Каці разам з суседзямі і сябрамі ўдалося эвакуявацца ў Заходнюю Украіну. Але амаль адразу ў беларусаў былі заблакаваныя банкаўскія карткі, і людзі засталіся без сродкаў да існавання. Яны вырашылі ехаць у Польшчу. Каця кажа, што гэта была вельмі стрэсавая сітуацыя, і падрабязнасці таго, як яны туды дабіраліся, застануцца ў памяці на ўсё жыццё.

— Гэта не параўнаць ні з якімі іншымі падзеямі: вайну немагчыма ні з чым параўнаць. Апынуцца ў вайне і чытаць пра яе — гэта вельмі розныя рэчы, — зазначае мая суразмоўніца.

У Польшчы Каця ні на што не скардзіцца, хаця не адразу знайшлі кватэру, яна пакуль не мае працы, але займаецца валанцёрствам на карысць беларускай справы. Зарабляе толькі муж і ўтрымлівае іх сям'ю. Шмат у чым ва ўладкаванні дапамаглі сябры з Беларусі.

— Спатрэбілася яшчэ паўгода, каб зразумець, што наогул адбываецца, дзе ты знаходзішся, папросту неяк адчуць, што ты жывеш. І толькі з часам да мяне прыйшло ўсведамленне, што я ў Польшчы, што трэба неяк жыць, шукаць працу.

Беларусь перад усім

Але не выходзяць з галавы думкі пра Беларусь. пра людзей, якія незаконна сядзяць у турмах, з якіх кожны дзень здзекуюцца. Па словах дзяўчыны, прыйшло асэнсаванне, што змены на радзіме найбольш рэальныя ў выпадку перамогі Украіны ў вайне з Расеяй.

Каця кажа, што пасля ўсяго перажытага яна не можа жыць далей, каб не працягваць барацьбу з рэжымам, нават знаходзячыся ў іншай краіне. У яе дагэтуль у памяці тыя адчуванні, калі не магла нават заснуць у Мінску, ходзячы ад вакна да вакна і чакаючы, што ў нейкую хвіліну па яе прыйдуць.

Яна і па сёння не можа змірыцца з тым, што тысячы людзей пакутуюць у турмах, што разумныя, адукаваныя беларусы вымушаныя былі з'ехаць у эміграцыю. Яна цяпер у такім стане, што нібы пачынае наладжваць жыццё ў іншай краіне, але адчувае, што палова яе засталася там, у Беларусі, дзе блізкія, сябры.

— Я не перастаю валанцёрыць на карысць беларусаў і ўкраінцаў, удзельнічаю ва ўсіх акцыях — папросту не магу спыніцца, — прызнаецца мне дзяўчына. — Кожны дзень я імкнуся рабіць тое, што наблізіць перамогу Украіны і маё вяртанне на радзіму.

Каб неяк зменшыць настальгію, Каця распрацавала свой рэцэпт і імкнецца яго прытрымлівацца. Як прызнаецца дзяўчына, яна намагалася схаваць у свядомасці ўсе ўспаміны аб доме, блізкіх, не глядзіць здымкаў, каб не правакаваць эмоцый.

— Мы жывём цяпер, і чым лепш мы будзем жыць, тым больш я змагу сама сябе апраўдаць перад тым, што ў Беларусі людзі сядзяць у турмах не дарма. Што тут я змагу хоць што-небудзь зрабіць дзеля таго, каб дапамагчы і сабе, і ім, — падсумоўвае дзяўчына.

24 траўня 2023

„Я б не хацела, каб Лукашэнка проста памёр. Ён павінен адказаць па законе“

Валянціна (імя гераіні зменена з матываў бяспекі родных) — адна са старэйшых беларускіх эмігрантак у Польшчы. У жніўні 2020 года ўдзельнічала ў пратэстах пенсіянераў, адбывала суткі на Акрэсціна і ў Жодзіне. Дагэтуль трымаецца аднаго з лозунгаў тых незабыўных дзён: „Верым! Можам! Пераможам!"

Удзельнічала ва ўсіх маршах пенсіянераў

Са спадарыняй Валянцінай мы сустрэліся ў беларускай кавярні ў Познані. Яна была ў белай футболцы з чырвоным надпісам: 23.34. Падпісвае паштоўкі для палітвязняў і сумна заўважае, што ім цяпер патрэбная дапамога, як нікому іншаму.

Размаўляе па-руску, хоць сама беларуска, нарадзілася ў Хабараўскім краі — яе тата быў вайскоўцам, беларусам. Мяне ўражвае яе ўзрост, але, зразумела, запытацца наўпрост пра гэта ў жанчыны не магу. Яна, адчуўшы маё жаданне, тактоўна кажа, што на пенсіі знаходзіцца ўжо даўно.

Спадарыня Валянціна распавядае, што ў пратэсты пайшла ад самага пачатку, удзельнічала ва ўсіх маршах пенсіянераў, якія праходзілі ў Мінску. Тады сталічныя акцыі прагрымелі па ўсёй краіне.

Адбывала пакаранні на Акрэсціна і ў Жодзіне

Першы раз спадарыню Валянціну затрымалі за ўдзел у дваровых маршах і асудзілі на 14 сутак. Трое з іх яна правяла на Акрэсціна, а астатнія — у Жодзінскай турме.

Згадваючы пра Акрэсціна, спадарыня Валянціна кажа, што там ніхто не рабіў скідак на ўзрост. Як і астатнім, ёй давялося прайсці ўсе катаванні: 5 гадзін у „стакане“ (высокая вузкая бетонная камера без вакон), гучная музыка, лямпачка, якую ніколі не адключалі, і яшчэ знаходжанне ў адной камеры з бамжыхай.

Другі раз яе затрымалі за ўдзел у акцыі ў падтрымку беларускай мовы. Тады ў электрычцы арыштавалі 26 пенсіянераў за тое, што яны чыталі кніжкі беларускіх пісьменнікаў.

Паколькі з моманту першага затрымання мінуў толькі месяц, адзначае мая суразмоўніца, допыт у РАУС быў жорсткі. Адтуль хуткая завезла яе ў шпіталь з дыягназам „гіпертанічны крыз“. Там спадарыня Валянціна заразілася кавідам, і суд над ёй адбыўся пасля выздараўлення. Паводле рашэння суда яна мусіла заплаціць 45 базавых велічынь штрафу, што складала тры яе месячныя пенсіі.

Ёй згадваецца атмасфера, якая панавала падчас затрыманняў і арыштаў, калі баішся адказваць па тэлефоне, баішся адчыніць дзверы, калі звоняць у кватэру.

— У нас у кватэры коцікі жывуць, і раней, калі нехта званіў у дзверы, яны палохаліся і з грукатам разбягаліся. А падчас арыштаў, калі нехта званіў у дзверы, мы заміралі, хавалі тэлефоны, а коцікі таксама спыняліся, паціху разварочваліся і бязгучна разыходзіліся ў розныя бакі. Гэта было нешта неверагоднае.

Спадарыня згадвае, што ў турме ў Жодзіне ёй, як і многім іншым, здавалася, што вось-вось усё скончыцца, перамога блізка. І нават ахоўнікі імкнуліся быць з імі лаяльнымі, скардзіліся на свой цяжкі лёс. Да канца тады не верылася, што ўсё гэта адбываецца з ёй самой. І як наогул яе, законапаслухмяную грамадзянку, маглі пасадзіць у турму.

У камеры разам з ёй знаходзіліся маладыя дзяўчаты-студэнткі. І яна, гледзячы, як няпроста ім даводзіцца, імкнулася падтрымаць і падбадзёрыць. Распавядала розныя гісторыі, дзялілася жыццёвым досведам, каб нейкім чынам іх усцешыць.

— Калі я бачыла, што ім зусім няпроста, казала ўставаць і пачынаць танчыць. Калі нас у халодныя дні выводзілі на прагулку, то я заўсёды з дзяўчатамі танцавала на вуліцы, каб сагрэцца.

Той жнівень 2020-га ў Мінску забыць немагчыма

Што яшчэ назаўсёды застанецца ў яе памяці, дык гэта атмасфера, якая панавала ў жніўні 2020 года ў Мінску. Спадарыня, пражыўшы добры адрэзак жыцця, ніколі нічога падобнага раней не перажывала.

— У 2020 годзе адбывалася нешта неймавернае. Па вачах было відаць, што гэта нашыя людзі, дух адзінства, разам...

Цяпер штодня спадарыня Валянціна сочыць за навінамі з Беларусі і не перастае здзіўляцца жорсткасці ўладаў. На яе думку, ім, напэўна, няма ўжо чаго губляць, бо за ўсё тое, што яны зрабілі, давядзецца адказваць па законе. Спадарыня выступае за тое, каб ва ўсім і з кожным разабраўся справядлівы суд.

— Я б не хацела, каб Лукашэнка проста памёр, трэба, каб ён патрапіў на лаву падсудных і адказаў перад законам. Мне здаецца, што ён цяпер не ў стане ацаніць узровень зла, якое ён учыніў для грамадзян Беларусі.

Мая суразмоўніца не хавае, што сумуе па доме. Бо як жа інакш: там блізкія, сябры, коцікі, лецішча, кветкі пад балконам — і ўсё, як кажа, без яе. Яна, як і ўсе, чакае зменаў і, наколькі гэта магчыма, імкнецца іх наблізіць. На сваё жыццё не скардзіцца, верыць, што перамены ў Беларусі наступяць.

— Хочацца перамен, прычым глабальных і ва ўсім. І ў эканоміцы, і ў палітыцы, і ў кіраванні краінай. Мы ўжо зайшлі ў такі тупік, што трэба ўсё пачынаць спачатку.

Нельга здавацца...

Я запытаўся ў спадарыні, чаму яна носіць футболку з надпісам 23.34. Выявілася, што гэта падарунак. Яна атрымала яго, калі выйшла з сутак. Яе сустрэлі суседзі і сябры з кветкамі, тортам і з гэтым падарункам.

— Я, калі ўсё гэта пабачыла, сказала, што не плакала нават у турме, а яны мяне тут давялі да слёз...

Самае цікавае, як высвятляецца ў нашай размове, спадарыня Валянціна, дасягнуўшы пенсійнага веку, ніколі не была сярод актывістак. Працавала ў банку, і, як згадвае сама, падчас працы не было калі нават галаву падняць, не кажучы ўжо пра ўдзел у акцыях.

А вось 2020 год змяніў шмат у яе жыцці. Я цікавіўся, што ўсё ж падштурхнула яе выходзіць на пратэсты.

Паводле жанчыны, тады шмат што абурыла: стаўленне ўлады да людзей падчас кавіду, якога нібыта не было, цынічныя адносіны да апазіцыйных кандыдатаў падчас выбарчай кампаніі і, урэшце, тая ні з чым не параўнальная жорсткасць падчас разгону мірных пратэстаў.

— Ну таму што ўсё гэта абурыла, абурыла стаўленне да людзей. Пабоі, катаванні — гэта падняло не толькі мяне, але ўсіх людзей, таму і былі такія масавыя пратэсты, — упэўнена адказвае спадарыня Валянціна.

І яшчэ дадае:

— Здавацца нельга. І нават тут, у эміграцыі, праходзяць акцыі, але я адчуваю, што нам трэба часцей выходзіць на падобныя мерапрыемствы. Нам нельга здавацца, бо тое, што адбываецца ў Беларусі, абурае людзей.

25 траўня 2023

„Я перажыла тады тое, чаго ні ў жыцці, ні ў творчасці не сустракала...“

Вераніка — акторка — распавядае пра 2020 год у Мінску, польскі тэатр, мастацтва і вяртанне дадому.

Час сапраўднай салідарнасці

Вераніка — акторка. У Беларусі працавала ў тэатры і здымалася ў кіно. На падзеі 2020 года адрэагавала імгненна. Як сама згадвае, у памяці адразу паўсталі вобразы падзей 30-х гадоў мінулага стагоддзя, пра якія яна шмат чытала і ведала.

— Што магла — падпісвала, дзе магла — казала, вельмі актыўна збірала подпісы ў сваім мікрараёне...

Са слоў Веранікі, яны з калегамі сабралі больш за 1300 подпісаў на сваім участку, якія сведчылі аб тым, што людзі аддалі свой голас за Ціханоўскую. З вынікамі падліку галасоў выбарчай камісіяй гэтыя лічбы разыходзіліся амаль у пяць разоў. Выбаршчыкі вельмі востра адрэагавалі на фальсіфікацыю.

— Людзі самі шукалі, дзе падпісацца, абрывалі тэлефон, каб паставіць свой подпіс. Ніхто не баяўся пакінуць свае дадзеныя. І тады я зразумела, што нельга гэты момант прапусціць, сядзець і нічога не рабіць.

Подпісы накіравалі ва ўсе магчымыя праваахоўныя органы, але, як пазней стане зразумела, безвынікова. Тым не менш барацьба не спынялася: Вераніка ўдзельнічала ў маршах, дваровых канцэртах і іншых акцыях. Згадвае, што ў той перыяд толькі ў іх мікрараёне правялі больш за 60 мерапрыемстваў.

Назаўсёды ў памяці застаюцца эмоцыі, якія яна перажывала ў той час. Асабліва моцна ўражвала пачуццё еднасці з іншымі людзьмі і тая атмасфера салідарнасці, якая панавала ў яе горадзе.

— Наколькі шмат можна зрабіць, якая гэта моцная сіла, калі людзі аб'ядноўваюцца. Там у чаце пішаш: патрэбна гэта альбо іншае. Адразу адказ: у мяне ёсць, прынясу. І вось з нуля, калі ў цябе няма нічога, што патрэбна, каб правесці канцэрт, раптам з'яўляецца ўсё і адразу.

Акторка заўважае, што раней ні ў жыцці, ні ў творчасці ніколі не перажывала такога стану, у якім знаходзілася ў тыя незабыўныя дні.

Маўчанне мужчын

Нягледзячы на тое, што Вераніку двойчы затрымлівалі, яна была на сутках, прайшла праз прыніжэнні і здзекі, сціпла імкнецца казаць, што ў параўнанні з іншымі ёй яшчэ пашанцавала.

Хаця прызнаецца, што таксама было страшна, калі заклалі рукі за спіну, сціснулі кайданкамі і кінулі ў бусік. І невядома было, чаго чакаць ад амапаўца са звярыным выглядам, які мог зламаць руку альбо ўчыніць нешта іншае.

— У бусіку на падлозе ляжаў чалавек, прычым даволі вялікага памеру, — ляжаў тварам да падлогі і займаў увесь праход. Ён стагнаў, задыхаўся і прасіў дазволу падняцца. А там ужо няма месца, а амапавец мяне запіхвае і камандуе: ідзі туды. Я адказала, што не пайду па чалавеку і ўвогуле з ім нікуды не паеду, пакуль яны яго не падымуць. На што ён ударыў мяне, ударыў яшчэ адну дзяўчыну, якая за нешта зачапілася...

Вераніка згадвае, што спрабавала яшчэ нешта казаць, але яе сілай запіхнулі... Потым не было чым дыхаць... А пасля сталі грузіць у аўтазак. І самым страшным для яе тады падалося маўчанне мужчын.

— Чалавек трыццаць мужчын сядзяць на падлозе, апусціўшы галовы, і не выдаюць ніводнага гуку. Вось гэта было вельмі страшным для мяне.

Далей усё па стандартнай схеме: адседзела некалькі сутак, асудзілі і выпусцілі. А ў двары сустрэлі, падтрымалі, і працягваліся рознага кшталту акцыі. Але з тэатра ўжо звольнілі, ад супрацы на тэлебачанні адмовіліся, выселілі з арэнднага жылля...

— Насамрэч нават перажываць за тое, што тады здарылася, не было калі. Усе назапашаныя перажыванні я змагла пераасэнсаваць толькі тут, у Польшчы, калі ўсё больш-менш уляглося.

Паўстала пытанне: як жыць далей? Напісала культурніцкі праект і атрымала стыпендыю ад аднаго з польскіх фондаў, і такім чынам пераехала ў Польшчу. Калі тэрмін праграмы скончыўся, трэба было вяртацца назад. Аднак сябры папярэдзілі, што яна знаходзіцца ў базах сілавікоў і вяртанне хутчэй за ўсё прывядзе да арышту.

Вераніка згадвае, што гэта быў вельмі складаны для яе час і рашэнне аб тым, каб застацца, далося няпроста: цягнула дадому. Тым не менш рашэнне прыняла, і дзякуючы таму, што падчас працы над праектам удзельнічала ў мностве іншых мерапрыемстваў, ёй удалося знайсці працу ў сваёй прафесіі.

— Мы паставілі свой спектакль, перарабілі яго для польскага гледача, і цяпер ён ідзе ў польскім тэатры. І ў нас такая міжнародная каманда актораў — беларусы, украінцы, палякі.

Беларуская культура і падтрымка

Першае, што ўразіла беларускую акторку, пасля таго як яна акунулася ў культурніцкі свет Польшчы, — падтрымка дзяржавы. Акрамя таго, падкрэслівае суразмоўніца, дзяржава дае немалыя сродкі і не ўмешваецца ў працу творчых людзей.

Паводле Веранікі, польскія культурныя дзеячы часам наракаюць, што матэрыяльных сродкаў магло б быць больш. Але гэта ніяк нельга параўнаць з тым, што існуе ў Беларусі, дзе, з яе слоў, ходзіш, абіваеш парогі, а табе нічога не даюць і перашкаджаюць, бо, маўляў, тое не так, гэта не адпавядае...

— Тут, акрамя таго што магчымасці большыя, яшчэ ўсё мае працяг. Тут ты робіш — і не ўсё, як кветку, топчуць, а даюць гэтаму вырасці. І ты разумееш, што гэта мае жыццё і тое, што ты ўкладаеш, можа развівацца. У гэтым я бачу вялікую розніцу.

Размаўляючы пра сучасную культуру ў Польшчы, Вераніка дзеліцца сваімі назіраннямі: тут у культурным сэнсе мае права быць усё. Аднак асабліва яе ўразіў тэатральны фестываль „Мальта“.

— Гэта нейкае свята. Колькасць мерапрыемстваў уражвае, калі ўвесь горад проста гудзе. Можаш пабачыць любога кшталту спектаклі, жадаеш— наведай гукавую выставу, хочаш — лекцыі або дыскусіі, а хочаш — спектакль на пляцоўцы... У Мінску нават у лепшыя часы такога ніколі не было...

І тут жа акторка параўноўвае сваю працу ў тэатры, дзе, на яе думку, мастацтва мёртвае, застылае, не ідзе ў кантакт з жыццём.

А тут, у Польшчы, ёй вельмі спадабаліся спектаклі на злобу дня, на нейкую падзею, калі людзі могуць выказаць сваё стаўленне і нават праз месяц пра гэта забыцца.

— Гэта імгненная рэакцыя на тое, што адбываецца. У гэтым ёсць жыццё, людзі гэтага патрабуюць, яны хочуць пра гэта казаць і бачыць адлюстраванне.

Яшчэ адно, што вельмі здзівіла акторку ў польскім тэатры, — спектаклі для немаўлят — ад нуля да трох гадоў. Здавалася, што можна паказваць немаўляці, але Вераніка прызнаецца, што плакала пасля ўбачанага. У Беларусі, з яе слоў, нічога падобнага не існуе.

— Яны заснаваны на тым, што пераносяць увагу дзіцяці з аднаго на другое, падтрымліваюць цікавасць да свету, паказваюць, як працуе форма, цела, прадмет, колер, якім бывае гук. Гэта можа быць вельмі мінімальны сюжэт, але там ужо выхоўваецца ў дзіцяці густ.

Мы прывязём у Беларусь новае дыханне

Жыццё і звычкі людзей у Польшчы, з назіранняў Веранікі, адрозніваюцца ад беларускіх. Ёй дагэтуль цяжка зразумець, што ў выходны дзень чалавек можа не адказаць нават на СМС. Доўга прызвычайвалася да таго, што ў нядзелю нічога не працуе. Але з часам і для яе гэта стала нормай.

Праўда, ідэя вярнуцца дамоў не пакідае. Калі спачатку акторка глядзела на гэта даволі аптымістычна, то апошнім часам усё больш песімістычных думак. Хаця раней ці пазней такая магчымасць наступіць. Вераніка настроена абавязкова вярнуцца. Прычым ужо зараз працуе над тым, каб прывезці ў сваю краіну новы досвед, новыя веды.

— І калі мы ўсе вернемся, гэта стане новым дыханнем для Беларусі, бо мы прынясём у краіну новыя ідэі, што можа даць вялікі штуршок у эканоміцы, культуры і наагул у жыцці нашай краіны. Проста хочацца, каб гэта адбылося як мага хутчэй.

26 траўня 2023

„Беларускія мастакі сталі тут больш нацыянальнымі“

Гісторыя пра тое, як **Таццяна**, культуролаг з Беларусі, уладкавала сваё жыццё ў эміграцыі, а таксама пра яе назіранні і адкрыцці ў новай краіне.

Страшна адчуваць сябе ў небяспецы

Пасля 2020 года з Беларусі ў эміграцыю вымушаны былі з'ехаць людзі розных узростаў і прафесій. Спадарыня Таццяна — культуролаг, працавала навуковым супрацоўнікам у Нацыянальным мастацкім музеі.

Распавядаючы сваю гісторыю, спадарыня Таццяна з лёгкай усмешкай адзначае, што ніколі не марыла пра лёс эмігранта, маўляў, заўсёды лічыла, што прыдатная толькі для Беларусі. Але пасля падзей 2020 года ў „Савецкай Беларусі“ з'явіўся артыкул пра „нелаяльных“ музейных работнікаў.

— Напачатку нічога асаблівага не адбывалася, але з часам стала зразумела, што ў Беларусі нельга заставацца. Гэта было маё асабістае рашэнне.

Спадарыня была сябрам ініцыятыўнай групы Віктара Бабарыкі, збірала за яго подпісы. Рабіла гэта свядома, бо магла ацаніць яго дзейнасць на карысць беларускай культуры. У іх музеі адбываліся вельмі яскравыя праекты, якія фінансаваліся „Белгазпрамбанкам“, з удзелам самога Бабарыкі.

— Спачатку гэта быў праект пра мастакоў парыжскай школы, затым „Дзесяць стагоддзяў мастацтва Беларусі“, а потым „Арт-Беларусь“ і шмат іншых культурных праектаў, якія фінансаваў „Белгазпрамбанк“. Таму было відавочным, што гэты чалавек зацікаўлены ў беларускай культуры.

Але тое, што здарылася пасля выбараў, для спадарыні, як і для большасці беларусаў, стала поўнай нечаканасцю. Ёй дагэтуль цяжка ўсвядоміць, што напрыканцы 2022 года з яе музея звольнілі 17 чалавек.

— Ведаеце, калі ты разумееш, што больш непатрэбны... Для мяне гэта было вельмі цяжка псіхалагічна, вельмі цяжка. А калі ты яшчэ адчуваеш сябе ў небяспецы — ты не разумееш, што можа пасля гэтага яшчэ адбыцца.

Галоўнае зараз „што“, а потым ужо „як“

У Польшчы спадарыня Таццяна апынулася ў асяроддзі беларускіх мастакоў. Некаторыя з іх з'ехалі, як і яна, пасля 2020 года, а нехта ўжо жыў і працаваў тут раней. Арганізавала разам з імі нефармальны культуралагічны клуб „І-ДЗЕ-Я“.

Тут яна чытае лекцыі пра беларускае мастацтва. Кажа, што студэнты з Беларусі, якія вучацца ў Польшчы, ахвотна яе слухаюць, актыўна прапаноўваюць свае ініцыятывы.

— Цяпер, да прыкладу, мы робім нефармальны часопіс „Слязіны“, дзе кожны можа распавесці пра свае слязіны...

Што датычыцца беларускіх мастакоў, то яны, паводле суразмоўніцы, рассяліліся па ўсёй Польшчы. Тым не менш яны кантактуюць, маюць сумесныя выставы, праекты. А жывуць, як правіла, з таго, што намалююць. На адну даволі важную дэталь у адносінах мастакоў звяртае ўвагу культуролаг.

— На мой погляд, яны сталі тут больш нацыянальнымі мастакамі, бо за мяжой ты больш адчуваеш сваю ідэнтычнасць. Ты імкнешся гэтае слова „беларускае“ выказаць гучней.

У той самы час спадарыня Таццяна заўважае, што адчувае невераґодную сувязь паміж беларускім і польскім мастацтвам, спасылаючыся на нашу агульную гісторыю. У прыватнасці, звяртае ўвагу на падобныя тэмы і падзеі, якія цікавілі як польскіх, так і беларускіх мастакоў.

Праўда, розніца ў творчасці яе таксама шмат у чым здзівіла. Асабліва перыяд, калі Польшча яшчэ была сацыялістычнай, а Беларусь уваходзіла ў склад СССР.

— Для мяне гэта было дзіўным, бо ў нас нічога падобнага ў той час не было. Яны ўжо тады зрабілі вялікі крок наперад. Былі больш вольнымі, нефармальнымі, больш эксперыментавалі. Нават тая ідэалогія і прапаганда выглядала ў іх больш па-мастацку.

Што датычыцца сучаснага мастацтва, то беларускія і польскія мастакі, на думку культуролага, выглядаюць падобна: тыя ж тэмы, падобныя формы.

— Тое, што зараз адбываецца ў мастацтве, перш за ўсё звязана з самой ідэяй. Калі, да прыкладу, раней існавалі нейкія стылі і формы, дзе галоўнае было, „як“ гэта зроблена, то цяпер не — зараз галоўнае „што“, а потым — „як“.

А што датычыцца ўмоў, у якіх існуюць беларускае і польскае мастацтва, то культуролаг сумна заўважае, што зараз у Беларусі няма ніякіх умоў для існавання беларускага мастацтва.

— Каб мастацтва квітнела, патрэбна дэмакратыя ў краіне, свабода, падтрымка. Але сёння аб гэтым гаворка не вядзецца...

Тут адчуваеш сябе зусім інакш

На гэтай сумнай ноце пытаюся ў спадарыні, як яна ўладкавалася ў Польшчы. Аказваецца, яе жыццё тут у параўнанні з тым, што было ў Беларусі, стала нашмат лепшым.

— Сапраўды, ты адчуваеш сябе зусім інакш. Больш свабодна, смела, разумееш, што вакол цябе няма людзей, якія жадаюць злавіць ворага. У сем гадзін раніцы не пазвоняць у званок альбо не выб'юць дзверы, каб арыштаваць...

I ў бытавым сэнсе, лічыць спадарыня Таццяна, ёй тут жывецца таксама лепш.

— Заробак большы. I хаця я не маю тут уласнай кватэры, але ўмовы ў мяне добрыя. Мне гэта падабаецца, ды і абстаноўка тут больш творчая.

Праўда, яна ўсё ж па Мінску сумуе і не хавае гэтага.

— Вельмі сумую, ды і як можна не сумаваць па сваім жыцці, якое ты пражыў? Сумую па людзях, знаёмых, блізкіх. Па працы, бо яна была вельмі цікавай і я вельмі любіла сваю працу. Гэта было адным з галоўных сэнсаў жыцця.

3 чэрвеня 2023

„У нас торцікі больш вытанчаныя, чым у Польшчы“

Беларуская дзяўчына з адукацыяй у галіне фінансаў і крэдытаў стала яшчэ і кулінаркай. Зараз **Ганна** плануе адкрыць у эміграцыі ўласны бізнес — пячы торцікі і піражныя, якіх няма ў Польшчы. Яна захапляецца спортам, любіць падарожжы ў іншыя гарады, сумуе па Беларусі, але не бачыць сябе там…

Прафесію ўсё ж выбіраюць

У Ганны вельмі салодкая прафесія — кулінарка. Хаця спачатку яна скончыла эканамічны ўніверсітэт па спецыяльнасці „Фінансы і крэдыты“. Будучы студэнткай, падпрацоўвала ў розных кавярнях, спрабавала сябе ў кулінарыі і адчувала, што гэта ёй значна бліжэй за тое, што вывучае. Але канчатковае рашэнне адносна будучай прафесіі прыняла падчас свайго шлюбу. Дзяўчына распавядае, што на вяселле замовіла торт і салодкі стол, які яе настолькі ўразіў, што ў памяці гэта застанецца на ўсё жыццё.

— Калі я ўбачыла гэты торт, то пастанавіла сабе, што хачу паспрабаваць займацца гэтым у жыцці. Гэта былі такія эмоцыі — я нават не памятаю, які ён быў на смак, але быў такі прыгожы, што застаўся ў маёй памяці назаўсёды.

Шок, жаль, боль...

2020 год падштурхнуў яе і мужа да выезду з краіны. Яны ўдзельнічалі практычна ва ўсіх пратэстах, якія адбываліся ў Брэсце. Ганна згадвае, як ішлі на выбары з надзеяй на змены, а потым пасля пратэстаў апынуліся ў стане бяссілля.

— Да пратэстаў далучаліся ўсё больш і больш людзей. Марш працягваўся некалькі гадзін, перакрыў усе цэнтральныя праспекты і вуліцы. Я была ў шоку ад таго, колькі людзей выйшла. Большасць з іх — маладыя людзі, якім трэба было жыць у гэтай краіне.

Дзяўчына кажа, што на іх баку было толькі тое, што яны былі разам, а супрацьстаялі ім экіпіраваныя да зубоў сілавікі.

— Гэты вядомы карагод у Брэсце — тады быў вельмі прыемны сонечны дзень, сабралася шмат маладых людзей. Музыка, песні, танцы, нейкая будучыня... А яны прыехалі, усіх разагналі, пабілі, шмат людзей арыштавалі. Сярод затрыманых былі мае сябры, знаёмыя.

А потым чаканне пад СІЗА, турбаванні за сяброў і знаёмых, перадачы для іх... Некалькі дзён у горадзе не было інтэрнэту, а калі ён з'явіўся, то яна сама пачала чытаць паведамленні з Украіны і Польшчы ад сяброў і знаёмых, якія хваляваліся за яе і за тое, што адбывалася ў Беларусі. І хаця пратэсты яшчэ працягваліся, як адзначае суразмоўніца, іх колькасць пачала змяншацца.

— Людзей збівалі, забіралі па аднаму, па двое, уціхую. І многія, гледзячы на гэта, пачалі адмаўляцца ад сваіх ідэй.

Тым не менш дзяўчына ўпэўнена, што тады быў рэальны шанец перамагчы.

— Я веру, што тады маглі перамагчы, але чагосьці не хапіла. Магчыма, рашучасці, яшчэ большай колькасці людзей? Можа, усведамлення, што цяпер дрэнна, але пасля перамогі стане лепш?

Спачатку ў Польшчу на працу з'ехаў муж, яна ж яшчэ працавала ў адной з брэсцкіх кандытарскіх і набіралася вопыту. Але, калі пачалася вайна, яна не магла больш заставацца ў Беларусі.

— Тады быў страх, што нешта наагул можа здарыцца з Беларуссю. Быў шок, боль, жаль і наагул...

Тут больш свабоды, пэўнасці ў сабе

У Польшчы спачатку давялося шукаць працу. Уладкавалася ў кавярню, а праз некалькі месяцаў пачала задумвацца, як адкрыць сваю працоўню. Дзяўчына кажа, што яе прафесія тут вельмі запатрабаваная, кліенты ёсць заўсёды. Яна таксама дзеліцца назіраннямі, чым адрозніваюцца кулінарныя вырабы ў Польшчы і Беларусі. І сцвярджае, што розніца вельмі значная.

— Розніца ў эстэтыцы найперш, у вонкавым аздабленні і ва ўнутраным начынні. У нас яны больш вытанчаныя: бісквіт, канфіцюр, хрумсткі пласт і іншыя дадаткі. А тут — бісквіт, крэм, маскарпонэ і садавіна... Усё даволі спрошчана.

Праўда, дзяўчына дадае, што ў Польшчы таксама ёсць розныя кулінарныя вырабы, але ў пераважнай большасці прадаюцца простыя торцікі, якія ў хатніх умовах пячэ кожная гаспадыня.

Торцікі, якія яна вырабляе ў кавярні, карыстаюцца попытам — тыя, хто іх замаўляе, прыходзяць ізноў.

Таму дзяўчына вырашыла адкрыць сваю справу. Папярэдне яна пракансультавалася з польскімі спецыялістамі наконт правілаў вядзення бізнесу, пацікавілася коштамі арэнды, падаткамі, якія давядзецца плаціць.

— Я ўжо ведаю, з якіх прадуктаў і што буду выпякаць, што ў мяне будзе, а чаго не будзе. Распланавала, якое будзе піроржнае, якія тарты, і даведалася, якая дакументацыя патрэбна, каб адкрыць і весці бізнес.

Са слоў Ганны, напачатку ўсё гэта выглядае складана, але калі пачынаеш пакрокава ўсё рабіць, то гэта ўжо не здаецца такім цяжкім.

Цікава, што ў Беларусі яна не магла нават падумаць аб адкрыцці ўласнага бізнесу. А вось тут, маўляў, няма аніякага страху, іншае адчуванне рэальнасці.

— Тут больш вольнасці, свабоды, больш пэўнасці ў сабе. Я не ведаю, чаму так, не магу патлумачыць. Але проста так сябе тут адчуваю.

Сумую, але там не бачу сябе

Апроч працы ў Ганны ёсць і любімыя заняткі. Яна з задавальненнем шпацыруе і падарожнічае ў іншыя гарады, пазнае культуру, захапляецца архітэктурай. Апошнім часам далучылася да спорту.

Разам са сваімі сябрамі яна займаецца бегам з перашкодамі. У Польшчы гэта зараз папулярна, таму яны вырашылі зарэгістраваць фірму, каб праводзіць забегі для ахвотнікаў.

— Гэта даволі прыемна і цікава. Я адчуваю сябе як дарослае дзіця, якое лазіць па гэтых турніках. Але гэта і цяжка. Пасля першай трэніроўкі рукі зажывалі два тыдні. Тым не менш гэты спорт мяне зацікавіў.

У Беларусі ў Ганны засталіся сяброўкі, з якімі яна падтрымлівае сувязь, а таксама мама, тата, брат і іншыя сваякі. Дзяўчына кажа, яе мама шчаслівая, што дачцэ ўдалося выехаць з Беларусі.

— Мама некалі сказала, што жадае мне лепшай будучыні. Маўляў, я тваёй будучыні тут не бачу, а таму едзь, свет паглядзі. Цяпер мне будзе прасцей запрасіць маму сюды, каб пабачыцца з ёй, чым самой ехаць туды.

Думкі пра вяртанне ў Беларусь, нават калі там усё зменіцца, у Ганны не выклікаюць асаблівай настальгіі. Усміхаючыся, яна кажа, што ўжо хочацца жыць там, дзе таксама як у Польшчы, толькі яшчэ каб апельсіны раслі на дрэвах у двары.

— Не ведаю. Размаўляем пра гэта шмат з мужам, але не ўпэўненая, што вернемся. Пабачым, як складзецца лёс.

Дзіўлюся: няўжо не сумуюць?

— Сумуем, але я не бачу там сябе...

5 чэрвеня 2023

Неверагодныя прыгоды беларуса ў Польшчы

Адбітыя рэбры, выбітае плячо ў засценках Акрэсціна, уцёкі ад пераследу беларускіх уладаў ва Украіну, няпростая дарога ў Польшчу, няведанне мовы, цяжкая праца, падман з боку палякаў і беларусаў... Усё гэта толькі часцінка таго, што давялося перажыць **Мікалаю**, які нарэшце здолеў уладкаваць свой быт.

Спаў седзячы, медыцынскай дапамогі не прасіў...

Мікалай родам з Мінска. Па першай адукацыі — сталяр па вытворчасці мастацкай мэблі. Працаваў у розных мінскіх майстэрнях, займаўся рэстаўрацыяй старадаўняй мэблі. Вучыўся на юрыста, быў індывідуальным прадпрымальнікам, а таксама атрымаў дыплом інжынера-будаўніка.

Кажа, што ў Беларусі быў актыўным чалавекам, часта аказваў юрыдычную дапамогу грамадзянам у спрэчках з чыноўнікамі. Цалкам натуральным было тое, што ён узяў удзел у пратэстах 2020 года, лічыўся актывістам свайго раёна.

Згадвае, што ў акцыях удзельнічаў пастаянна, некалькі разоў удавалася ўцячы ад сілавікоў, але ўсё ж не мінуў Акрэсціна і Жодзіна.

— Быў на Акрэсціна, быў у Жодзіне. Нас затрымалі ў самы халодны дзень у студзені. Мне адбілі рэбры, выбілі плячо, потым завезлі на Акрэсціна, дзе яшчэ была прэс-хата. Трымалі ў камеры дзевяць чалавек.

Можна толькі ўявіць, што давялося тады пераажыць Міколу разам з іншымі затрыманымі. Праўда, цяпер ён распавядае пра гэта амаль спакойна, імкнучыся згадваць розныя падрабязнасці.

— Запхнулі ў камеру, дзе было выбіта шкло, батарэі — ледзяныя, на вуліцы мінус 25. Было вельмі холадна, і мы кожныя 30 хвілін хадзілі па коле вакол стала, хоць там было цесна, людзей было шмат...

Выбітае шкло закрывалі коўдрай, кожную раніцу ахоўнікі коўдру зрывалі. Матрацы толькі называліся матрацамі, але ў іх усярэдзіне ўжо нічога не засталося. Месца, каб спаць, на ўсіх не хапала, таму на першым ярусе спалі на нарах па двое, а на другім і трэцім — па адным.

— Паколькі я не мог спаць ні на баку, ні на жываце, то ляжаў на верхнім ярусе, але мне было вельмі цяжка туды залезці. Спаў седзячы, медыцынскай дапамогі не прасіў, бо за гэта маглі яшчэ дадаць, і я пра гэта ведаў...

Адбываючы адміністрацыйнае пакаранне ў Жодзіне, Мікалай даведаўся, што супраць яго збіраюцца ўзбудзіць крымінальную справу. Пасля адседкі папярэдзілі, што хутка зноў выклічуць для дачы паказанняў.

Праз пару дзён патэлефанавалі і запрасілі на сустрэчу ў Следчы камітэт. Мікалай адгаварыўся тым, што ў камеры сядзеў з хворымі на кавід, а таму мусіць падлекавацца. Сам сабраў заплечнік і сышоў з кватэры.

— Кантаваўся па знаёмых недзе тыдзень, потым зразумеў, што трэба рабіць візу, бо даведаўся, што мяне ўжо шукаюць, а потым яшчэ і прыйшла позва. Атрымлівалася так, што самалёт да Варшавы ляцеў а 15-й гадзіне, да Кіева — а 8-й, а мне ў следчага трэба было быць а 10-й. Таму я набыў квіток і паляцеў у Кіеў.

Калі беларус беларусу не беларус…

Як заўважае сам Мікалай, на гэтым прыгоды толькі пачыналіся. З Кіева да Варшавы дабіраўся на чатырох аўтобусах з перасадкамі. У Польшчы раней быў толькі аднойчы, як турыст, мовы не ведаў. Выпадкова сустрэў беларусаў у хостэле, якія працавалі ў Польшчы, і папрасіў, каб дапамаглі ўладкавацца.

— Беларусы адварочваюць галовы, апускаюць вочы і нічога не адказваюць. Ніхто не дапамог і нават не падказаў, што рабіць.

Ва ўкраінскім агенцтве прапанавалі працу абіўшчыка мэблі. Накіравалі ў Вялікапольскае ваяводства, намалявалі на паперцы маршрут.

— Я прыйшоў на вакзал, але не ведаю, як набыць білет, па-польску не разумею. Але падаў гэтую паперку і сказаў па-беларуску. Мне далі два білеты, маўляў, едзь…

У Познані трэба было рабіць перасадку, зноў узніклі праблемы, дзе і як, але на дапамогу прыйшлі паліцэйскія і паказалі, у які цягнік сядаць. Так дабраўся да патрэбнага гарадка, але позна ўжо, ноч, холадна, у тэлефоне не працуе інтэрнэт. Спрабаваў запытаць у людзей, як дабрацца да патрэбнага адраса, але яны яго не разумеюць, а ён іх.

— Сутыкнуўся з парай маладых людзей, і дзяўчыне, напэўна, стала мяне шкада, яна папрасіла, каб хлопец мне дапамог. І ён, змешваючы польскую і англійскую мовы, давёў мяне да патрэбнай вуліцы і намаляваў, куды павінен ісці. І толькі пасля гэтага я патрапіў у патрэбны хостэл.

На фабрыцы зразумеў, што такое сапраўднае працоўнае рабства. Працаваў па 10 гадзін за 14 з паловай злотых. У брыгадзе было дзевяць чалавек: шэсць палякаў, адзін украінец, адзін малдаванін і ён. Палякі працаваць не хацелі, а толькі сачылі, каб яны ўтрох не спыняліся.

— Ты не можаш спыніцца, цябе ўвесь час тыркаюць: „Працуй, працуй, працуй…“ Рукі адвальваліся. Украінец да такой ступені напрацаваўся, што ўсе дзесяць фалангаў на руцэ сцёр да крыві.

Пачаліся пошукі новай працы. Але ў адным горадзе чакаў чатыры дні на сустрэчу з працадаўцамі, якія так і не з'явіліся. У іншым гаспадар-паляк адмовіўся плаціць заробак, спасылаючыся на тое, што хлопец нічога не разумее. На яшчэ адной працы доўга не вытрымаў, бо фізічна было вельмі цяжка.

Урэшце ўладкаваўся ў фірму да беларуса і пачаў манціраваць зборныя домікі. Напачатку абяцаліся ўсе магчымыя ўмовы, але, калі ў Мікалая забалелі ныркі і ён не змог працаваць, гаспадар стаў выказваць сваю незадаволенасць.

— На наступны дзень ён наогул пачаў да мяне чапляцца, а я не вытрымаў, і мы з ім пасварыліся. Ён проста вывез мяне ў лес і пакінуў аднаго...

Будзе святло і ў нас

Давялося зноў мыкацца ў пошуках працы, адчуць непрыязь на нацыянальнай глебе: маўляў, для беларуса ў нас няма вольных месцаў. І так працягвалася, пакуль не знайшоў працу рэстаўратара старой мэблі.

— Зараз добра, займаюся рэстаўрацыяй мэблі. Добра ў тым плане, што працую не больш за восем гадзін, сам рэгулюю працоўны дзень. З павагай ставяцца кліенты, і раблю тое, што каму патрэбна.

Ды і сама праца цешыць. З яго слоў, трапляюцца вельмі цікавыя рэчы з гісторыяй, і над імі даводзіцца папрацаваць, каб надаць належны выгляд.

— Было піяніна, якому недзе дзвесце гадоў, шафы старадаўнія, узрост якіх сягаў больш за сто гадоў. Зараз таксама раблю пісьмовае бюро, якому не менш за сто пяцьдзясят гадоў. Былі тры фатэлі з пазалотай, якім прыкладна каля двухсот дваццаці гадоў, столік з пазалотай і іншае. Карацей — антыкварыят.

Цікава, што, апавядаючы пра свае няпростыя гісторыі і прыгоды ў Польшчы, Мікалай ні разу не паскардзіўся ні на людзей, ні на лёс, ні на тое, што з ім адбывалася. За гэты перыяд падвучыў польскую мову, што значна палегчыла жыццё.

— Добрае жыццё тут, цікавае. Ды і якім яно можа быць? Трэба думаць, што і далей усё будзе добра, будзе светла.

Мікалай кажа, што хоча вярнуцца ў Беларусь, бо там шмат чаго засталося, але дадае, што, чым больш беларусы знаходзяцца ў Польшчы, тым складаней ім будзе вяртацца дамоў. Маўляў, многія пачалі пускаць тут карані.

— Усе, калі прыязджаюць, адразу на пад'ёме: давайце нешта рабіць. А потым, сутыкнуўшыся з рэаліямі, што патрэбны праца і жыллё і ні на што не хапае часу, ты забываешся на тыя праблемы, што былі ў Беларусі, а імкнешся вырашыць тыя, якія ёсць тут. Разумееш потым, што столькі зрабіў, і каб гэта кінуць, паехаць туды — гэта псіхалагічна вельмі складана.

8 чэрвеня 2023

„Я хацела б не каб Беларусь была падобнай на Захад, а каб на нас усе раўняліся...“

Пакінулі Беларусь, бо не хацелі чакаць, калі прыйдуць па іх. За год у Польшчы адаптаваліся, але час ад часу дзеці ўсё ж хочуць дамоў. Сваю эмігранцкую гісторыю распавядае **Святлана**.

Спадарыня Святлана разам з мужам і дзвюма дочкамі апынулася ў Польшчы год таму. Далей знаходзіцца ў Беларусі ўжо было немагчыма. І жанчына, і яе муж гэта добра разумелі: сяброў і знаёмых забіралі аднаго за адным. Чарга падыходзіла, таму яны сабралі рэчы і з'ехалі.

Іх сям'я жыла паблізу Мінска, мелі ўласны дом і надзел зямлі, дзеці вучыліся ў сталічнай беларускай гімназіі. Муж працаваў у сферы ІТ, спадарыня Святлана займалася домам і дзецьмі. У яе дзве вышэйшыя адукацыі: юрыст-палітолаг і інжынер-будаўнік. Абедзве прафесіі ёй падабаліся, але працаваць па спецыяльнасці не атрымалася — трэба было гадаваць дзяцей.

Яна згадвае, што ўжо на трэцім курсе юрыдычна-паліталагічнага факультэта зразумела: працаваць па гэтай спецыяльнасці ў беларускіх умовах не зможа. Падчас практыкі бачыла, як ідэолагі, імітуючы працу, чыталі з раніцы прэсу, адзначаючы чырвоным маркерам усё дрэннае, што напісана пра ўладу, а зялёным — усё добрае.

Будучы студэнткай, Святлана задавала лектарам з Канстытуцыйнага суда пытанні: чаму ў нашай краіне закон не адзін для ўсіх? Але тыя толькі разводзілі рукамі, не даючы ўцямных адказаў. У выніку праз дзесяць гадоў пасля вучобы амаль ніхто з яе аднакурснікаў не працаваў у дзяржаўнай сферы.

— Я пыталася ў аднакурснікаў, чаму яны пайшлі. Адказваюць: спачатку ўсё здавалася нармальным, хацелася нешта рабіць, але паступова разумееш, што твайму начальству гэта не трэба. І вось ты з гэтай ідэяй носішся па будынку ў цэнтры Мінска, а нікому гэта не цікава.

Будаўнічая спецыяльнасць таксама дарагая для спадарыні Святланы. Яна з гонарам распавядае, што сама праектавала свой дом і непасрэдна ўдзельнічала ў будаўніцтве. Гэтая прафесія яе проста захапіла.

Людзі не ведалі, што рабіць

Перад выбарамі 2020 года спадарыня Святлана ўжо мела досвед удзелу ў падобных кампаніях. Яна была перакананая, што вынікі загадзя вядомыя, таму спецыяльна за выбарчай кампаніяй не сачыла. У іх былі свае будзённыя клопаты: дом, малыя дзеці...

— Нават у нас ва ўніверсітэце заўсёды казалі: перамагае не той, хто галасуе, а той, хто лічыць.

Некаторыя рэчы ўсё ж здзіўлялі яе. Напрыклад, удзел такіх кандыдатаў, як Бабарыка і Цэпкала, якія мелі пэўны досвед і рэпутацыю сур'ёзных людзей. Але мінулыя выбары падказвалі, што ўсё гэта ізноў не будзе мець працягу.

— Я думала, што існуе чарговая дамова паміж гэтымі кандыдатамі і Лукашэнкам, бо папярэднія гады так і было. Чаму бізнесмен, у якога столькі за плячыма, сунуўся ў выбары? Ён што, не ведае папярэдніх вынікаў? Для нас гэта было дзіўна, бо ўсе папярэднія кандыдаты — хто адсядзеў за кратамі, а хто вымушаны быў з'ехаць.

Толькі падчас выбараў і ўвечары 9 жніўня спадарыня Святлана з мужам зразумелі, што адбываецца нешта незвычайнае. Уражвала колькасць людзей на выбарчых участках.

— Быў шырокі ўзроставы дыяпазон: ад 20 да 40 гадоў — стаялі, трымаліся за рукі; шмат пенсіянераў прыйшло. Памятаю, мы стаім, а да нас моладзь падыходзіць і пытаецца: а што далей, куды ісці? Людзі не ведалі, што рабіць, яны проста выйшлі...

Я не магла дапусціць, каб дзеці гэта ўбачылі

Пасля шоку ў першыя дні пратэстаў было страшна. Страшна, што дзеці маглі больш не пабачыць сваіх бацькоў, што тыя катаванні... Спадарыня Святлана не можа гаварыць пра гэта без слёз.

— Я пацыфістка і не разумею, як можна такое рабіць ... Тут кожны раз думаеш, ці варта павука забіваць — можа, лепш яго выпусціць на двор... А тут такое чыніцца з людзьмі... Мне было страшна.

Нягледзячы на страх, яны ўдзельнічалі ва ўсіх маршах, падтрымлівалі людзей маральна і фінансава. Многія тады верылі ў перамогу, нават не надзявалі маскі, ішлі з адкрытымі тварамі.

— Я ўбачыла шмат людзей 16 жніўня, але зразумела, што гэтага недастаткова. На тварах у іх быў страх, і на гэтым можна сыграць. А потым пачаліся затрыманні, прычым такія абсурдныя — за што? І ўсё ператварылася ў тое, што прачынаешся раніцай і думаеш: ну, сёння дзверы цэлыя — значыць, дзень яшчэ пражывём.

І хоць страх панаваў увесь час, жанчына баялася не таго, што іх арыштуюць і пасадзяць на 15 гадоў, а таго, што забяруць дзяцей або што яны ўсё гэта ўбачаць.

— У нас быў выпадак, калі затрымлівалі знаёмага пры дзіцяці. Бацьку паклалі на падлогу, наставілі аўтамат, крычалі, што заб'юць, лаяліся — і ўсё гэта пры малым. Я глядзела на сваіх дзетак і не магла дапусціць, каб яны такое пабачылі...

Спадарыня Святлана сказала мужу, што трэба рыхтавацца да ад'езду, бо знойдуць усіх. Апошняй кропляй стала вайна Расеі супраць Украіны.

— Было цяжка пакідаць дом, ехаць у іншую краіну, здымаць кватэру. Я ніколі не марыла пераязджаць, ніколі не была ў Польшчы і польскай мовы нават не чула. Але страх, што прыйдуць, забяруць нас і дзяцей у дзіцячы дом...

Сумуюць па коціку...

Паехалі туды, дзе ўжо былі знаёмыя. Дзеці адразу пайшлі ў школу, а муж працягваў працу ў ІТ. Спадарыня Святлана ізноў засталася хатняй гаспадыняй. Праўда, вольнага часу амаль не было, бо даводзілася разам з дзецьмі вучыць польскую мову.

Дзякуючы спагадліваму стаўленню польскіх педагогаў справы ў беларускіх дзяўчынак хутка наладзіліся, яны авалодалі мовай і пачалі вучыцца нараўне з польскімі дзеткамі. Аднак да некаторых рэчаў так і не прывыклі.

Аказалася, што коцік застаўся там. Па ім сумуюць, плачуць, малююць яго. Там засталіся сябры... Хоць бацькі рыхтавалі дзяцей да таго, што ў новай краіне будзе цікава, што пойдуць у новую школу, а сябрам у Беларусь будуць тэлефанаваць.

— Я была ў такім стане, што з'язджаю і магу ніколі не пабачыць ні дом, у якім пражылі толькі пяць гадоў, ні матулю, бо, калі яна памрэ, я не змагу прыехаць. Ні сястру не пабачу. Але гэта я з цяжкімі думкамі з'язджала, а дзеткам сваім такога не казала.

Каб мінімізаваць стрэс у дзяўчынак, бацькі перавезлі з Беларусі ў Польшчу іх мэблю, цацкі, кніжкі, посуд — каб усё было сваё, да чаго яны прызвычаіліся. Тым не менш час ад часу дзеці кажуць, што хочуць дадому.

— Паразмаўляе з бабуляй і пойдзе плакаць. Значыць, насумавалася, а бабуля ёй ката паказала.

Беларускасць абавязкова

Бацькі паклапаціліся, каб дзеці не забывалі родную мову. Самі размаўляюць па-беларуску і падаюць прыклад дзяўчынкам.

— Я забрала з дому ўсе беларускамоўныя кнігі. Для нас норма — каб кожны дзень прачытвалася частка на беларускай і частка на польскай мове.

А вось сама спадарыня Святлана найбольш сумуе па доме, які сама будавала.

— Я сумую па доме. Ніколі не хацела з'ехаць. Я люблю вандраваць, але ніколі не мела думкі, што, маўляў, на Захадзе добра, а ў нас дрэнна. Не, на Захадзе таксама ёсць свае пытанні. Я заўсёды хацела прынесці дадому нешта лепшае. Я хацела б не каб Беларусь была падобнай на Захад, а каб усе раўняліся на нас...

Таму пры першай жа магчымасці яна плануе вяртацца. Але калі гэта здарыцца — ясных думак няма.

12 чэрвеня 2023

„Кожнага расейскамоўнага беларуса ад беларускай мовы аддзяляе толькі адна кніжка Караткевіча...“

Марэля родам з украінскага Дняпра, жыве і вучыцца ў Польшчы. Восем месяцаў таму ўпершыню пачула беларускую мову, але цяпер размаўляе на ёй так, што цяжка адрозніць яе ад беларускі. Дзяўчына расказала, як прыйшла да беларускай мовы, што думае пра беларусаў і якія мае з імі стасункі.

Я амаль нічога не ведала аб гэтай краіне

Калі пачалася вайна, Марэля з мамай і малодшым братам патрапіла ў Францыю. Там пачала думаць пра Украіну, Польшчу і Расею. Думала пра гэтыя краіны, якія ведае, уяўляла, што там адбываецца. Але вось Беларусь для яе гэта была папросту белай плямай. Яна разумела, што амаль нічога не ведае пра Беларусь і беларусаў. Гэта выглядала дзіўна. Яна не ведала іх нацыянальных герояў, ніколі ў жыцці не чытала іх кніжак і наогул не чула іх мовы. І ўзнікла жаданне хоць нешта даведацца пра гэтую краіну, але дзяўчына нічога дзеля гэтага не рабіла.

— Неяк, седзячы ў кавярні, пачула размову маёй знаёмай з хлопцам, які размаўляў нібы па-ўкраінску. Праўда, я не магла зразумець яго, здавалася, што ён гаворыць на нейкім дыялекце. І я зрабіла яму камплімент: „Хлопча, у цябе така гарна ўкраінская мова“. А мая сяброўка сказала, што ён з Беларусі і гаворыць па-беларуску. Гэта было вельмі дзіўна — пачуць гэтую мову.

Пытаюся, якім жа было першае ўражанне ад беларускай мовы.

— Насамрэч было цікава, бо нібыта табе знаёмыя ўсе словы, але нешта выдае інакшасць, нават чужароднасць. Гэтая мова мне здалася такой дзівоснай.

Ва Украіне няма другога Караткевіча

Яны з хлопцам вельмі добра пасябравалі, і Марэля тады даведалася пра ўсё, што адбываецца ў Беларусі. А што датычыць мовы, то яна не сядзела ні над якімі падручнікамі, не вучыла граматыку, нічога іншага. Проста чытала кнігі і размаўляла са сваім хлопцам.

— Першая мая кніжка была „Каласы пад сярпом тваім“ Уладзіміра Караткевіча. Мой хлопец казаў, што я не здолею яе прачытаць. І я б сказала, што гэта адна з найлепшых кніг, якія я прачытала ў сваім жыцці. У нас ва Украіне, мне здаецца, так не пішуць. І гэта заварожвае. Гэтая кніжка прывяла мяне да вельмі цікавых высноваў і дзеянняў у маім уласным жыцці.

Уразілі беларускія песні

Потым Марэля пазнаёмілася з Пазнанскім спеўным сходам, пачала туды хадзіць, слухаць, як яны спяваюць. Пазнаёмілася з музыкай і беларускімі песнямі, якія таксама на яе ўплывалі і сталі ўлюбёнымі, якія яна часта слухае і якія яе натхняюць у розныя цяжкія хвіліны.

— Адна з такіх песень — „Дзе мой край?“ на словы Караткевіча. Яна вельмі рэзануе з тым, што са мной цяпер адбываецца. Пад гэту песню я не магу не думаць, дзе мой край, што з ім. І не магу не думаць пра той край, дзе была напісана гэта песня.

Мы былі вельмі адмежаваныя адны ад адных

Як ні дзіўна, жывучы побач, дзяўчына нічога не ведала пра Беларусь. З яе слоў, яна была больш зацікаўлена падзеямі ў Расеі. Так тады выглядала сітуацыя ў цэлым ва Украіне

— Але, мы былі вельмі адмежаваныя адны ад адных, нягледзячы на тое, што маем вялізны пласт супольнай культуры і гісторыі. Ад свайго хлопца я пачала даведвацца аб тым, што адбывалася ў вас у 2020 годзе. Пра тое, як пацярпела яго сям'я, яго сябры, як тысячы людзей патрапілі ў вязніцы, а яшчэ больш вымушаны былі з'ехаць за мяжу. Я вельмі блізка да сэрца ўсё гэта ўспрыняла.

Як згадвае Марэля, у той час пад уплывам вайны стаўленне ўкраінцаў да беларусаў пагоршылася. Яна адчувала нейкі дысананс, але ніколі не мела нянавісці да беларусаў, чаго не скажаш пра яе бацькоў.

— Я не магла не падзяліцца са сваёй сям'ёй тым, што пазнаёмілася і сяброую з беларусам. Распавяла маме, што там столькі падзей адбываецца, а я раней нічога пра гэта не ведала, і запыталася ў яе, што яна чула пра Беларусь. Але калі мама дазналася, што я пасябравала з беларусам, адразу выказала незадавальненне: маўляў, яны ўсе там... Мы некалькі дзён не размаўлялі, і потым я патэлефанавала і з халоднай галавой патлумачыла ёй, што беларусы насамрэч змагаюцца за тыя самыя ідэі, як і мы. Беларусы ніколі не мелі нейкіх імперскіх замашак, яны ніколі не прыгняталі ўкраінскую мову, бо не маюць такіх мэтаў. І ў рэшце рэшт, яны таксама змагаюцца за сваю незалежнасць, як і мы.

Тата Марэлі адрэагаваў інакш. Ён, дарэчы, быў на фронце, а цяпер пасля ранення адпачывае. Ён вельмі сардэчна паставіўся да аповедаў дачкі, быў уражаны, бо, як і яна раней, нічога не ведаў аб падзеях у Беларусі. У яго не было ніякай варожасці. А цяпер, радуецца Марэля, яе бацькі звыкліся з тым, што ў яе з'явіўся беларускі акцэнт. Вельмі цешацца, што яна ў бяспецы і яе беларускі хлопец таксама, хвалююцца за яго бацькоў і сяброў, якія засталіся ў Беларусі.

Чытайце Уладзіміра Караткевіча

Цікаўлюся ў дзяўчыны, што было самым складаным пры вывучэнні беларускай мовы і што, наадварот, давалася лёгка.

— Вельмі цяжка было пачаць размаўляць. Пашчасціла, што ў мяне было такое беларускамоўнае асяроддзе. Гэта якраз тое, на што наракаюць большасць расейскамоўных беларусаў, якія хочуць перайсці на беларускую мову, але скардзяцца, што няма з кім гаварыць, няма каму падтрымаць, а гаварыць аднаму, маўляў, выглядае вельмі дзіўна. А ў мяне гэтае асяроддзе было.

Такім беларусам Марэля раіць чытаць кніжкі.

— Кожнага беларуса ад таго, каб пачаць размаўляць па-беларуску, аддзяляе толькі некалькі кніжак, нават толькі адна кніжка Уладзіміра Караткевіча. Гэта ўсё, што я магу ім параіць...

15 чэрвеня 2023

„І тут нешта адбываецца, але дадому хочацца...“

Аляксей — беларускі мастак, графік, відэамастак, інсталятар, сцэнічны артыст і куратар. Ён скончыў Мінскую мастацкую вучэльню імя Глебава. Працаваў і жыў у Мінску, але пасля падзей 2020 года апынуўся ў эміграцыі.

Парад калючага дроту, аўтазакі, вадамёты...

Згадваючы пратэставы час, Аляксей адзначае, што настроі ў грамадстве пачалі мяняцца яшчэ падчас пандэміі. Улады тады не прызнавалі наяўнасці каранавірусу, але людзі аб'ядноўваліся і самі дапамагалі лекарам, якія былі ў складанай сітуацыі і часта не ведалі, што рабіць.

— Вядома, адчуваў сябе вельмі абражаным. Як чалавек ты не маеш ніякай каштоўнасці. Я разумею, што ніхто не быў гатовы да пандэміі, але дзяржава павінна была размаўляць з грамадзянамі. Бо менавіта яны і ёсць дзяржава, а не чыноўнікі ў мяккіх крэслах.

Падчас выбарчай кампаніі Аляксею, як чалавеку эмацыйнаму, было трывожна. Ён разумеў і адчуваў, што гэтым разам беларусы не будуць глядзець на фальсіфікацыі ўладаў праз пальцы. Было страшна, але не ўдзельнічаць было немагчыма. Пасля першых пратэстаў, калі з'явіліся пабітыя і пакалечаныя, Аляксей разам з іншымі мастакамі адразу адрэагаваў на гэта сваёй творчасцю.

— Супрацоўнікі і Нацыянальнага музея, і філармоніі — ва ўсіх пунктах Мінска ўзнікалі стыхійныя акцыі. Адна з іх адбывалася каля Палаца мастацтваў, дзе я стаяў разам з іншымі мастакамі. Мы трымалі ў руках плакаты са здымкамі пабітых людзей, раздрукаваныя на вялікім фармаце. Я потым нават не мог уцяміць, як так хутка мы маглі ўсё гэта зрабіць тэхнічна.

Мужчына згадвае: калі пабачыў у тыя дні тое, што адбывалася на вуліцах Мінска, — як збівалі і каталі людзей, — у яго раптам паўстала ў памяці сям'я яго забітага фашыстамі дзядулі.

— Мне здавалася, што ўсе мае продкі аб'ядналіся разам, што іх знішчаюць яшчэ раз. І тую дзяўчынку, і таго хлопчыка, якіх забілі фашысты падчас вайны. І тады адбылася моцная склейка. Адчуванне сваёй вялікай сям'і, прыналежнасці да яе. І што гэта не нешта такое, што адбываецца з некім, — гэта адбываецца з маёй сям'ёй.

Мой суразмоўца вёў лік затрыманых сяброў, але на 40-й асобе спыніўся. Кажа, што далей папросту не мог гэтага рабіць. Беларусь пачала для Аляксея тухнуць, з'явілася адчуванне выпаленай зямлі, пустога поля.

— Я яшчэ жыў у Мінску з відам на праспект, і мая нядзельная раніца пачыналася з таго, што я бачыў гэты парад калючага дроту, аўтазакаў, вадамётаў, аўтобусаў і аўтобусікаў, якія былі падрыхтаваныя для беларусаў, у тым ліку і для мяне. А потым слухаў навіны і ўглядаўся ў вакно. І ў нейкі момант табе трэба было адчыніць дзверы і выйсці. І гэта кожны раз было досыць цяжка зрабіць.

„Кожны дзень" — тое, што застанецца ў нашай гісторыі

Потым быў Кіеў. Украінскія сябры настаялі, каб ён прыехаў і не чакаў, пакуль яго арыштуюць. У Кіеве ўдзельнічаў у групавой выставе беларускіх мастакоў „Кожны дзень", прысвечанай падзеям 2020 года. Яна адбывалася на адной з лепшых пляцовак украінскай сталіцы — „Мастацкі арсенал“.

Аляксей распавёў, што ў выставе бралі ўдзел каля сарака беларускіх мастакоў і некалькі куратараў. На яго думку, выстаўленыя творы сталі вынікам падсумавання тых падзей, якія адбываліся ў жніўні 2020 года ў Мінску.

— Адной з асаблівасцяў гэтай выставы было тое, што ўдалося перадаць атмасферу тых падзей. Украінскія мастакі і мастацтвазнаўцы, пабачыўшы яе, казалі, што ў іх не атрымалася такім чынам асэнсаваць іх майданы праз мастацтва, а ў нас атрымалася.

На думку Аляксея, беларускім мастакам удалося стварыць атмасферу тых падзей і дадаць адпаведную інтэлектуальную частку.

— Гэта значыць, скарыстаць рэальныя своеасаблівыя дакументы, чым мастацтва часта карыстаецца, — па-першае. А па-другое — вобразы. І ўсё разам, па сутнасці, складала такі канцэнтрат таго часу. І ты мог яго на сабе адчуць. Таму што колькі б мы ні распавядалі пра гэтыя падзеі праз інтэрв'ю ці яшчэ нейкім чынам, вельмі важна, каб чалавек патрапіў у гэтае асяроддзе, у тую сітуацыю і адчуў яе эмацыйна, а не толькі інтэлектуальна. Вось мастацтва гэта можа зрабіць.

Аляксей пражыў ва Украіне паўгода ва ўмовах вайны. Яму не вельмі хочацца распавядаць пра той час, але згадвае, што цэлы месяц не мог узяцца за працу, не мог паверыць і да гэтага часу не зусім уяўляе, што гэта такая ж вайна, падчас якой загінулі яго блізкія ў гады Другой сусветнай. Усё гэта не ўкладваецца ў галаве.

— Разумееце, такая штука з пачаткам вайны. Ракеты ж ляцелі і з боку Беларусі, а ты ж адчуваеш сябе беларусам. І тады я думаў: як добра, што я жыву тут, і як мне пашанцавала, што я знаходжуся пад ракетамі, якія ляцяць з маёй краіны. Таму што я не магу сабе ўявіць, што б адбывалася са мной, калі б я быў у Беларусі і ведаў, што ад мяне да маіх сяброў, у маю любімую Украіну, ляцяць ракеты...

Шукаю новае месца на новым месцы

У Польшчы мастак апынуўся з прычыны таго, што ва Украіне стала праблематычна легалізавацца з беларускім пашпартам. У прынцыпе, ён нейкім чынам уладкаваўся і пра свае бытавыя ўмовы не спяшаецца казаць, бо яшчэ не так доўга тут жыве. Тым не менш наведванне музеяў з творамі мастацтва зрабіла на яго ўражанне.

— Такія дзіўныя пачуцці былі. Ты бачыш даволі цікавае і моцнае мастацтва, шмат розных мастакоў, а пры ўсім гэтым разумееш, што прозвішчы табе невядомыя. І адчуваеш сябе ніякавата, бо такое багацце прайшло міма.

Але Аляксей паўдзельнічаў ужо ў сумеснай выставе з польскімі і ўкраінскімі мастакамі, завёў знаёмствы ў мастацкім асяроддзі і працягвае працаваць.

— Узнікаюць новыя сувязі і з палякамі таксама. Я вельмі рады гэтаму, бо з'явіліся мастакі, з якімі я некалі марыў сябраваць, а цяпер ужо нават пазнаёміўся. І неяк гэты працэс ідзе, я адкрыты да яго, і мне цікава.

У той самы час мастак адзначае, што дом пастаянна ўзгадваецца і думаеш пра яго, але і тут час траціць не варта.

— З аднаго боку, гэта так крута, што мы пашырыліся, шукаем новае месца на новым месцы. Сваё чалавечае месца на новым месцы. І мы нейкім чынам уліваемся ў новую культуру — і ў той жа час імкнёмся захоўваць і сваю культуру. А з іншага боку, дадому хочацца.

— Паедзеце, калі будзе такая магчымасць?

— Паеду, а як жа!..

16 чэрвеня 2023

„Жыць чаканнем — бессэнсоўна...“

Справа **Ларысы** ў 2022 годзе ўразіла многіх яе знаёмых і незнаёмых людзей. За дзве стужкі ў валасах — жоўтую і блакітную, з якімі яна прыйшла на працу ў школу з пачаткам вайны ва Украіне, яе аштрафавалі на 2240 рублёў. Ёй пашчасціла своечасова разам з сям'ёй выехаць у Польшчу, дзе яны працягваюць жыць, вучыцца, а яна спрабуе выкладаць гісторыю Беларусі.

Стужкі ў валасах

Тады ў судзе супраць жанчыны сведчылі яе калегі-настаўніцы — адна з якіх была ўкраінка, а другая — замужам за ўкраінцам. Цяпер, калі мінула ўжо больш за год, спадарыня Ларыса спакойна згадвае тыя падзеі і кажа, што дагэтуль не можа патлумачыць паводзіны калегаў, якія практычна ўчынілі над ёй расправу.

— Адна з іх была маёй блізкай знаёмай. Мы часта разам нешта абмяркоўвалі, віншавалі адна адну на святы. Яна, дарэчы, была ўкраінка... Гэта людзі, якія выконваюць загады зверху. Я ім спрабавала тлумачыць, што тут нічога асаблівага няма, гэта толькі стужкі ў валасах, але...

У школе спадарыня Ларыса яўна вылучалася сярод іншых настаўнікаў хаця б тым, што заўсёды размаўляла па-беларуску, але ўрокі, згодна з праграмай, вымушана была праводзіць на расейскай мове. Яна таксама насіла ў валасах бел-чырвона-белую заколку і часта прыходзіла на ўрокі ў бел-чырвона-белых строях.

З іншага боку, яе ведалі як настаўніцу, якая ўзнагароджвалася прэзідэнцкім дыпломам за выдатную падрыхтоўку вучняў да ўдзелу ў школьных алімпіядах, дзе яны займалі прызавыя месцы. Таму многія калегі ў той складаны час падтрымлівалі яе: прыходзілі на суд, супакойвалі, прапаноўвалі грошы, каб было чым выплаціць штраф. Тады яна атрымала шмат лістоў ад сваіх былых вучняў і бацькоў дзяцей, якіх вучыла. Усе стараліся дапамагчы. Як прызнаецца мая суразмоўца, напоўніцу зразумела значэнне слова „неверагодныя“.

Але адзін выпадак з праяўленай незнаёмымі людзьмі салідарнасцю папросту прымусіў яе заплакаць. У шпіталі яна праходзіла абследаванне, здавала шматлікія аналізы, праходзіла агляд на розных апаратах — за ўсё трэба было плаціць, і немалыя грошы. І вось яна стаіць у чарзе да касы.

— Да мяне падыходзіць медсястрычка і кажа: „Не трэба вам нічога плаціць, вось заключэнне лекара. Мы вас вельмі добра ведаем, любім і падтрымліваем“. Я аж прысела на калені, у мяне не было слоў. А яна працягвае: „Мы добра ведаем, якая ў вас сітуацыя. Беражыце сябе і не хвалюйцеся. Вас вельмі шмат людзей падтрымлівае“. І тут я ўпершыню не вытрымала і заплакала...

Галоўнае — выкажы свой погляд і абгрунтуй яго

Нават пасля таго, як спадарыні Ларысе не працягнулі кантракт у школе, яна адразу атрымала прапановы з прыватных школ і анлайн-навучання. Але ёй было вельмі балюча, што яна пакінула сваіх вучняў, не змагла давесці іх да выпускнога класа, бо сама даволі крытычна ставіцца да сістэмы адукацыі і многіх калегаў, з якімі раней працавала.

— Нават з тымі дасягненнямі, з якімі дзеці выходзяць падчас алімпіяднага руху, дзе яны змагаюцца за вышэйшыя балы, яны атрымліваюць не веды, а толькі адзнакі. Крытычнага мыслення амаль не існуе. Таму галоўнай задачай для мяне, як настаўніка гісторыі, было навучыць дзяцей даваць свае ўласныя адказы. І не важна, ці падабаліся яны настаўніку. Галоўнае — выкажы свой погляд і абгрунтуй яго.

На думку маёй суразмоўніцы, ідэалагізацыя ў школах стала вельмі адчувальнай, асабліва апошнім часам, адукацыю накіроўваюць на тое, каб яна не вучыла, а замбавала вучняў.

— Выходзіць дзіця, чалавек, які павінен выконваць тое, што гавораць зверху, і не мець свайго пункту гледжання на рэчы. Больш таго, вельмі дрэнна яго мець.

А таму спадарыня Ларыса прапануе сваім калегам, і не толькі гісторыкам, выкарыстоўваць пры навучанні так званую ПАПВ-формулу.

— Гэта — пазіцыя, абставіны, прыклад і выснова. І вось вучань пачынае свой адказ: я лічу, я магу гэта даказаць, раблю выснову і гэта мой пункт гледжання. І калі ёсць тыя, хто хоча нешта на гэта сказаць, — калі ласка. Я не ўмешвалася, яны дыскутавалі самі. Я была такім куратарам. Але, на жаль, няшмат настаўнікаў, якія даюць дзецям такую волю.

Многія з яе калегаў часта скардзяцца на тое, што праца цяжкая, мала аплочваецца, і таму, не паглыбляючыся ў навучальны працэс, імкнуцца толькі своечасова даць справаздачу перад адміністрацыяй. Спадарыня Ларыса лічыць, што гэта выбар кожнага настаўніка, бо заўсёды існуе магчымасць рабіць інакш.

— Я галоўны акцэнт ставіла не на справаздачу, а на тое, каб мае вучні раслі цікавымі, паўнавартаснымі, добрымі людзьмі. Калі ты працуеш толькі дзеля справаздач, то яны і будуць адзіным у тваім жыцці. Я ж больш увагі надавала стварэнню цікавых творчых заданняў і заняткаў.

Цяпер у яе з'явілася магчымасць параўнаць сістэму адукацыі ў Польшчы і Беларусі, паколькі яе дачка наведвае польскую школу. Параўнанне, лічыць настаўніца, не на карысць беларускай адукацыі.

— Дачка прыходзіць, і ёй цікава: ой, мне трэба тры старонкі напісаць. Там я не магла прымусіць яе напісаць тры сказы. Такія займальныя заданні, такія сучасныя. Удзельнічаеш у конкурсах, у якіх табе падабаецца, і няма вось гэтага — „нада“. Ніхто не прымушае нейкія паробкі прыносіць — дзіця хоча і прыносіць без усякага прымусу...

Я хачу жыць, а не выжываць...

Пасля таго як не стала працы ў Беларусі, хмары над сям'ёй спадарыні Ларысы пачалі згушчацца, як і над многімі беларусамі. Больш таго, яна брала ўдзел у пратэстах і смела пакідала свае каментары ў сацсетках, што было добра вядома. Праваабаронцы параілі з'ехаць. І такім чынам спадарыня Ларыса разам з мужам і дваімі дзеткамі апынулася ў Польшчы.

Усё новае, але трэба жыць і працаваць. Старэйшую дачку ўладкавалі ў школу, малодшую — у садок, а спадарыня Ларыса праз інтэрнэт знайшла вучняў, якія таксама, як і яна, разам з бацькамі апынуліся ў эміграцыі, і выкладае ім гісторыю Беларусі.

— У мяне таксама былі дзеткі, якіх я рыхтавала да ЦТ. І цяпер я ствараю новы праект — заняткі для пашырэння ведаў па гісторыі Беларусі. У мяне ўжо ёсць дарослыя вучні. Напрыклад, адзін лекар, якому жонка на Дзень закаханых падаравала мой курс. Ёсць дзеткі, якія не вывучалі гісторыі Беларусі, — адзін вучань з Іспаніі, другі з Чэхіі. Іх бацькі даўно жывуць за мяжой, але хочуць, каб дзеці ведалі гісторыю і чулі родную мову. Яны вельмі класныя, з цікавасцю слухаюць і задаюць шмат пытанняў.

Спадарыня Ларыса разам з мужам вывучаюць польскую мову, а для дзяцей гэта не стала праблемай. І ў школе, і ў садку ім дапамаглі адаптавацца. Старэйшая дачка нават кажа, што не хацела б вяртацца назад у беларускую школу, бо ёй тут падабаецца больш. І спадарыня Ларыса з мужам настроеныя на тое, каб наладзіць тут паўнавартаснае жыццё.

— Я хачу жыць, а не выжываць. Я не хачу больш думаць аб тым, што да мяне зараз уварвуцца. Я не хачу жыць у страху. Гэта няшчаснае жыццё — пастаянна баяцца, думаць, звольняць ці не. Гэта не жыццё.

А таму спадарыня Ларыса і яе муж імкнуцца глядзець на рэчы рэальна.

— Я разумею, што ніякіх зменаў у хуткім часе ў Беларусі не будзе. І жыць чаканнем — гэта бессэнсоўна. Трэба жыць кожным днём, бо жыццё ў нас адно. Я вельмі сумую па Беларусі і хачу туды прыехаць, хачу бачыць яе здаровай, цывілізаванай, але разумею, што гэта будзе не хутка. А Польшча — гэта месца, якое ўсё больш становіцца домам і якое патрэбна ўладкоўваць.

20 чэрвеня 2023

„Хачу быць аўтэнтычнай артысткай...“

Алена Каданава прэзентавала ў Познані свой першы сольны альбом — „Зернейка“. Яна ўжо тры гады жыве ў Польшчы, піша вершы і музыку, выступае на беларускіх, украінскіх і польскіх імпрэзах, займаецца выкладчыцкай дзейнасцю і на сваіх канцэртах знаёміць палякаў з беларускай культурай. Жанр яе альбома можна ахарактарызаваць як фольк-джаз.

Бацькі былі супраць музычнай кар'еры...

Алена нарадзілася і вырасла побач з Гроднам, на беразе возера Белага і на ўскрайку Гарадзенскай пушчы, якая была ўлюбёным месцам палявання караля Стэфана Баторыя. Музыкай пачала займацца са школьных гадоў, калі настаўніца спеваў заўважыла, што ў яе добры музычны слых. Скончыла ў сваім мястэчку музычную школу па класе фартэпіяна і марыла працягваць адукацыю ў гэтым кірунку, але дома не знайшла падтрымкі.

— Так выйшла, што мае бацькі не верылі ў гэтую музыку: маўляў, ёй на жыццё не заробіш. Натуральна, яны думалі стэрэатыпна, што музыканты вядуць несур'ёзны лад жыцця...

Але Алена не была б сама сабой, калі б жыла толькі бацькоўскім розумам. Пасля дзевяці класаў патаемна паспрабавала паступіць у Гродзенскі каледж мастацтваў, але спазнілася: уступныя экзамены ўжо скончыліся.

Да беларускасці прыйшла праз універсітэт. Да музыкі — самастойна

Адвучылася 11 класаў і паступіла на беларускае аддзяленне філалагічнага факультэта Гродзенскага ўніверсітэта імя Янкі Купалы. Менавіта тут яна па-сапраўднаму зразумела і адчула беларускую мову, культуру, пранікласе яе няпростым лёсам. Менавіта тут у яе ўзнікла незадаволенасць тым, што беларускае не шануецца ў самой Беларусі.

Цяпер побач з мовай, літаратурай, гісторыяй сваёй краіны заўсёды была яе музыка.

— Музычную адукацыю я атрымлівала сама, чэрпала веды з крыніц інтэрнэту, цікавілася музычнай гармоніяй і зразумела, што навучыцца разумець музыку можна і самому, калі па-сапраўднаму цікавіцца гэтым.

Да выдання альбома прайшла доўгі і няпросты шлях: спявала ў гродзенскіх рэстаранах, выступала на гарадскіх канцэртах, затым пяць гадоў працавала ў арабскіх краінах, і толькі ў Польшчы выйшаў яе першы альбом.

Цікаўлюся ў артысткі, што яна адчувала, калі ўзяла яго ў рукі. Акрамя слёз радасці і падзякі самой сабе было яшчэ нешта. Калі яна пачынала сваю дзейнасць у Польшчы, многія здзіўляліся, што яна спявае па-беларуску: маўляў, навошта табе гэта, патрэбны песні на польскай альбо англійскай мове. Але ў яе першы альбом не ўвайшлі тыя песні, якія тады для яе пісалі.

— Бо на канцэртах я не адчувала гэтых песень. І гэта быў адказ. Я добра чую сябе, калі нешта ідзе ад маёй унутранай праўды. Я пішу па-беларуску, а для палякаў зраблю пераклад. Я хачу быць аўтэнтычнай артысткай. Не хачу згубіцца сярод колькасці, дзе імкнуцца толькі задаволіць слухачоў. Хачу, каб мне было з гэтай музыкай прыемна. Ты стаіш на сцэне і выстаўляеш сваю ўнутраную праўду — гэта не такая простая рэч.

Што датычыць польскага гледача, то пасля беларускіх пратэстаў Алена давала шмат канцэртаў у розных польскіх барах і кавярнях. На іх прыходзілі не толькі беларусы, якім гэта было найбольш патрэбна, але і палякі, якія ўсякім чынам імкнуліся выказаць сваю падтрымку.

— Цікава, што большасць дыскаў на прэзентацыі майго альбома набылі палякі. І гэта была для мяне вельмі цікавая з'ява. Яны падыходзілі і казалі, што ўсё зразумелі пра тое, што я спявала. А гэта было маёй мэтай, і яна дасягнута.

Ладзіла канцэрты для беларусаў, каб дапамагчы ім перажыць траўмы

Дарэчы, падзеі жніўня 2020 года Алена перажывала ўжо ў Польшчы. Хаця ў Беларусі бачыла, як падчас выбарчай кампаніі людзі стаялі ў чэргах, каб падпісацца за вылучэнне дэмакратычнага кандыдата. Ужо тады яна адчувала, што нешта павінна адбыцца.

9 жніўня вярталася ў Польшчу і на мяжы прачытала першыя навіны. Перахапіла горла, ліліся слёзы, было страшна за блізкіх і родных, за тое, што будзе. А потым кожны дзень гартала навіны і ўрэшце адчула, што важна нешта рабіць, каб дапамагчы людзям.

— Я пачала ладзіць канцэрты і спяваць па-беларуску для беларусаў, якіх станавілася ўсё больш. Бо яшчэ ў 2019 годзе ў Познані не было так шмат беларусаў, не было беларускіх старонак і чатаў. А цяпер з кожным днём іх станавілася ўсё больш і больш...

Музыка — гэта тое, што мяне збудавала

Алена згадвае, як сама ў 2019 годзе прыехала ў Польшчу з марай стаць папулярнай спявачкай. Але давялося пачынаць з таго, што працавала ў манапалёвай краме, вывучала мову, часта мяняла месца працы, часам было нават складана зарабіць на жыццё, але імкнулася кантактаваць з людзьмі, шукала месца, дзе магла б спяваць.

І толькі з часам знайшла працу выкладчыка музыкі, пачала ўдзельнічаць у розных праектах з польскімі і ўкраінскімі спевакамі, працягвае выступаць, пісаць вершы і сваю музыку.

— У мяне няма ніводнай песні пра нейкае трагічнае каханне, каб людзі слухалі і плакалі. Я зразумела, што мае самыя блізкія адносіны былі не з хлопцамі, а з музыкай. Музыка — гэта тое, што мяне збудавала.

Я чалавек свету, а тое, што пакінула, застаецца ў сэрцы

Алена задумліва кажа, што не прывязваецца да нечага канкрэтнага, паколькі некалі зразумела, што яна чалавек свету. Добра памятае, дзе вырасла, удзячна таму прыгожаму краю, які сваёй адметнасцю не мог не паўплываць на станаўленне яе асобы.

— Але я асэнсавала сябе толькі ў іншых абставінах, калі аддзялілася ад роднага гнязда. Мне падаецца, што дома мне б гэта не ўдалося. Ты павінен недзе паехаць на пошукі, каб зразумець свет, хто ты ў ім. І я ўсвядоміла, што, дзе б ні была, адчуваю сябе добра. Знаходжу моманты радасці і прыгажосці, а тое, што пакінула, заўсёды ў маім сэрцы. Я магу вяртацца туды ў снах і думках...

Большасць песень у першым альбоме Алены на яе словы і яе музыку. А таму цікаўлюся, як яны ёй пішуцца.

— Песня будзе, калі я пражыла нейкую сітуацыю, прапусціла праз сябе і потым даю час, каб яна „пагатавалася“, як страва. Яна гатуецца ў мяне дзень, два. Так нараджаюцца найлепшыя рэчы. Дай сабе час і не цісні на сябе, яно прыйдзе ў адпаведны момант.

27 чэрвеня 2023

„Каб забяспечыць у Польшчы вартае жыццё дзецям, трэба працаваць абаім бацькам“

Алена — настаўніца матэматыкі. Доўгі час працавала ў вясковай школе на Вілейшчыне. Разам з мужам і дваімі дзеткамі перабралася ў Польшчу ў жніўні 2020 года, якраз у разгар пратэстаў у Беларусі. За гэты час яна ўжо добра можа параўнаць, чым розніцца жыццё ў абедзвюх краінах.

Пераехалі не спантанна, доўга рыхтаваліся

Да пераезду ў Польшчу спадарыня Алена з сям'ёй рыхтавалася два гады. Аднойчы даведалася ад бацькоў, што карані іх роду знаходзяцца ў Польшчы, і пачала задумвацца пра гэта. А яшчэ такія думкі падганяліся бесперспектыўнасцю існавання ў вёсцы. Да ўсяго, праца ў школе таксама наводзіла на думку, што трэба нешта змяняць у жыцці.

— Гэтая прапаганда ў школе невядома да чаго вяла. Мне ўжо станавілася страшна ад пастаяннага негатыву, здавалася, што хутка пачнецца вайна. Увесь час нейкія дзіўныя патрабаванні, невядома, да чаго тых дзяцей рыхтаваць. Ідзіце збірайце металалом, макулатуру, нейкія ідэалагічныя мерапрыемствы — усё што заўгодна, толькі не вучэбны працэс.

Выбрацца было не так проста. Больш чым паўгода пайшло на тое, каб зрабіць дакументы і рознага кшталту патрэбныя паперы, а перад самым выездам дырэктарка школы, дзе вучыліся дзеці, запатрабавала дазвол з Міністэрства адукацыі на іх выезд за мяжу. Жанчына была здзіўлена, бо не ўяўляла, што павінна браць нейкі дазвол на тое, каб забраць з сабой сваіх дзяцей.

— Людзі на Захадзе нават не ўяўляюць, у якім рабстве, якім калгасе жывуць беларусы...

Калі ведаеш беларускую мову, лягчэй пераходзіць на польскую

Уладкоўваліся ў Польшчы, дадае з усмешкай мая суразмоўніца, як і ўсе іншыя эмігранты: знайшлі кватэру, дзяцей адправілі ў школу. Вялікім плюсам было тое, што муж, паехаўшы раней, ужо меў працу. Спадарыня Алена таксама ў хуткім часе знайшла працу, а яшчэ праз некалькі месяцаў пачала займацца рэпетытарствам па матэматыцы сярод украінскіх і беларускіх дзетак.

Як сама прызнаецца, спачатку разам з вучнямі прыстасоўвалася да тэрміналогіі на польскай мове. І заўважае: дапамагала тое, што выкладала раней па-беларуску, паколькі ў польскай і беларускай мовах шмат агульнага і нескладана было зразумець.

— Цяжка, вядома, было з правільным вымаўленнем, але з кожным месяцам адчуваеш, што ў цябе атрымліваецца лепш. Слухаеш сябе, чуеш памылкі і сама ж папраўляеш. І з кожным разам расцеш...

Тры гады пайшлі на тое, каб атрымаць польскі пашпарт і купіць кватэру ў крэдыт

Дзеці школай задаволеныя. Старэйшая дачка вучылася добра ў Беларусі і тут змагла хутка адаптавацца. Вывучае дзве замежныя мовы, але добра памятае беларускую і чытае кніжкі. Апроч гэтага, пайшла ў валейбольную секцыю, бо займалася гэтым відам спорту яшчэ ў Беларусі.

— Такіх магчымасцяў там не было, як у Польшчы. Тут яны пастаянна ездзяць на спаборніцтвы, цэлы жнівень адпачываюць у спартыўным лагеры. А ў яе беларускай школе адкрылі спартовую секцыю, і яна трэніравалася там разам з хлопчыкамі.

Сын таксама здолеў адаптавацца, толькі вось, з жалем гаворыць спадарыня Алена, беларуская літаратурная мова можа застацца для яго замежнай, хаця дома яны размаўляюць, як правіла, на трасянцы.

— У садок хадзіў расейскамоўны. Там беларуская мова была толькі па аўторках. Але што там: добрай раніцы, добры дзень, да пабачэння... А ў школе ён там толькі адзін клас адвучыўся.

Увесь гэты час, звяртае ўвагу суразмоўніца, у адаптацыі на новым месцы яны значную падтрымку атрымалі ад касцёла, куды ходзяць разам з дзецьмі.

— Для мяне аддушынай было тое, што мы ад самага пачатку хадзілі ў касцёл. Дзеці пайшлі тут да першай камуніі, бо там у нас не было касцёла. У Беларусі я вазіла сына на ўрокі рэлігіі, а тут ён пайшоў як міністрант. Тут шмат хлопцаў, ёсць з кім размаўляць, і падтрымку мае...

Тры гады жыцця, як кажа спадарыня Алена, пайшло на тое, каб цалкам легалізавацца, атрымаць польскія пашпарты і купіць у крэдыт кватэру. Канечне, за кватэру яшчэ выплачваць, але жыць можна, і цяпер, упэўнена суразмоўніца, час на тое, каб паездзіць па Польшчы, а таксама пабачыць свет.

— Адчуванне такое, што ёсць куды прыйсці, што маеш сваё месца. І дзеці па-іншаму сябе адчулі. І нават дачка кажа, што ідзеш дадому і адчуваеш, што ідзеш дадому. Гэта непараўнальна з тым, як мы здымалі кватэру.

Прыжыліся і адчуваем сябе не горш, чым у Беларусі

За гэтыя тры гады сям'і спадарыні Алены ўдалося навязаць добрыя кантакты з польскімі сем'ямі, і найперш дзякуючы стасункам у касцёле. Згадвае, што ў Беларусі такіх блізкіх адносін з чужымі людзьмі не было, бо нават родныя людзі злаваліся, што яны выехалі ў Польшчу.

— Мае бацькі таксама злаваліся: маўляў, ну што вы нас тут кінулі і паехалі. Яны не маглі гэтага зразумець. А цяпер мая мама пераканалася, што гаварыла глупства... Добра, што з часам неяк да іх дайшло. Але гэта мае бацькі, і яны мне могуць казаць што заўгодна.

Уклад жыцця суразмоўніцы амаль ва ўсім змяніўся. Нават харчаванне ў іх сям'і шмат у чым стала іншым, бо пачалі купляць больш садавіны і гародніны. Тут, са слоў спадарыні, харчы больш разнастайныя, чым у Беларусі, і рознага кшталту свежыя ягады і садавіна ёсць у продажы круглы год.

Наагул, мая суразмоўніца лічыць, каб забяспечыць сабе і дзецям вартае жыццё ў Польшчы — каб яны навучаліся, наведвалі секцыі, каб нічым не розніліся ад польскіх дзетак, — трэба працаваць абаім бацькам. Дарэчы, не без гумару згадвае, як у Беларусі рыхтавалі дзяцей да школы.

— Самае страшнае было купіць усё неабходнае дзецям у школу. Верх, ніз, туфлі такія і такія... Тут няма такіх праблемаў, я хлопцу купіла на 200 злотых адзення, і ён пайшоў і забыўся, і ніхто не пытае. І я сабе галаву не забіваю. А згадваю, як дачцэ ў Беларусі казалі: белае ў кропачкі нельга — патрэбна чыста белае, бо інакш нам такія вучаніцы не падыходзяць...

І ў дзяцей ёсць перспектыва...

Адчувальная розніца паміж Польшчай і Беларуссю, на думку спадарыні, у сацыяльнай падтрымцы сям'і, і факты на карысць Польшчы.

— У Беларусі нам з адной толькі медыцынай хапіла. Дзеці нарадзіліся, хварэлі — вечная праблема дамовіцца на працы, каб з імі быць. У шпіталь пакласці — там таксама нейкія планы — класці або не класці. Тут бывае складана да лекара запісацца, але калі ты прыйшоў, то цябе абслужаць як чалавека. Ну і 500 злотых плюс усё ж ад дзяржавы штомесяц. У мяне на дваіх тысяча злотых — дзецям на ссабойкі, на праязныя, кішэнныя расходы... Адчувальна.

Ды і за гэтыя тры гады дзеці спадарыні Алены ўжо шмат чаго пабачылі, непараўнальна з тым, як гэта было ў беларускай вясковай школе. Наагул адчуваецца, што ў іх ёсць перспектыва, толькі каб добра вучыліся.

— Дзеці ўжо шмат дзе пабывалі, бо са школы часта ездзяць. Такіх магчымасцяў у Беларусі не было — там толькі ў Хатынь ездзілі. А тут дачка ўжо была ў Празе, у гарах, на моры...

Праўда, і яна, і дзеці Беларусь усё ж згадваюць часта. Спадарыня Алена кажа, што ў 2020 годзе шмат праплакала, гледзячы навіны з Беларусі, хвалюючыся за блізкіх і знаёмых людзей, і таму вырашыла, што, пакуль там змены не адбудуцца, нага яе туды не ступіць.

— Я цяпер гляджу БЕЛСАТ часта — там беларуская мова... А пасля 22 гадзін вечарам нейкае кіно з класікі на беларускай мове — якая гэта асалода слухаць яе. Можна нават не глядзець, а толькі слухаць...

29 чэрвеня 2023

„Працягваем жыць нібы ў Беларусі...“

Юля, перш чым інтэгравацца ў польскае асяроддзе, наладзіла на новым месцы беларускі лад жыцця і адчувае, што гэта патрэбна не толькі ёй.

Усё пачалося ў 2010-м

Спадарыня Юля — мама дваіх дзетак. Разам з мужам і сынамі перабраліся ў Польшчу пасля пачатку вайны ў 2022 годзе. Яны — мінчане, у абаіх вышэйшая адукацыя, цяпер працуюць у IT-сферы. Бралі ўдзел у акцыях пратэсту, спрабавалі знаходзіцца ў Мінску да апошняга, але стала зразумела, што заставацца на радзіме больш невыносна.

У спадарыні Юлі, як для гарадской жыхаркі, вельмі натуральная беларуская мова з сакавітым вымаўленнем. Яна распавядае, што да беларушчыны прыйшла пасля 2010 года. Была яшчэ студэнткай, і згадваецца, як сядзела і плакала з-за сваіх сяброў, якіх арыштавалі на акцыях пратэсту.

Ужо тады разам з сябрамі праз сацыяльныя сеткі арганізавалі суполку „Вечарыны беларускай мовы“, дзе стварылі сваё беларускае асяроддзе.

— Гэта беларускае асяроддзе дало мне вельмі шмат: разуменне краіны, разуменне таго, хто мы, беларусы, чым адрозніваемся ад іншых. І дало мне шмат сяброў і майго мужа (смяецца). Было вельмі цікава ўдзельнічаць у розных беларускіх ініцыятывах, дазнавацца пра культуру, пра гісторыю. І Беларусь была для мяне не нейкай часткай іншага свету, а самастойнай, асаблівай, цудоўнай краінай.

Ужо тады арганізоўвалі вечарыны беларускай мовы, пачалі ствараць філіялы клуба ў розных гарадах Беларусі, ездзілі туды, прымалі гасцей у сталіцы, навязвалі кантакты, дзяліліся досведам і ўражаннямі. І зусім натуральным было тое, што ў жніўні 2020 года яны з мужам і тысячамі мінчан былі на вуліцах свайго горада.

Людзі сапраўды ўбачылі адно аднаго

Яшчэ перад выбарамі, калі праводзіўся збор подпісаў за вылучэнне кандыдатаў, у спадарыні Юлі было шмат надзей на будучыню, бо ў паветры ўжо нешта лунала, людзі на сталічных вуліцах былі ўзбуджаныя і адчуваўся накал.

Асабліва цікава было маёй суразмоўніцы назіраць за знаёмымі, якія ніколі раней не мелі дачынення да беларускіх спраў.

— І тут яны такія шчаслівыя: во, мы белы бранзалет надзелі — табе там людзі ўсміхаюцца, табе машыны сігналяць. І гэта было для іх такое адкрыццё — людзі сапраўды ўбачылі адно аднаго.

Спадарыня Юля згадвае, што ўжо ў дзень выбараў аддалі з мужам дзетак бацькам, а самі пайшлі з усімі... Шмат разоў былі ў кроку ад дубінкі і аўтазака, але, як сур'ёзна заўважае спадарыня, іх бараніў анёл-заступнік.

Гэта было ў кожным з нас

І цяпер з вышыні пражытага яна глядзіць на тыя падзеі як на нешта незвычайнае ў гісторыі сваёй краіны.

— Я лічу, што гэта лепшае, што магло здарыцца з беларусамі. Вядома, я не маю на ўвазе той гвалт, здзекі з людзей і страляніну, катаванні. Не. Я маю на ўвазе тое абуджэнне і мірныя акцыі пратэсту. Гэта было проста цудоўна, і гэтыя адчуванні нікуды не дзець: ні змыць, ні забыць. І я думаю, што гэта жыве не толькі ўва мне, але і ў астатніх.

Пераасэнсоўваючы тыя падзеі, спадарыня кажа, што дагэтуль абмяркоўвае іх з мужам і сябрамі, лічыць, што тады ўсё было зроблена правільна і людзі зрабілі ўсё, што маглі: захавалі да канца мірны характар пратэсту і паказалі свету, што яны мірныя людзі і цывілізавана адстойваюць сваё права на свабоду.

— Гэта было так, як павінна было быць. Гэта было ў кожным з нас. І гэта было не тое, што нехта па метадычках нас навучыў, паказаў і расказаў. Гэта было тое, якія мы ёсць...

Хацелася, каб дзеці раслі свабоднымі людзьмі

Мая суразмоўніца распавядае, што доўга цягнулі з ад'ездам, чакалі перамен, жылі гэтым, бачылі, што настроі людзей не змяняюцца. І потым, тут былі ўсе блізкія, сябры...

— Але мы вырашылі, што ўсё ж паедзем. Было шмат фактараў на карысць гэтага. Не хацелася падаткі плаціць гэтай уладзе, і дзіця трэба было аддаваць у школу, а не хацелася аддаваць яго ў беларускую школу, бо адукацыя ў Беларусі не змяняецца да лепшага. Не хацелася дзяцей акунаць у гэта лайно. Марым, каб яны раслі свабоднымі і шчаслівымі людзьмі.

Працягваем жыць нібы ў Беларусі

У Польшчы, паводле спадарыні, абжыліся хутка, бо прыехалі сюды ўжо з сябрамі і з працай, хутка знайшлі кватэру з дапамогай беларусаў. Нібы ўсё нармальна, але нешта страчана і псіхалагічна няпроста.

— У цябе, вядома, адкрываецца тут неверагодны свет падарожжаў, лаўкостаў і ўсяго такога. Але гэта не параўнаць з тым, што ты проста прачнуўся ўранку і захацеў — паехаў у вёску, захацеў — сустрэўся з мамай...

Няпроста давялося і старэйшаму сыну, які пайшоў у першы клас, паколькі мовы зусім не ведаў. Але, як заўважае яго мама, за паўгода здолеў асвоіцца і падцягнуцца да ўзроўню сваіх аднакласнікаў. У яго цяпер шмат сяброў сярод польскіх дзяцей, паколькі ў класе ён толькі адзін беларус.

А вось спадарыня Юля разам з мужам працягваюць жыць нібы ў Беларусі. Яны працуюць дома, таму сумоўяў з палякамі не так і шмат. Польскую мову таксама яшчэ толькі вучаць, пры патрэбе карыстаюцца англійскай.

— Мы жывём ва ўнутранай эміграцыі прыкладна так жа, як і ў Беларусі. Адчуванне вельмі падобнае, бо калі ты ў Мінску выходзіш на вуліцу, там усе размаўляюць на чужой мове. Ты проста ведаеш, што гэта твой горад, ты тут нарадзіўся. А людзі, па сутнасці, невядома — хто свой, хто чужы. Тое самае і ў Польшчы: выходзіш на вуліцу — і ўсе размаўляюць на чужой мове.

Мая суразмоўніца прызнаецца, што яе ад пачатку цягнула ў беларускае асяроддзе, таму яна арганізавала „Беларускі размоўны клуб“, дзе беларусы, неабыякавыя да роднай мовы, могуць прыйсці і паразмаўляць з аднадумцамі на розныя тэмы, пазнаёміцца, знайсці сяброў. Наогул, адзначае яна, вакол беларускамоўных запрацавалі самыя розныя ініцыятывы.

— Калі людзі беларускамоўныя пачалі збірацца і размаўляць, адразу паўсталі розныя ініцыятывы. А давайце імшу на беларускай мове правядзём, а давайце хор арганізуем і будзем песні беларускія спяваць. Потым арганізавалі ініцыятыву „Еш, прамаўляй, сябруй“ і іншыя. Людзі згуртаваліся і на гэтай беларускамоўнай аснове пачалі рабіць усё, што ім цікава.

Кожны панядзелак збіраюся дадому...

Спадарыня Юля кажа, што на жыццё скардзіцца не даводзіцца. Хаця імкнуцца жыць ашчадна, у прынцыпе, ні ў чым вялікай патрэбы не маюць. Адзінае, прызнаецца, што кожны панядзелак збіраецца ў Мінск дадому, а муж жартуе, што не хоча яе туды на тры гады адпускаць.

У іх бацькоў няма візаў, таму з родных таксама ніхто не прыязджаў, час ад часу завітваюць сябры. А таму бабулі і дзядулі сумуюць па ўнуках, а яна, у сваю чаргу, па іх.

— Я адчуваю, што мяне ад каранёў адарвалі, кудысьці перанеслі і ў гаршчок пасадзілі. А мне хочацца ў тую вёску, дзе жылі мае продкі 400 гадоў таму.

Пытаюся ў суразмоўніцы, ці вернецца яна ў Беларусь, калі ў яе будзе такая магчымасць.

— Я вельмі хачу вярнуцца, праўда, не магу загадваць, калі гэта атрымаецца. Я наогул не думала, што давядзецца з'ехаць. Але пакуль адчуваю: калі жыць, то жыць у Беларусі. Калі будзе выбар, то я б хацела вярнуцца дадому.

6 ліпеня 2023

„Самае важнае, што я надалей жыву з чыстым сумленнем...“

Алена, настаўніца ў раённым гарадку, пасля акцый пратэсту вымушана была пакінуць радзіму і з сям'ёй з'ехала ў эміграцыю. Як бы ні было складана на новым месцы наладжваць жыццё, яна ні аб чым не шкадуе і моліцца за Беларусь.

Пераследавалі пасля майго выступу на акцыі

Спадарыня Алена працавала настаўніцай замежнай мовы ў раённым гарадку на Віцебшчыне. Скончыла лінгвістычны ўніверсітэт у Мінску. У Польшчу разам з мужам і двума сынамі выехала з прычыны пераследу за ўдзел у акцыях пратэсту.

— Напачатку нас было няшмат — чалавек 15–20. Паступова людзі пачалі далучацца, і ў выходныя дні прыходзіла чалавек трыста, а можа і больш. Для такога невялікага гарадка, дзе жыве сем тысяч жыхароў, гэта не так ужо і мала.

Як правіла, са слоў жанчыны, на пратэсты выходзілі людзі, якія мелі адукацыю, прадпрымальнікі. Тыя, хто добра разумеў, што насамрэч адбываецца ў краіне.

Пасля гэтых акцый спадарыню Алену выклікала да сябе дырэктарка школы і пачала пагражаць, каб, маўляў, яе там больш не бачылі. Казала, калі яна прыйдзе яшчэ і з дзецьмі, то супраць яе ўзбудзяць крымінальную справу. Усю гэтую гісторыю спадарыня Алена распавяла на плошчы перад людзьмі і старшынёй райвыканкама.

— Пасля гэтага мяне не чапалі, нічога не казалі, але мае ўрокі пачалі наведваць і правяралі класнае кіраўніцтва. А потым яшчэ сталі дзейнічаць праз маіх дзяцей.

Жанчыну разам са старэйшым сынам выклікалі да дырэктара ў кабінет і пачалі адчытваць хлопца за нібыта нядобрыя паводзіны на ўроку, пагражаючы, што паставяць яго на ўлік у міліцыю. Усё гэта, паводле адчування суразмоўніцы, нагадвала зрэжысіраваны спектакль.

— Мы з мужам зразумелі: далейшая барацьба прывядзе да таго, што нас будуць ціснуць яшчэ мацней, мы страцім працу, а ў раённым цэнтры не ўладкуешся. І зноў жа, у нас дзеці, і мы вырашылі ратавацца.

Адзінае месца ў іх невялічкім гарадку, дзе спадарыня знаходзіла ў тыя дні разуменне і спагаду, — касцёл.

— Нас вельмі падтрымліваў касцёл — дзякуй ім. Туды мы маглі заўсёды прыйсці і абмеркаваць усе справы. Касцёл быў тым адзіным месцам, дзе заўсёды можна было знайсці падтрымку. І нашы браты і сёстры хадзілі разам з намі на акцыі пратэсту.

Страцілі дом, але знайшлі свабоду

Яна сама паехала ў Польшчу, знайшла новую працу, зняла кватэру, і пасля гэтага муж з сынамі пераехалі да яе. Жанчына прызнаецца, што было балюча пакідаць радзіму, дом, у мужа была добрая праца, але абставіны былі мацнейшыя.

— Самае галоўнае, што я маю чыстае сумленне, — для мяне гэта важна. Хоць я страціла ўсё — усё засталося ў Беларусі. У нас там была машына, дом і ўсё астатняе. Але ў нас не было там свабоды. Я не магла рабіць тое, што хачу, не магла думаць і выказваць свае думкі. А зараз у мяне няма свайго дому, затое я на волі і раблю тое, што мне падабаецца. І мае дзеці не будуць жыць у тым пекле.

Працэс інтэграцыі ў новае грамадства прайшоў без вялікіх складанасцяў, хаця свае цяжкасці былі. Але, як сама заўважае, паколькі іх сям'я каталіцкая, то ўсе традыцыі і звычаі, якіх трымаюцца ў Польшчы, яны мелі і дома, толькі на беларускай мове.

Цяжэй давялося сынам, паколькі яны ў падлеткавым узросце, а пайшлі ў польскую школу практычна не ведаючы мовы.

— Але, дзякуй Богу, на працягу паўгоддзя яны справіліся, і зараз вось ужо Ілля скончыў школу з дзвюма толькі тройкамі, а Аляксей з адной. Я лічу, што гэта добры вынік, паколькі яны ўсё пачалі з нуля.

Муж пачынаў на будоўлі, але паколькі ў яго не ўсё добра са здароўем, то пайшоў вучыцца і цяпер кіруе карам, працай задаволены. Наогул, і спадарыня, і яе муж адчулі зусім іншае стаўленне да сябе ў працоўным калектыве. Згадваюць, што ў Беларусі ініцыятыва заўсёды падлягала пакаранню.

— Я настаўнік замежнай мовы, а тут працую ў банкаўскай сістэме — гэта дзве розныя рэчы. Але я сама хацела навучыцца і навучылася. Калі пабачылі, што я стараюся, атрымала павышэнне, мяне паважаюць, цэняць. І муж тое самае ў адносінах да сябе бачыць на працы.

Да ўсяго муж, які хварэе на дыябет, атрымаў тут якаснае лячэнне.

— Нам аказалі падтрымку і медыцынскую дапамогу, і яму сапраўды стала лепш. Я бачу, што ён па-іншаму сябе адчувае: і фізічна інакш выглядае, і здароўе палепшала.

Вельмі важна з Богам гаварыць на роднай мове

У новых абставінах першае, што хацела зрабіць спадарыня Алена, — стварыць беларускую каталіцкую суполку, паколькі для яе, як чалавека веруючага, гэта было вельмі важна. Даведалася, што такія ініцыятывы існуюць у розных гарадах Польшчы, і разумела, што такім чынам зможа аб'яднаць беларусаў у сваім горадзе.

— Я тут знайшла ксяндза, які доўгі час працаваў у Беларусі, скантактавалася з ім, і ён пагадзіўся на маю прапанову праводзіць нам імшу на беларускай мове. Першы раз на імшу прыйшло больш за сто чалавек, а пастаянны касцяк звычайна складае трыццаць і больш асобаў.

Спадарыня лічыць, што вельмі важна на чужыне маліцца на роднай мове.

— У кожнага свае адносіны з Богам, але самыя шчырыя словы, я лічу, можна сказаць толькі на роднай мове. І самая шчырая споведзь будзе толькі на роднай мове, бо толькі на ёй ты знойдзеш самыя патрэбныя словы, якія раскажуць, што насамрэч у цябе на душы...

Зло трэба называць па імю

Разважаючы пра жыццё ў Польшчы, спадарыня не хавае, што ёй вельмі не хапае Беларусі. Асабліва блізкіх людзей, сябровак, якіх пакінула ў невялікім гарадку, не стае тых мясцін, з якімі звязаны ўспаміны.

— Першае, куды б я пайшла, калі будзе магчымасць вярнуцца, — на могілкі да таты, да дачушкі. Вось гэтага не хапае, і нічога гэта не заменіць. Мы, напэўна, з мужам тут у любым выпадку застанемся чужымі, а вось дзеці, магчыма, знойдуць сябе.

У магчымасць хуткага вяртання мая суразмоўніца не верыць.

— Я, на жаль, не аптыміст. Я ведаю, што патрэбна шмат часу, нават калі заўтра нешта там зменіцца, каб пераламаць гэтую сістэму. Пэўна, у працоўным узросце я туды не вярнуся. Магчыма, толькі на пенсію, — смяецца, — калі дажыву. І зноў жа, калі мае дзеці будуць тут, па гэтай прычыне мне не будзе хацецца жыць там пастаянна.

Спадарыня Алена кажа, што кожны дзень моліцца за Беларусь, за тых людзей, хто ў палоне, і за тых, хто на волі.

— Я шчыра не разумею тых, хто падтрымлівае тое, што там адбываецца, альбо робіць выгляд, што нічога не адбываецца. Усё ж зло трэба называць па імені, і тое, што зараз там робіцца, — гэта сапраўды зло, і на гэта нельга заплюшчваць вочы. На жаль, мая краіна ператварылася ў суцэльную турму. І гэта цяжка...

7 ліпеня 2023

Беларусы ў Польшчы ствараюць сетку суботніх школ

Познань стаў другім горадам у Польшчы, дзе на базе Акадэміі добрай адукацыі арганізавана суботняя школа для беларускіх дзяцей. Адзіная такая ўстанова, дзе заняткі праводзяцца па-беларуску, існавала дагэтуль толькі ў Варшаве. Аб самой суботняй школе і планах стварэння цэлай сеткі такіх установ распавядае кіраўнік кансультацыйнага пункта на базе Акадэміі добрай адукацыі ў Варшаве Ягор Сурскі.

— Спадар Ягор, што сабой уяўляе суботняя школа і якая ад яе карысць беларускім дзецям?

— Калі казаць пра суботнюю школу для беларускіх дзетак, то найперш павінен адзначыць, што гэта добрая воля існуючай сеткі польскіх прыватных школ Акадэміі добрай адукацыі. Першая такая школа для беларускіх дзетак пачала працаваць у кастрычніку мінулага года ў Варшаве. Гэты досвед паказаў важнасць такой школы для беларускіх дзяцей, якія наведваюць агульнаадукацыйныя польскія школы.

Перад усім яна выконвае місію сацыялізацыі для гэтых дзяцей, паколькі там яны камунікуюць, знаёмяцца, сябруюць у сваім коле. І функцыя сацыялізацыі, як паказаў варшаўскі досвед, выконваецца. Таму наступны крок — стварэнне сеткі школ, дзе кампактна жывуць беларусы. Другая суботняя школа на базе Акадэміі добрай адукацыі пачынае працаваць у Познані. Плануем, што да 1 верасня яшчэ адна суботняя школа адкрыецца ў Гданьску. Стварыўшы сетку такіх школ, паспрабуем наладзіць кантакты паміж імі.

— Напэўна, асноўнае пытанне — якімі будуць заняткі ў такой школе?

— У Варшаве ў нас усё гэта складалася паступова. Спачатку праводзіліся заняткі па беларускай мове, літаратуры, гісторыі Беларусі; пазней, калі далучылася больш дзяцей, з'явіўся творчы кампанент: заняткі малявання, акторскага майстэрства, інтэрактыўныя літаратурныя заняткі, спевы.

Мы разумеем, што ў гэтай сітуацыі павінны не столькі канкурыраваць, колькі ўсведамляць, што базавую школьную падрыхтоўку дзеці праходзяць у стацыянарнай польскай школе. Таму субота шмат у чым павінна быць дадатковай. І таксама павінна быць магчымасць запрашаць прадстаўнікоў беларускай культуры, якіх цяпер шмат у Польшчы. І калі ўтворыцца сетка такіх школ, з'явіцца магчымасць прасцей арганізоўваць падобныя праекты. А гэта, у сваю чаргу, зробіць навучанне больш разнастайным.

— На які ўзрост разлічана суботняя школа, паколькі дзеці ў старэйшых класах часта маюць дадатковыя заняткі альбо спартовыя і іншыя секцыі і таму падобнае?

— Што адносна ўзросту, то тут сапраўды цяжэй дагрукацца да дзяцей старэйшага школьнага ўзросту, паколькі ў іх ужо ёсць свае канкрэтныя мэты, яны вырашылі, куды будуць паступаць, а таму такі беларускі кампанент можа найменш іх цікавіць. Варшаўскі вопыт паказаў, што найбольш дачынення мы маем з групай дзяцей дашкольнага ўзросту і малодшых класаў. І бацькі іх таксама ў гэтым зацікаўлены, бо хочуць, каб дзеці не забылі беларускую мову, таму найчасцей да нас далучаюцца.

— Вы сказалі, што для стварэння творчага асяроддзя запрашаеце вядомых людзей беларускай культуры. Хто канкрэтна з вядомых праводзіў заняткі ў Варшаўскай школе?

— Прыгадваюцца сустрэчы з Уладзімірам Арловым, канцэрт з дзіцячай праграмай Андруся Такінданга, арганізацыя батлейкі, ноч у школе, прымеркаваная да Міжнароднага дня дзіцячай казкі, заняткі акторскага майстэрства з Андрэем Саўчанкам, які мае вялікі педагагічны досвед акторскага майстэрства для дзяцей...

— Гэта значыць, не толькі гісторыя, мова...

— Так. Але калі ёсць запыт, то ёсць і матэматыка, і мова. Ёсць магчымасць, калі навучэнцы ў межах дня вучнёўскага самакіравання самі праводзяць заняткі і распавядаюць пра камп'ютарныя праграмы, з якімі яны працуюць. Вядома, мы імкнёмся ствараць такі інтэрактыўны фармат, каб заняткі былі цікавыя і разнастайныя.

— А ці ёсць прафесійныя педагогі, бо колькі б ні запрашалі на заняткі культурных дзеячаў, школа павінна мець сваіх настаўнікаў? У вас няма такой праблемы?

— Такой праблемы няма, паколькі кадравы патэнцыял тых выкладчыкаў, якія вымушаны былі пакінуць Беларусь і знаходзяцца ў Польшчы, уражвае. З намі працуюць на самай справе выбітныя педагогі і творцы. І для іх гэта таксама мае вялікае значэнне, паколькі яны застаюцца ў прафесіі. Нават у такім невялікім фармаце — суботніх заняткаў, але яны адчуваюць сваю запатрабаванасць сацыяльную і педагагічную. І яны ўдзячныя за такую магчымасць.

— На ваш погляд, як беларускім дзецям даводзіцца адаптавацца да польскай сістэмы адукацыі? Многія з іх ідуць у школу нават не ведаючы польскай мовы.

— Я не магу сказаць, што гэта проста. Польская сістэма адукацыі адрозніваецца ад беларускай. Самы складаны прадмет для нашых вучняў — польская мова. Але не таму, што дзеці не могуць авалодаць асноўнымі прынцыпамі граматыкі і тэрміналогіяй, паколькі гэта блізкая мова паводле сваёй структуры. Праблема ў іншым падыходзе. Калі мы разглядаем польскую мову як дысцыпліну, то маем на ўвазе і польскую літаратуру, і сусветную, якая выкладаецца па-польску. Але яна вывучаецца ў культурніцкім гістарычным кантэксце, гэта інтэграваная дысцыпліна, дзе кожны вучань павінен разважаць, мець свой погляд і звязваць тэму літаратурнага твора са штодзённасцю, каб яна была актуальнай. І нашы вучні не заўсёды да гэтага гатовы. Яны не разумеюць, што ад іх патрабуюць, што ад іх чакаюць. А чакаюць і хочуць пачуць іх уласныя думкі.

— Спадар Ягор, каму належыць ідэя стварэння беларускіх суботніх школ?

— Ідэя належыць заснавальніцы сеткі школ Акадэміі добрай адукацыі спадарыні Катажыне Хай, якая ў 2007–2011 гадах была міністрам адукацыі Польшчы. Яе ініцыятыва палягала на тым, каб адкрыць такія аддзяленні або беларускі накірунак на базе Акадэміі добрай адукацыі. І дзейнасць тут шматвектарная. Акрамя школкі працуе кансультацыя для бацькоў, каб яны маглі лепш арыентавацца ў польскай сістэме адукацыі.

16 ліпеня 2023

„Мару стварыць у Польшчы вытворчасць электрычных ровараў“

Пакінуўшы Беларусь з палітычных прычынаў, інжынер-тэхнолаг **Ягор** знайшоў у Польшчы лепшыя магчымасці, чым на радзіме, для здзяйснення сваёй мары і над гэтым настойліва працуе штодня.

Пачыналі ў піўніцы на Партызанскім праспекце...

Ягор працуе ў Польшчы ў майстэрні абслугоўвання гарадскіх ровараў. Тут таксама займаюцца аднаўленнем старых мадэляў, прычым не толькі еўрапейскіх, але і амерыканскіх. Як правіла, гэта ровары, выпушчаныя пасля Другой сусветнай вайны. Акрамя гэтага, у майстэрні самі займаюцца вытворчасцю рамаў да ровараў у геаметрыі, якую таксама праектуюць самастойна. У выніку з закупленых запчастак збіраюць гатовыя ровары.

Па адукацыі ён інжынер-тэхнолаг, скончыў БНТУ, а з ровараміі, як прызнаецца, звязаны ўсё жыццё. Калі адпрацоўваў пасля ўніверсітэта на падшыпнікавым заводзе, задумаў стварыць свой электрычны ровар з уласным дызайнам. У яго знайшліся аднадумцы.

Суразмоўца з ironiяй згадвае, што ў Мінску быў цэлы роварны завод, які так і не змог наладзіць выпуск сучасных ровараў нават для свайго рынку, а іх стартапу ўдалося распрацаваць амаль цэлую лінейку электрычных ровараў.

— У піўніцы на Партызанскім праспекце побач з роварным заводам мы і распрацавалі наш першы серыйны ровар.

З інвестарамі ў Беларусі складана...

Самі нават шукалі завод, які мог бы наладзіць серыйны выпуск іх прадукцыі, паўгода ездзілі па Кітаі, аднак праект так і не ўдалося ажыццявіць. Стварыць стартапу амаль цэлую лінейку электрычных ровараў удалося, а вось з інвестарам у Беларусі аказалася зусім няпроста, нягледзячы на тое, што інвестар быў прыватным бізнесменам.

— Мы з ім не дамовіліся, паколькі сабекошт аказаўся трохі вышэйшым — недзе на 10 %, чым планавалася ад пачатку. Розніца невялікая, але яму не спадабалася, і ён выйшаў з гэтага праекта. Хаця пазней ён нам прапанаваў вярнуцца.

Дарэчы, для даведкі: сабекошт электрычнага ровара, распрацаванага тады стартапам Ягора, калі яго выпускаць на заводзе ў Кітаі, складаў прыкладна 900 долараў. Для параўнання — у Польшчы такія ровары каштуюць да трох тысяч еўра.

Цэлы роварны завод у Мінску, а магчымасцяў не было...

Наладзіць вытворчасць электрычных ровараў у Беларусі, па словах Ягора, наагул не было ніякай магчымасці.

— Даражэй было б. Можна было б наладзіць сваю вытворчасць, але, каб збудаваць свой завод, патрэбны былі б яшчэ большыя інвестыцыі.

Што датычыцца існуючага тады роварнага завода ў Мінску, то, паводле майго суразмоўцы, яны спрабавалі наладзіць кантакт, але...

— Яны не маглі зрабіць тое, што нам трэба было. Яны не працавалі з алюмініем, а ў нас там была алюмініевая рама. І гэта была адна з галоўных прычын, чаму мы не маглі з імі працаваць.

Хаця, як заўважае Ягор, спробы наладзіць сумесную працу з Мінскім роварным заводам у іх стартапа ўсё ж былі. Яны хацелі распрацаваць для іх новыя мадэлі ровараў, але стаўленне з боку адмыслоўцаў было такое, што працаваць разам так і не ўдалося.

— Ну як бы зразумела, што тры хлопцы ў піўніцы нешта цікавае робяць, а тут цэлае прадпрыемства не здольнае распрацаваць і выпусціць новую мадэль ровара...

Ягор распавядае, што былі спробы супрацы з іншымі прыватнымі прадпрыемствамі. Яны падрыхтавалі новыя серыйныя мадэлі, як звычайнага ровара, так і электрычнага, для прадпрыемства „Белвуддорс“, якое займалася выпускам міжпакаёвых дзвярэй. Прычым адметнасцю гэтых мадэляў было тое, што рама ў іх была драўляная. Але і там з-за ўнутраных праблемаў на прадпрыемстве праект так і не адбыўся.

Адзін незвычайны ровар, магчыма, паедзе па прасторах СНД

І ўсё ж адзін шэрынгавы электрычны байк для беларускай фірмы, які распрацаваў Ягор са сваімі сябрамі, праходзіць выпрабаванні ў Мінску. Вопытныя ўзоры, сабраныя ў Кітаі, тэстуюцца ў беларускай сталіцы, і плануецца, што далей іх будуць экспартаваць у краіны СНД. Ягор кажа, што шмат у чым гэта незвычайны электрычны ровар.

— Ад звычайнага ён адрозніваецца тым, што ён антывандальны, антыўгонны, і ты заўсёды ведаеш, дзе ён знаходзіцца. Там шмат электронікі: на рулі зарадка тэлефона, датчыкі, Bluetooth і ўсякая іншая мірыя.

Жнівень 2020-га змяніў планы

А затым быў жнівень 2020 года. Ягор, як і ўсе беларусы, выйшаў на пратэсты. На адной з акцый разам з сяброўкай быў затрыманы, абое адседзелі суткі ў Жодзіне.

— А затым у 2022 годзе ў сакавіку маю сяброўку арыштавалі ў кватэры і пасадзілі на трое сутак на Акрэсціна, завялі крымінальную справу. За што завялі справу — ніхто нічога не сказаў. І пасля гэтага мы вырашылі, што настала пара з'язджаць.

Цяпер, азіраючыся на той час, Ягор кажа, што нічога добрага ў галаву не прыходзіць — толькі шкадаванне пра родных, блізкіх, сяброў, якія там засталіся.

Я прыехаў у Польшчу з марай...

У Польшчы ён хутка знайшоў месца, дзе зарабляць на жыццё, але ў галаве планы па ажыццяўленні сваёй мары — свайго электрычнага ровара. Пакуль адбываецца працэс легалізацыі, адкрыць сваю фірму ці прадпрымальніцкую дзейнасць немагчыма. Хаця планы, як гэта павінна быць, ужо складзены.

— Я прыехаў у Польшчу з марай — хацеў бы адкрыць тут завод па выпуску электрычных ровараў свайго ўласнага дызайну. Я распрацоўваю новыя мадэлі ровараў і шукаю інвестараў. Зрабіў невялічкі бізнес-план, падаюся на розныя грантавыя праграмы. Праўда, часу на ўсё не стае, але я стараюся.

Мужчына перакананы, што тут у яго ёсць шанец, паколькі ўмовы ў Польшчы ў параўнанні з Беларуссю выдатныя. Паводле яго слоў, найбольшы плюс у тым, што тут перад вытворцам адкрыта ўся Еўропа — вялікі рынак. Другі плюс — тут лягчэй знайсці інвестараў, паколькі шмат дзе ёсць грошы. А па-трэцяе, у Польшчы вельмі шмат якасных матэрыялаў, з якіх можна рабіць вельмі якасны прадукт.

— Я зрабіў ужо тут першую невялікую партыю сваіх рамаў і адправіў хлопцам у Беларусь, якія ў мяне іх замаўлялі.

Яны былі здзіўленыя, з якога якаснага матэрыялу яны зробленыя. І мне таксама вельмі падабалася працаваць з такім матэрыялам. Мабыць, толькі тое, што тут даражэйшыя энергетычныя расходнікі, — гэта адзіны мінус.

Мой суразмоўца яшчэ звяртае ўвагу, што ў Польшчы існуе большая канкурэнцыя, чым у Беларусі, шмат людзей робяць ровары, як і ён. І на даволі высокім узроўні. А яшчэ яго прыемна ўразілі сучасныя польскія заводы з вялікімі магчымасцямі для вытворчасці.

— Мне здаецца, галоўнае — рабіць якасна, і гэта тое, што заўсёды будзе здзіўляць. Па адукацыі я інжынер-тэхнолаг і добра разумею, як распрацаваць тэхналогію вытворчасці таго ж ровара. Мне гэта вельмі добра знаёма, і насамрэч, каб было дастаткова грошай, можна было б пачынаць вытворчасць.

На развітанне я пацікавіўся ў Ягора, ці не сумуе ён па Беларусі.

— Сумую, вядома, сумую. У першую чаргу па родных, па мясцінах, дзе быў, па беларускай вёсцы сумую, па Мінску — не сумую. Сумую па людзях…

— А калі будзе магчымасць вярнуцца…

— Вярнуся, натуральна. Польшча вельмі падобная да Беларусі, пачуваешся так, нібы ты ў суседнім ад Мінска горадзе. Тут вельмі па-роднаму, па-свойску…

21 ліпеня 2023

„Мне тут шмат што падабаецца, але я вярнуся дамоў, калі будзе такая магчымасць“

Аляксей ужо ў дарослым веку перажыў эвалюцыю ад расчаравання ў беларусах да захаплення сваім народам. Але не мог далей жыць у несвабодзе. Знаходзіцца ў эміграцыі, працуе, імкнецца данесці беларускую культуру еўрапейцам і марыць вярнуцца на радзіму.

Напачатку двухтысячных расчараваўся ў апазіцыі

Аляксей — мінчанін, скончыў універсітэт народнай гаспадаркі, працаваў у банках, у розных арганізацыях на пасадах бухгалтара і галоўнага бухгалтара, рэкламным менеджарам, у рэшце рэшт, на будоўлі простым рабочым. Як сам кажа, вялікім актывістам не быў, але ў палітычных кампаніях браў удзел яшчэ напачатку двухтысячных гадоў. Праўда, у гэтай дзейнасці хутка расчараваўся.

— Пасля 2005 года я ўжо адышоў ад палітыкі, бо быў расчараваны ва ўсім, у прыватнасці ў апазіцыі. Бачыў, што вядзецца імітацыя, а сапраўдных спраў няма. Нават на прэзідэнцкіх выбарах 2001 года я, як бухгалтар, з боку назіраў за тым, куды ідуць сродкі. Таму адышоў ад гэтага і проста заняўся працай.

Дарэчы, Аляксей уладкаваўся на Беларускае тэлебачанне і працаваў там у рэкламным аддзеле. Праўда, кажа, што больш за рэкламу яго цікавіла сама вытворчасць тэлевізійнага кантэнту. Аказваецца, яшчэ са школьных гадоў яго вабіў тэатр, тэлебачанне, іграў у школьных і ўніверсітэцкіх тэатрах, займаўся ў тэатральнай студыі.

2020 год вярнуў веру ў народ

У 2020 годзе з песімізмам паставіўся да чарговай выбарчай кампаніі, нічога ад яе не чакаў. Але ўжо вясной заўважыў бурленне ў грамадстве, і гэта станавілася цікавым. У жніўні прыйшоў разам з усімі на ўчастак, каб даведацца пра вынікі выбараў.

— Але, як і паўсюль, усё выглядала аднолькава. Прыехаў спецназ у масках, была ачэплена школа, у якой мясціліся тры выбарчыя ўчасткі, людзей папярэдзілі, каб яны разыходзіліся. Падагналі да самага ганка машыну, сяброў выбарчых камісій вывелі пад аховай, пасадзілі ў бус і вывезлі.

Далей Аляксей разам з іншымі накіраваўся да стэлы. А там ужо ішлі актыўныя дзеянні: ляцелі гранаты, вяліся стрэлы ў мірных людзей, каля завода лядоўняў разгортваліся ланцугі АМАПа, каб браць дэманстрантаў у кола.

— Было вусцішна: я зразумеў, што можа быць шмат ахвяр, бо ведаў гэты рэжым і ўяўляў, чаго ад яго можна чакаць, як ён дзейнічае і якімі метадамі. Для мяне ўсё гэта ўжо тады здавалася вельмі жахлівым...

Тым не менш аптымізм ізноў з'явіўся, калі Аляксей 16 жніўня пабачыў, колькі людзей выйшла на вуліцы Мінска.

— І гэта нават змяніла мой светапогляд, бо да той пары я адчуваў, што беларусы вельмі забіты народ, і не разумеў, чаму такі лёс у яго. А тут для мяне ўсё змянілася: з'явіўся гонар за тое, што мы такія, за сваіх суайчыннікаў...

Падчас страйку на Беларускім тэлебачанні Аляксей далучыўся да былых калегаў, хаця там ужо не працаваў, але меў шмат сяброў. Згадвае, што ў першы дзень страйку там выйшла больш за 100 работнікаў тэлебачання. Яны чакалі, што іх падтрымаюць рабочыя сталічных прадпрыемстваў, прыйдуць на Макаёнка, але, паводле яго слоў, масавай падтрымкі не атрымалася.

Немагчыма было знаходзіцца ў Беларусі

Яшчэ да 2020 года Аляксей неаднойчы імкнуўся нешта канкрэтна памяняць у жыцці, хацеў выехаць на працу за мяжу, але ўвесь час яго стрымлівала сям'я. А цяпер пасля ўсіх гэтых падзей зрабіў працоўную візу і падаўся на заробкі ў Польшчу.

— Потым было складана працаваць пад прыгнётам, і нават маральна стала невыносна, ды і фізічна станавілася цяжка. Таму, калі такая магчымасць з'явілася, я не задумваючыся ад'ехаў.

У Польшчы працаваў у розных сферах, але апошнім часам у адной з фірмаў займаецца інсталяцыяй сантэхнічнага абсталявання. Праца ў прынцыпе падабаецца, стаў адмыслоўцам, адзінае — цяпер ягоная фірма перажывае не лепшыя часы.

Вельмі хацелася хоць мову беларускую пачуць...

Прызнаецца, што першыя месяцы было вельмі цяжка прызвычайвацца, хацелася хаця б мову беларускую недзе пачуць. Аднойчы знаёмы завёў яго на сход, дзе збіраліся беларусы, і там ён з многімі пазнаёміўся.

Пачаў удзельнічаць у грамадскім жыцці, з пачатку вайны далучыўся да валанцёраў і дапамагаў украінскім уцекачам.

— Тады было вельмі шмат людзей, яны былі напалоханыя, не ведалі, куды ісці і што рабіць, і мы ва ўсім ім дапамагалі...

Хочацца паказаць палякам і ўкраінцам нашу культуру

З часам знайшоў аднадумцаў і пачаў займацца стварэннем беларускага аматарскага тэатра. Досвед ужо быў, паколькі тэатрам займаўся ў Беларусі, да таго здымаўся ў кіно, а цяпер хацелася данесці сваю культуру іншым народам.

— Мне здавалася, што і палякі, і ўкраінцы не маюць адпаведнага ўяўлення пра беларусаў, не ведаюць дакладна, хто такія беларусы, іх культуру, традыцыі. А таму хацелася нешта такое зрабіць, каб паказаць ім гэта.

Спектаклі пакуль не з'явіліся, але рэпетыцыі над пастаноўкай канкрэтнай п'есы ўжо праводзяцца, рыхтуюцца дэкарацыі і касцюмы. Знайшліся зацікаўленыя людзі, усе — аматары тэатра, а таму ёсць спадзеў, што ўсё атрымаецца.

Што значыць больш свабоды...

Што датычыць таго, як адаптавацца ў польскае грамадства, то Аляксей, усміхаючыся, дадае, што не можа звыкнуцца з тым, што цягнікі могуць спазняцца на паўгадзіны і больш, што банкі працуюць толькі ў той час, калі і сам знаходзішся на працы, а яшчэ ніколі не чуў, каб у Беларусі столькі мацюкаліся, як гэта робяць палякі.

Аляксей — чалавек у дарослым веку і імкнецца глядзець на жыццё не праз ружовыя акуляры, а разважае і над тым, што ў польскім грамадстве ёсць недахопы, ёсць бедныя людзі, але ў той самы час заўважае, што і дзяржава імкнецца на гэта рэагаваць, змяняць сітуацыю да лепшага. Людзі могуць свабодна выказвацца пра самыя розныя праблемы.

Ён быў уражаны, калі, працуючы валанцёрам на вакзале, даводзілася сумоўнічаць з польскімі паліцэйскімі, якія самі падыходзілі, падводзілі ўкраінцаў і звярталіся да валанцёраў, каб тыя дапамаглі ім. Такіх адносінаў з беларускімі міліцыянтамі Аляксей не можа сабе ўявіць. Наагул, з яго слоў, у плане свабоды сітуацыю нельга параўнаць.

— Ну, тут значна больш свабоды. Калі мы летась былі ў Варшаве на Дні Волі, паліцэйскія ўсімі магчымымі спосабамі спрыялі таму, каб быў парадак, каб ніхто нам не перашкаджаў, перакрывалі рух транспарту, каб калоны маглі прайсці. І гэта ў Варшаве, для беларусаў... У гэты ж дзень у Варшаве быў і Байдэн, і маглі б забараніць, але нічога не адмянілі: калі ласка...

Тым не менш, падкрэсліваючы шмат якія перавагі ў польскім грамадстве, Аляксей кажа, што, калі б змянілася сітуацыя ў Беларусі, яму б хацелася вярнуцца на радзіму.

— Я б хацеў, канешне, вярнуцца ў Беларусь, бо гэта мая радзіма, я за яе вельмі перажываю. Засмучаюся з-за таго, што там адбываецца, і хацелася б, каб была магчымасць жыць там і будаваць сваё жыццё. Пакуль ёсць спадзяванне толькі на нейкі цуд, што Гасподзь злітуецца і над беларусамі...

24 ліпеня 2023

„У 2020 годзе мы пасеялі зерне ў зямлю...“

Аб ініцыятывах беларускай дыяспары ў Вроцлаве, аб пачуцці свабоды, аб перажытым і спадзяваннях распавядае актывістка **Святлана**.

Ёсць песні, танцы, вучым мову...

Спадарыня Святлана — адна з беларускіх актывістак, якая з 2021 года жыве і працуе ў польскім Вроцлаве. Падчас нашай размовы яна не спыняецца распавядаць пра беларускую дыяспару ў гэтым горадзе, падкрэсліваючы, што людзі дагэтуль памятаюць жнівень 2020 года і не забываюць пра тых, хто цяпер знаходзіцца ў няволі.

— З 2020 года, пачынаючы са жніўня, акцыі ў горадзе праходзілі кожны дзень. Калі я прыехала ў Вроцлаў у сакавіку 2021 года, акцыі праводзіліся тры разы на месяц. І толькі праз год мы пачалі памяншаць іх колькасць, бо людзі, зразумела, стамляюцца, яны павінны адаптавацца да новага жыцця. І цяпер мы праводзім акцыі ў падтрымку палітвязняў толькі два разы на месяц.

За гэтыя некалькі гадоў беларусы ў Вроцлаве здолелі адкрыць мноства ініцыятыў, дзе разам бавяць час, адукоўваюцца, дыскутуюць, спяваюць і танцуюць. Напрыклад, існуе хор беларускіх народных песень „Летапіс“, які два гады запар ладзіць беларускія Каляды, Гуканне вясны і Купалле. А ў кніжным клубе абмяркоўваюць беларускія кніжныя навінкі.

У іх таксама ёсць беларускія народныя танцы. Узімку аматары імкнуцца знайсці памяшканне, а ўлетку танцуюць проста на вуліцы. У іх ёсць гармонік, скрыпка, можа быць флейта, вядома, бубны. Дарэчы, граюць і беларусы, і палякі, і ўкраінцы.

— Яшчэ ў нас ёсць „Мова Нанова", якая існуе ўжо больш за год. Акрамя гэтага, існуюць заняткі беларускай мовы для дзетак малодшага школьнага ўзросту. Для падлеткаў існуе клуб „Спадчына", дзе праводзяць заняткі па беларускай мове, вывучаюць гісторыю Беларусі, гуляюць у беларускія настолкі, а летам пачалі хадзіць у вандроўкі з начоўкамі ў намётах. Стварылі размоўны клуб „Размова". Гэта ініцыятыва пайшла ад саміх людзей, якія адзначылі, што не ўмеюць размаўляць па-беларуску. І вось тут яны дзве гадзіны гутараць па-беларуску з мадэратарамі, якія ім дапамагаюць. Сюды запісалася каля шасцідзесяці чалавек.

Апроч усяго, беларусы стварылі аматарскі тэатр, паставілі ўжо чатыры п'есы і нават гастралявалі з імі ў іншых польскіх гарадах, дзе існуюць беларускія дыяспары.

Спадарыня Святлана распавядае, што ў Вроцлаве ёсць афіцыйна зарэгістраванае Беларускае таварыства салідарнасці (Stowarzyszenie Białoruski Związek Solidarności), а таксама фундацыя „За нашу і вашу вольнасць" („Za Wolność Waszą i Naszą"). І, паводле яе, на некаторыя праекты ўдаецца атрымліваць фінансавую дапамогу ў выглядзе грантаў.

Імкнёмся супрацоўнічаць і з палякамі, і з украінцамі

Беларуская дыяспара, са слоў жанчыны, падтрымлівае цесныя кантакты з польскай і ўкраінскай грамадскасцю, часта ўдзельнічае ў сумесных мерапрыемствах.

— Калі пачалася вайна і ўсе выйшлі на вуліцу, зразумела, украінцаў у Вроцлаве было больш, чым беларусаў. А бел-чырвона-белых сцягоў тады лунала не менш, чым украінскіх. І калі ўкраінцы праводзілі акцыі супраць вайны, то беларусы заўсёды ўдзельнічалі. Але і ўкраінцы часам таксама прыходзяць на нашы акцыі.

Адчувальная беларуская дапамога для ўкраінцаў была і тады, калі масава пачалі прыязджаць уцекачы. Спадарыня Святлана распавядае, што сама пастаянна валанцёрыла: дзяжурыла на вакзале і дапамагала ўкраінцам, якія прыязджалі. А таму кантакты на чалавечым узроўні з украінцамі ў беларусаў добрыя.

Гэта дзіўнае адчуванне свабоды

Пра сябе спадарыня Святлана з усмешкай кажа, што належыць да старой апазіцыі, маўляў, яшчэ да пачатку 90-х гадоў. У 2020 годзе яна адбыла суткі, у яе кватэры праводзіліператрус па крымінальнай справе, канфіскавалі камп'ютары і іншую тэхніку. Але падзеі таго жніўня яе ўразілі больш за ўсё.

— Было шмат свежых смелых сіл, якія, як казалі, не пабітыя, і дзякуючы ім было тое, што было. На жаль, мы тады не перамаглі, але я спадзяюся, што тое, што было, як укінутае ў зямлю зерне. Яно не пройдзе проста так, як, дарэчы, не прайшло тое, што зрабіла старая апазіцыя ў свой час.

Давялося з'ехаць разам з сям'ёй. Дарэчы, прыехаўшы ў Вроцлаў, на наступны дзень яна адразу пайшла на мітынг, які праводзілі беларусы. І тут зразумела, наколькі незвычайна адчувае сябе ў вольнай краіне пасля ўсяго перажытага.

— І вось гэтае адчуванне, калі ты стаіш і можаш удыхнуць на поўныя грудзі, можаш дастаць сцяг і крычаць: „Жыве Беларусь!“ — гэта такая тэрапія, гэта неверагодная тэрапія. І я шмат ад каго потым чула, што менавіта такая магчымасць выйсці вольна — яна проста ўсё змяняе.

Толькі праз два гады перастала плакаць...

Праўда, спадарыня прызнаецца, што доўгі час яе мучыла сумленне за тое, што яна ў бяспецы, а многія і многія застаюцца за кратамі ў Беларусі.

— Я памятаю, калі сваім знаёмым казала, што за падабайкі садзяць, то яны круцілі пальцам каля скроні, не верылі.

Сама спадарыня працавала ў Мінску псіхолагам, а вось у Польшчы давялося пачынаць з таго, што сядзела за швейнай машынкай і зарабляла на жыццё. Але ўжо апошнія некалькі месяцаў яна вярнулася да сваёй асноўнай прафесіі і прапаноўвае псіхалагічныя паслугі.

З яе слоў, кожны эмігрант праходзіць пэўныя этапы, пакуль адаптуецца да новага грамадства. Спадарыні Святлане давялося перажыць у эміграцыі смерць мамы, на пахаванне яна не патрапіла.

— Ведаеце, калі толькі прыехаў, то ты на шпагаце — жывеш і думаеш, як уладкавацца. Але навіны ўсё роўна ўвесь час чытаеш: што там? Потым было адчуванне: ты нідзе — ні там, ні тут яшчэ. Напэўна, толькі праз два гады я перастала плакаць, стала лягчэй толькі праз два гады...

На падзеі яна глядзіць рэалістычна і ўпэўнена кажа, што для зменаў у Беларусі зараз няма падстаў. Дапускае, што магчымая нейкая нечаканасць, але да яе трэба быць гатовымі ўжо зараз. Жанчына цяпер не можа ўпэўнена сказаць, ці вернецца ў Беларусь, калі там наступяць змены, бо ў такім узросце ўжо складана нешта мяняць.

— Тое, што ўсе прыедуць туды піць шампанскае, — гэта стоадсоткава. А вось наконт вяртання — чым далей, тым менш верагодна...

25 ліпеня 2023

„Беларусь і беларуская мова сталі маім жыццём...“

Кастусь Якубоўскі вучыцца на факультэце беларускай філалогіі ва Універсітэце імя Адама Міцкевіча і апавядае пра сваю зацікаўленасць беларусамі, іх мовай і культурай.

Мой дзед паходзіць з Баранавічаў

Кастусь Якубоўскі — студэнт факультэта беларускай філалогіі ва Універсітэце імя Адама Міцкевіча ў Познані. Нягледзячы на польскае паходжанне, ён вельмі добра размаўляе на беларускай мове. Дарэчы, перад паступленнем на беларускую філалогію скончыў факультэт усходазнаўства, валодае рускай, англійскай, вывучаў іспанскую і нямецкую мовы. Але, як сам падкрэслівае, ён спецыяльна выбраў беларускую філалогію.

— На першым курсе я ўзгадаў, што мой дзед паходзіць з Баранавічаў. У 1937 годзе, калі ён нарадзіўся, гэта была тэрыторыя Польшчы. І я вырашыў даведацца больш пра тыя мясціны, бо тады пра Беларусь мала хто гаварыў. Гэта пасля 2020 года многія ў нас даведаліся, што гэта за краіна.

Як распавядае мой суразмоўца, дзядулі свайго ён не ведаў, бо той памёр за трыццаць гадоў да яго з'яўлення на свет, але бабуля шмат і цікава распавядала пра яго.

— Я толькі ведаў, што ён гаварыў з усходнім акцэнтам. І ў нашай сям'і дагэтуль прысутнічаюць асобныя словы з усходняга рэгіёна, і мы іх спакойна дома ўжываем.

Першы раз насамрэч ён пачуў беларускую мову, калі меў больш за 20 гадоў. Тым не менш стаў адным з першых студэнтаў беларускай філалогіі, паколькі факультэт адкрыўся ва ўніверсітэце два гады таму, якраз тады, калі ён абараніў дыплом магістра на факультэце ўсходазнаўства.

Адзін з гістарычнай пяцёркі

Цікава, што першы набор на факультэт беларускай філалогіі ва Універсітэце імя Адама Міцкевіча налічваў толькі пяць студэнтаў. Напачатку, прызнаецца Кастусь, гэта выглядала трохі экзатычна, але, як пазней аказалася, колькасць была далёка не галоўным паказчыкам.

— Дзякуючы гэтаму ў нас утварыліся вельмі сяброўскія адносіны паміж студэнтамі, а таксама вельмі блізкія стасункі з нашымі выкладчыкамі. Мы не толькі гаварылі пра вучобу, але і абмяркоўвалі самыя розныя пытанні. І зразумела, што наўрад ці такія адносіны маглі быць на курсе, дзе налічваецца да шасцідзесяці чалавек.

Першыя наборы студэнтаў адбываліся без конкурснага адбору, і большасць студэнтаў былі палякамі, а вось сёлета, са слоў Кастуся, на 25 месцаў прэтэндавала больш за 30 чалавек.

— Мне здаецца, гэта звязана з тым, што людзі пачалі заўважаць: беларуская мова патрэбная, найперш каб узгадаць сваю ідэнтычнасць. І многія з тых, хто мае беларускія карані, пабачылі, што трэба вывучаць беларускую мову не проста раз на тыдзень, а паступіць на беларускую філалогію.

Мы паступілі, каб больш даведацца пра Беларусь...

Кастусь распавядае, што з першага курса было вельмі цікава і нескладана вучыцца. І перш за ўсё таму, што ў іх былі вельмі таленавітыя і адданыя выкладчыкі, якія даступна тлумачылі тэмы заняткаў.

— Усе нашы выкладчыкі ведаюць, што мы паступілі на беларускую філалогію не дзеля таго, каб толькі атрымаць дыплом, але каб больш даведацца пра Беларусь і сапраўды вывучыць беларускую мову.

Цікава, што бацькі Кастуся са здзіўленнем прынялі яго выбар і неаднойчы задаваліся пытаннем, навошта яму гэта. Але ён, у сваю чаргу, не менш настойліва тлумачыў.

— Але я дарослы чалавек і таксама ведаю, што хачу рабіць у сваім жыцці. Проста Беларусь і беларуская мова ўжо сталі маім жыццём, і я не магу іх проста пакінуць...

Дарэчы, Кастусь, абіраючы для вывучэння беларускую філалогію, звязваў гэта з перспектыўнай прафесійнай дзейнасцю. На яго думку, калі палітычная сітуацыя ў Беларусі зменіцца, ён зможа працаваць, напрыклад, польскім дыпламатам у Беларусі, прафесійна валодаючы беларускай мовай.

— Знаёмства з беларускай мовай у такой сітуацыі будзе толькі плюсам. Бо хто цяпер размаўляе па-беларуску, які паляк? Ну а ў такой сітуацыі ёсць такі адзін, і ён мае перавагу над іншымі...

У Беларусі беларускай мовы не знайшоў, але...

Кастусь тройчы быў у Беларусі. Адзін раз у 2014 годзе праездам, калі накіроўваўся на памятныя мерапрыемствы ў Катынь, другі раз у 2019 годзе прыехаў у Баранавічы, каб збіраць матэрыял для сваёй дысертацыі, і прабыў там амаль два тыдні. А трэці раз — у 2020 годзе ў Маладзечне ўдзельнічаў у моладзевым абмене.

Шмат беларускасці, як прызнаецца суразмоўца, у Баранавічах ён не знайшоў, але паехаў у мястэчка, дзе нарадзіўся яго дзед, і паспрабаваў знайсці людзей, якія яго памятаюць.

— На жаль, нікога такога я не знайшоў, але мясцовыя людзі былі вельмі цёплыя, добра ставіліся да мяне. Гэта было на вёсцы, яны размаўлялі па-беларуску і трохі трасянкай.

Я — паляк, яны чулі мой акцэнт, але вельмі прыязна са мной абыходзіліся, і гэта было супер, проста супер...

Цяпер, як адзначае суразмоўца, беларускай мовы можна пачуць больш у Познані, чым у самой Беларусі, паколькі пасля пратэстаў 2020 года ў горадзе з’явілася беларуская дыяспара, дзе можна свабодна паразмаўляць з людзьмі па-беларуску.

Мы блізкія,
але кожны мае сваю ідэнтычнасць

У нашай размове мы не маглі абысці тэму беларускай літаратуры. Кастусь добра арыентуецца ў класічнай літаратуры, піша дыпломную працу па творах Купалы, але, як сам заўважае, яго вельмі цікавяць сучасныя беларускія пісьменнікі: Марціновіч, Бахарэвіч, Някляеў, Хадановіч і іншыя.

Што датычыць гістарычнага перыяду, то яго ўвагу прыцягвае паўстанне Каліноўскага. Ён прысутнічаў на пахаваннях парэшткаў Кастуся Каліноўскага і іншых паўстанцаў у Вільні ў 2019 годзе і быў уражаны ўбачаным.

— Калі я ўбачыў тады столькі беларускіх сцягоў, а іх было большасць... цяжка перадаць тое адчуванне, проста сэрца пачало біцца мацней. Ды і зараз слоў не хапае, каб перадаць тыя пачуцці...

Размаўляючы пра блізкасць і падабенства польскай і беларускай культур, Кастусь звяртае ўвагу на тое, што ў нас нават многіх пісьменнікаў называюць адначасова польскімі і беларускімі — Тамаш Зан, Адам Міцкевіч... І гістарычныя героі, як, напрыклад, Каліноўскі, Касцюшка, таксама нас аб’ядноўваюць, але ў той самы час кожны з народаў мае сваю ідэнтычнасць.

— Кожны раз, размаўляючы з беларусамі, адчуваю, што ў нас падобныя культуры, падобныя пачуцці і падыход да жыцця. Мы нават не сябры, не дваюрадныя браты — мы проста блізкая сям’я...

28 ліпеня 2023

Вялікі сантымент да бел-чырвона-белай Беларусі

Эвалюцыя **Алены**, якая ў 2010 годзе з'ехала з шэрай і нуднай краіны, а пасля жніўня 2020 года шукае ў сабе тое, што робіць яе беларускай.

З'ехала з шэрай і нуднай краіны

Алена распавядае, што належыць да першага пакалення мінчукоў. Яе бацькі прыехалі ў сталіцу з Заходняй Беларусі. Яна скончыла ў Мінску беларускую гімназію, затым эканамічны ўніверсітэт, а пасля гэтага ў 2010 годзе з'ехала ў Польшчу.

Як сама тлумачыць, Беларусь ёй здавалася тады шэрай, нуднай краінай, у якой было сумна і непрыемна. І гэта нягледзячы на тое, што, быўшы студэнткай, вяла актыўны лад жыцця: наведвала ў сталіцы канцэрты і выставы, самыя розныя мерапрыемствы, але заўсёды перад ёй была нейкая сцяна, за якую немагчыма было выйсці.

— І тады, яшчэ калі вучылася, ездзіла ў ЗША па праграме Work and Travel. І там мне вельмі спадабалася: усё такое яркае, усе шляхі перад табой адкрытыя. Гэта быў вельмі салодкі момант жыцця, і гэта мяне падштурхнула шукаць нешта іншае.

У Польшчу яна паехала вучыцца і прызнаецца, што гэта быў для яе самы зручны спосаб, каб з'ехаць за мяжу. Больш за тое, у яе была карта паляка, што аблягчала жыццё ў гэтай краіне. Пасля эканамічнай адукацыі ў Беларусі пачала вывучаць у Польшчы польскую філалогію.

Бацькі, са слоў Алены, хоць і не былі цалкам задаволеныя тым, што дачка пакідае іх, але ўсё ж не перашкаджалі, а наадварот, дапамагалі чым маглі. Падчас вучобы яе не цягнула ў Беларусь, прыязджала толькі зрэдку, каб паказацца бацькам.

— Наогул, мяне пачало цягнуць дадому толькі цяпер, калі туды не стала магчымасці паехаць...

Польшча адкрывала іншы свет...

У Польшчы ёй падабалася. Кажа, што яна чалавек даволі адкрыты, да ўсяго імкнулася ставіцца пазітыўна, шукала новых сяброў і вучыцца ёй таксама было цікава. На думку спадарыні, універсітэт у Польшчы вельмі адрозніваецца ад беларускіх.

Згадваючы сваю вучобу ў Мінску, зазначае, што ўніверсітэт там — гэта працяг школы. Упарадкаваны працэс, у якім студэнт практычна не можа ні на што ўплываць і ў адносінах з выкладчыкамі заўсёды чуецца як падначалены. Дзе лекцыі запісваюць пад дыктоўку, хоць тое самае ёсць у падручніках, а потым яшчэ выкладчыкі спраўджваюць наяўнасць канспектаў...

— А ў Польшчы падыход быў зусім іншы. З кожным студэнтам выкладчыкі кантактавалі індывідуальна, цікавіліся: чаму ты тут, што шукаеш? Калі выбіралі тэмы дыпломаў, то маглі пісаць пра ўсё што заўгодна, а ў Беларусі мелі толькі абмежаваныя 60 тэмаў. Да таго ж іх можна было спісаць у тых, хто рабіў па гэтых жа тэмах дыпломы летась...

Адрознівалася яе жыццё і па-за ўніверсітэцкай аўдыторыяй. Як заўважае мая суразмоўніца, атмасфера спрыяла таму, каб яна не толькі наведвала культурныя мерапрыемствы, але і сама іх стварала.

— Я сама пачала ладзіць выставы, удзельнічала ў арганізацыі канцэртаў, канферэнцый, здымала фільмы. Усё гэта мяне развівала. Я нават выступала ў мюзікле, які мы стварылі. На канікулах ездзіла ў Амерыку, каб падзарабіць і пабачыць свет.

Не ўяўляе, каб гэтыя гады давялося пражыць у Беларусі

Па доме яна не сумавала, але заўсёды сачыла за навінамі з Беларусі. Хвалявалася, калі была Плошча, калі хапалі на акцыях з пляcканнем у далоні.

— Тады было вельмі горкае адчуванне, што зноў беларусаў крыўдзяць, прычым самі беларусы…

Але яе жыццё ў Польшчы праходзіла ўдала: пасля заканчэння факультэта філалогіі пайшла на магістарскую праграму па інтэрактыўных медыя і відовішчах, знайшла працу, выйшла замуж, нарадзіла дачушку…

Цяпер яна працуе ў міжнароднай амерыканскай карпарацыі, займаецца графічным дызайнам. Кажа, што не ўяўляе, каб гэтыя гады давялося пражыць у Беларусі. Праўда, заўважае, што ў Польшчы таксама хапае праблем, але тут, з яе слоў, яшчэ ўмеюць іх вырашаць.

— Што мяне заўсёды ўражвае ў палякаў — яны на ўсё маюць свой пункт погляду. І сапраўды могуць яго адстаяць, нават паканфліктаваць, але пазітыўна, з карысцю для справы, каб вырашыць праблему.

Сваёй у Польшчы не стала, але…

Цікаўлюся: ці стала яна сваёй тут?

— Не. Мой муж і я — мы абое з Беларусі, і нам, магчыма, не было патрэбы так глыбока інтэгравацца ў польскае грамадства. У мяне мала сяброў палякаў. Калі я доўга размаўляю, людзі чуюць акцэнт у маёй мове. Але я не адчуваю гэта як недахоп — гэта хутчэй разынка, бо я не такая, як усе, а крыху іншая полька.

Што датычыцца Беларусі, то шмат са штодзённага жыцця, прызнаецца суразмоўніца, ужо забылася: апошні раз была ў Беларусі чатыры гады таму.

Той жнівень — першы раз за ўвесь час, калі захацелася вярнуцца ў Беларусь

Пытаюся ў спадарыні, адкуль у яе такая натуральная беларуская мова. Аказваецца, яна скончыла ў Мінску беларускую нацыянальную гімназію № 4, усе прадметы вывучала па-беларуску. І насамрэч, па яе прызнанні, застаўся вялікі сантымент да бел-чырвона-белай Беларусі.

— У мяне сапраўды гэтая школа была вельмі нацыянальная — заўсёды былі нашы сцягі, падручнік гісторыі з Пагоняй. І калі ў 1995 годзе іх знянацку змянілі, я адчула абразу. За гэтыя тры гады ў мяне так глыбока пасялілі ідэю, што Пагоня, бел-чырвона-белы сцяг, ВКЛ — гэта росквіт Беларусі. І я цяпер вельмі ўдзячная і здзіўленая, што ў мяне ўсё гэта засталося...

У жніўні 2020 года спадарыня Алена, калі пабачыла, што адбывалася ў Мінску, была гатовая ехаць туды.

— Гэта быў першы раз за ўсе гэтыя гады, калі я захацела вярнуцца. Таму што да таго я не ведала, што ў Беларусі ёсць Беларусь. Увесь час, пакуль я там жыла, гэта было ціхае падполле: усе хаваліся, ніхто не хацеў пра гэта размаўляць, ніхто не любіў гэты рэжым, але ніхто нічога не хацеў рабіць.

Спадарыня Алена кажа, што ў Польшчу пасля пратэстаў прыехала шмат беларусаў, яна размаўляе з імі, але адчувае, што не належыць да гэтай супольнасці.

— Я не перажыла тое, што яны, і не магу да канца зразумець, што яны там думаюць, што ім дарадзіць, не магу ім штосьці такое сказаць...

Але для сябе яна зразумела, што Беларусь ёсць і беларусы ёсць, і верыць, што беларусы здолеюць пабудаваць новую краіну. Жанчына зразумела, што і яна, і многія беларусы насілі сваю беларускасць недзе глыбока ў сабе, а цяпер сталі яе даставаць і вешаць на грудзі.

— Гэта мне вельмі падабаецца, і я таксама стараюся паказваць гэта, стараюся шукаць гэта ў сабе. Толькі дзе яно — я не ведаю. І адчуваю, што шмат хто не ведае. Але шмат хто хоча гэта знайсці. І цяпер наша задача — знайсці тое, што нас яднае, бо я ніколі не сустракала такога беларуса, які не лічыў бы сябе беларусам. Калі нават не крычыць, не паказвае, што ён беларус, але ніколі не скажа, што ён расеец, украінец або паляк. Таму штосьці ў нас ёсць...

31 ліпеня 2023

„Традыцыйным беларускім паясам я навучылася знаходзіць сучаснае прымяненне“

Вольга, якая ў эміграцыі тчэ традыцыйныя беларускія паясы, распавядае, што на радзіме займалася гэтым для заробку, а ў Польшчы яе цікавіць стварэнне ўласнай калекцыі паясоў і знаходжанне ім сучаснага прымянення.

У 30 гадоў мела толькі адно ржавае аўто

Вольга жыве ў Польшчы з 2018 года. Нарадзілася ў Мінскай вобласці. Скончыла тэхналагічны ўніверсітэт па спецыяльнасці „Інжынер-канструктар, дызайнер мэблі“. Працавала на розных беларускіх прадпрыемствах, але, як сама адзначае, зарабіць на жыццё ў той сістэме не ўдавалася.

Яна не хавае, што ўсё змянілі звычайныя матэрыяльныя патрэбы, якія яна не магла задаволіць у сваёй краіне.

— Мне было 30 гадоў, я ўвесь час працавала то на дзяржаўных, то на прыватных прадпрыемствах, але грошай ні на што не хапала. Да 30 гадоў я мела толькі ржавае аўто. Памятаю, што ў 2018 годзе атрымлівала заробак у памеры 470 рублёў (трохі больш за 200 еўра), з якіх 120 рублёў трэба было аддаць на паліва, а 100 — за камунальныя паслугі. У краме, калі збіралася купіць боты, думала, што ж застанецца на жыццё. Часам грошай наогул не было, і добра, што мама перадавала мне мех бульбы... Я настолькі расчаравалася на гэтую сістэму, што сабрала свае рэчы і з'ехала ў Польшчу.

Калі маеш працу, можаш нармальна жыць

Там жыла Вользіна аднакурсніца, якая параіла пераехаць. Напачатку было вельмі цяжка. Жыла некалькі тыдняў у хостэле ў пакоі на 10 чалавек, не было нават куды паставіць рэчы. Працавала на складзе адзення, на рыбнай фабрыцы, у гуртоўні з прадуктамі.

Пазнаёмілася з будучым мужам, які таксама з Беларусі і прыехаў у Польшчу на заробкі. Разам адкрылі ўласны бізнес, маюць сваю краму. На жыццё Вольга не скардзіцца, хоць кажа, што і цяпер не ўсё ідэальна, але, з яе слоў, калі тут працуеш, то можаш нармальна жыць.

— Я ўжо тут пяць гадоў, і за гэты час у мяне з'явіліся і свая кватэра, і свой бізнес, і сям'я. І цяпер я адчуваю сябе шчаслівай. А на той рэжым, які дагэтуль існуе ў Беларусі, я крыўдую, бо, быўшы маладой і актыўнай, у тым жабрацтве не магла нічога сабе ў жыцці дазволіць.

Задавальненне ад першага пояса было неверагодным

Распавядаючы пра цікавасць да ткацтва беларускіх традыцыйных паясоў, Вольга згадвае, што з першага класа наведвала розныя гурткі, дзе вучылася вязаць і вышываць. Гэты занятак яе заўсёды вабіў.

Пасля заканчэння ўніверсітэта яе накіравалі працаваць у Ружаны, і там, каб падзарабіць у дадатак да невялікай зарплаты, яна пачала вучыць дзяцей вышыванню ў цэнтры дзіцячай творчасці.

— Увесь гэты час я не пакідала вышыўку і вязанне. Аднойчы патрапіла на кірмаш рамёстваў і сустрэла былую настаўніцу, якая вучыла мяне вышываць. Яна прадстаўляла свае ткацкія працы. Гэта мяне вельмі зацікавіла, і я ізноў пайшла да яе вучыцца — цяпер ужо ткаць паясы.

Настаўніца навучыла ткаць на бёрдзе і на дошчачках. Першы пояс Вольга саткала ў 2014 годзе.

— Задавальненне ад зробленага было неверагодным. Мне тады хацелася саткаць усе ўзоры, якія бачыла ў кніжках. Гэта вельмі цікава, і я заўсёды рабіла гэта з вялікім задавальненнем. Цяпер мару стварыць уласную калекцыю паясоў. Раней я ткала традыцыйныя беларускія ўзоры па кніжках, а цяпер навучылася камбінаваць узоры сама. Гэта яшчэ больш натхняе пашыраць сваю фантазію ў ткацтве.

У Беларусі ткала на продаж, у Польшчы хачу зрабіць калекцыю для паказу

Як згадвае Вольга, у Беларусі яна ткала шмат і прадавала свае вырабы, каб паправіць фінансавае становішча. Аднак удзельнічала і ў конкурсах, атрымлівала ганаровыя дыпломы.

— Нашы паясы прадаваліся на рамесніцкіх кірмашах, фестывалях і культурніцкіх мерапрыемствах. Некаторыя заказвалі персанальна. У той час у Беларусі ў паветры лунаў адраджэнцкі дух, і многія пачалі цікавіцца сваёй культурай.

Кошт аднаго пояса даўжынёй два з паловай метры, са слоў Вольгі, складаў каля ста рублёў. Кароткія і вузейшыя прадаваліся па 40–50 рублёў. Аднак у Беларусі пакупнікоў на такія рэчы было няшмат.

— Аднойчы нам удалося паехаць на кірмаш рамеснікаў у польскі Люблін, і там за адзін дзень я прадала ўсе свае паясы. Прычым адзін пояс, зроблены на бёрдзе, каштаваў больш за 200 злотых. Працейшыя, натканыя на дошчачках, прадаваліся па 60–100 злотых.

Нягледзячы на тое, што ткацтва паясоў для Вольгі мела камерцыйную аснову, яна не заўсёды магла займацца гэтай справай.

— Ткаць я магу, толькі калі ў добрым настроі, калі душа гэтага патрабуе, бо імкнуся стварыць нешта прыгожае. Інакш за такую працу ніколі не бяруся.

Цяпер, пажыўшы ў Польшчы, Вольга кажа, што яе больш цікавіць не камерцыйны падыход да ткацтва паясоў.

— Цяпер мяне не настолькі цікавіць продаж маіх работ. Я мару стварыць вялікую калекцыю традыцыйных беларускіх паясоў з усіх рэгіёнаў нашай краіны, каб яе выстаўляць і каб людзі маглі яе бачыць. На кірмашах у Любліне я зразумела, якое задавальненне людзям прыносіць тое, калі яны бачаць прыгожыя паясы.

Традыцыйным паясам імкнуся знайсці сучаснае прымяненне

Як распавядае Вольга, традыцыйныя беларускія паясы звычайна бел-чырвона-белыя. Такімі яны былі і ў яе спачатку. Але з часам яна пачала ткаць з розных нітак і выкарыстоўваць паясы для ўпрыгожвання адзення і аксесуараў.

— Хочацца ствараць прыгожыя рэчы. Напрыклад, каб абвязаць доўгую спадніцу, павязаць на галаву. Некаторыя заказвалі паяскі для аздаблення спаднічак, сукенак, манжэтаў ці каўняроў. Гэта ўсё вельмі прыгожа выглядае, асабліва ў розных колерах. Мне гэта вельмі падабаецца, і я бачу, што знайшла традыцыйным паясам сучаснае прымяненне. І людзям гэта даспадобы.

Яна таксама зрабіла вышыўку на сучаснай кашулі, што змяніла яе да непазнавальнасці. Вольга апранае яе і кажа, што хацела б усім паказаць, як прыгожа і варта выкарыстоўваць нашу спадчыну ў сучасных строях.

І плакала, і стрэс быў… але я не вярнуся туды

Мы таксама паразмаўлялі пра Беларусь. Вольга перажыла падзеі 2020 года, знаходзячыся ў Польшчы. Кажа, што нават узгадваць пра гэта цяпер цяжка.

— І плакала, і стрэс быў, і чаго толькі не перажыла. На працы не магла супакоіцца, палякі мяне суцяшалі. А я не магла супакоіцца, бо ў XXI стагоддзі людзей катуюць, садзяць у турмы за тое, што яны дамагаюцца справядлівасці... У мяне быў вялікі стрэс.

Апошні раз Вольга была ў Беларусі ў студзені 2020 года і ўжо тады пераканалася ў тым, што зрабіла правільна, пераехаўшы ў Польшчу. Яна не бачыць перспектыў для сябе на радзіме.

— Мне ўжо тады хацелася вярнуцца назад, бо тут мне добра, тут у мяне ўсё ёсць. Тут мой дом, і вяртацца хочацца сюды. Адзінае, што хацелася б паехаць і паглядзець, дзе жылі мае бабулі, паплакаць там і ўзгадаць сваё дзяцінства. Я не вярнуся ў Беларусь, бо крыўдую на тое, што не змагла ў свой час там нічога зрабіць...

3 жніўня 2023

„Я пакуль не ўяўляю сітуацыі, што свабодна іду па сваім горадзе“

Станаўленне **Крысціны** пачалося з танцаў, прайшло праз юрфак, Акрэсціна і Жодзіна і прывяло да эміграцыі ў Польшчу. Урэшце, у яе вялікае жаданне вярнуцца дадому, каб будаваць новую Беларусь.

У 2020-м упершыню галасавала

Крысціна знешне далікатная дзяўчына. Яна займалася танцамі ў народным калектыве з шасці гадоў, навучалася ў харэаграфічнай школе і кажа, што гэта занятак, які ёй найбольш падабаўся. Цяпер яе прыярытэты змяніліся: шмат часу яна прысвячае сваёй працы, займаецца валанцёрствам і вывучае замежныя мовы.

Крысціна скончыла юрфак, але цікавасці да прафесіі так і не адчула. Магчыма, паўплывала і тое, што, як яна заўважае, на экзаменах і заліках даводзілася адказваць адно, а ў жыцці сутыкалася зусім з іншым. Але з павагі да бацькоў яна мусіла прысвяціць пяць гадоў гэтай навуцы.

У 2020 годзе Крысціна ўпершыню ў жыцці прыняла ўдзел у выбарах. Яна згадвае, што рыхтавалася да гэтага вельмі адказна.

— Я была настроена па-баявому: абавязкова пайду на выбары, буду галасаваць. Ужо вясной пачала шукаць праграмы кандыдатаў. Дарослыя з майго акружэння спрабавалі мяне трохі супакоіць, але я ўвесь час праяўляла актыўнасць.

Калі пачалася выбарчая кампанія, Крысціна, уважліва прыгледзеўшыся да кандыдатаў, хацела галасаваць за Віктара Бабарыку. Яна бачыла, што людзі вакол і ў яе сям'і добра разумелі, што краіне патрэбныя змены.

— Усе бачылі і адчувалі, колькі назбіралася сацыяльных і эканамічных праблем, якія трэба было неадкладна вырашаць. Людзі нічога не казалі, але праблемы з беларускай мовай і беларускай сімволікай таксама іх хвалявалі.

Паводле дзяўчыны, пратэставага настрою дадала таксама сітуацыя з кавідам, калі ўлады практычна адвярнуліся ад сваіх людзей, не прызнаючы хваробы, а тым часам многія беларусы проста паміралі.

— Многія страцілі тады сваіх блізкіх і паглядзелі на дзяржаву іншымі вачыма. Гэта дадало пратэставага настрою грамадству.

Ружовыя акуляры давялося зняць

У пэўны час, як згадвае Крысціна, яна адчула, што яе мінулае — школьныя гады, юнацтва — прайшло ў ружовых акулярах. Прапаганда працавала, хадзілі пад чырвона-зялёнымі сцягамі, не ведалі сваёй гісторыі, нікога не цікавіла беларуская мова.

— Калі мне было 15 гадоў, мой блізкі сябар перажыў страшную несправядлівасць з боку ўладаў, і гэта прымусіла мяне паглядзець на ўсё навокал іншымі вачыма. І гэта не тое, што мы зацікавіліся палітыкай, — яна сама зацікавілася намі. У 2020 годзе я ўжо была дастаткова свядомай. І ўжо ў 2020 годзе інакш паглядзела на беларускую нацыянальную сімволіку і беларускую мову. Тады ўсе пабачылі, што пад зялёна-чырвонымі сцягамі чыніліся злачынствы, яны віселі на аўтазаках, а наш бел-чырвона-белы сцяг стаў сімвалам барацьбы нашага народа. І цяпер, калі бачу яго часам на вуліцах у Польшчы, то матылькі ў жываце варушацца.

Эйфарыя і пачуццё смеласці...

Крысціна згадвае, што на першыя акцыі пратэсту не патрапіла — бацькі „пасадзілі пад дзесяць замкоў“. Але пазней не прапусціла ніводнай акцыі. Родныя ўсё разумелі, калі яна выходзіла з хаты ў белай сукенцы і з белай стужкай на руцэ, і ўжо нічога не маглі сказаць.

Згадваючы тыя пачуцці, якія дзяўчына перажыла падчас акцый, яна прызнаецца, што ніколі нічога падобнага ў сваім жыцці не адчувала.

— Гэта была такая эйфарыя, абсалютная ўпэўненасць у сабе, у тым, што ты на правільным баку, было пачуццё абсалютнай смеласці. І гэта ўсё перабівала страх. Да ўсяго, было шмат людзей, адчувалася неверагодная салідарнасць. Я ніколі не ўяўляла, што такое наогул можа быць...

З аднаго маршу яна не вярнулася

Затрымалі Крысціну напрыканцы кастрычніка з групай пратэстоўцаў. Нечакана паляцелі святлошумавыя гранаты, пачалі страляць гумовымі кулямі.

— Я добра ведала, што нельга забягаць у двор, асабліва калі там тупік, але ў той момант трэба было толькі схавацца...

Яна распавядае пра гэта цяпер нібыта спакойна, але цяжка нават уявіць, што магла перажываць тады далікатная дзяўчына з белай стужкай на руцэ, калі яны ціха сядзелі на падлозе ў пад’ездзе, не запальвалі святла. Іх пабачыла адна з „ябацек“, і ўжо праз пару хвілін туды з мацюкамі ўварваліся амапаўцы.

— Было страшна. Я паспела даслаць тату кароткую СМС і паведаміла, што мяне затрымалі. Найбольш хвалявалася за тое, каб з бацькамі нічога не здарылася, пра сябе амаль не думала. Яшчэ хвалявалася за сяброўку, бо менавіта я настаяла, каб мы пайшлі ў той дзень на пратэст.

Крысціну асудзілі на 10 сутак, з РАУС адвезлі на Акрэсціна, а адтуль пасля суда яшчэ і ў Жодзіна. Гэта якраз той традыцыйны маршрут, па якім этапавалі многіх затрыманых пратэстоўцаў.

Спала на падлозе з тараканамі, але марыла...

У камеры Крысціна не магла ўцяміць, што ўсё гэта сапраўды з ёй адбываецца, хаця разумела, што тут яна цалкам безабаронная і ў любы момант з ёй могуць зрабіць усё што заўгодна. На Акрэсціна дзяўчыне давялося адну ноч спаць на падлозе разам з тараканамі. У Жодзіне месцаў у камеры хапала для ўсіх — усе восем дзяўчат былі палітычнымі.

— Са мной былі неверагодныя дзяўчаты — адукаваныя, разумныя, і мы падтрымлівалі адна адну. Чыталі па чарзе кнігу „Кароткая гісторыя чалавецтва“ і абмяркоўвалі яе. Шмат марылі пра тое, што будзе пасля нашай перамогі. Нават хваляваліся, што перамога здарылася, а пра нас проста забыліся.

Праўда, у выходныя слухалі праз вакно і лічылі, колькі машын заязджае на тэрыторыю турмы, — гэта азначала, што пратэсты не сціхлі і людзі далей выходзяць на Плошчу.

— Марылі, што тут, у Жодзіне, зробім музей, і я сваю белую кофту, якую пры затрыманні памецілі чырвонай фарбай і яна стала падобнай на беларускі сцяг, пакіну там.

Пакуль не гатовая свабодна прайсці па родным горадзе

Цяпер Крысціна жыве ў Польшчы і актыўна займаецца валанцёрствам. Ёй прапанавалі стажыроўку на юрыдычным факультэце ва ўніверсітэце ў Празе, і ў планах працягнуць юрыдычную адукацыю ў Польшчы. На пытанне, ці вернецца, калі рэжым у Беларусі памяняецца, яна адказвае:

— Калі я апынулася тут, першы месяц не магла ўспомніць ніводнага моманту жыцця, дзе я проста радасна смяюся. Гэта ўсё цяжка, але маё сэрца засталося там, у Беларусі, і я вельмі хачу вярнуцца дадому, да бацькоў. Мне было так добра дома! Але пакуль я не магу ўявіць сітуацыю, што свабодна іду па сваім горадзе.

Тым часам Крысціна наведвае мітынгі і акцыі беларусаў у Польшчы.

— Я адчуваю, што гэта не скончылася і мой шлях яшчэ не пройдзены. Мы зараз як воіны, і справа наша справядлівая. Нам нельга здавацца. Усё роўна — лепш загінуць са сцягам на Плошчы, чым прыняць гэты гнілы парадак. Трэба змагацца за нашых людзей, за нашу мову, каб не дапусціць русіфікацыі. І мы вернемся на радзіму, каб будаваць новую Беларусь!

9 жніўня 2023

„Ад Беларусі не адмовіліся, Беларуссю жывём...“

Сваякі дагэтуль не вераць, што мы не галадаем, не мерзнем, а нармальна жывём. У тэлевізары ім паказваюць іншае.

У той дэмакратычны аўтобус скочылі не адразу

Спадарыня Вераніка — адна з нямногіх актывістак 2020 года, якая практычна ва ўсіх дэталях узгадвае падзеі, якія тады адбываліся ў яе раённым гарадку. Мае педагагічную адукацыю, але ў школе працавала толькі некалькі гадоў, бо, як сама тлумачыць, сістэма не дазваляла вучыць дзяцей нават так, як гэтаму навучалі ва ўніверсітэце. Маўляў, ніякага наватарства, а каб усё было як ва ўсіх.

— Хаця і вучні мяне любілі, і бацькі паважалі, нават казалі: „Дзеці не хочуць ад вас ісці на канікулы“.

Стварыўшы сям'ю з такім жа вольналюбівым мужам, заклалі свой сямейны бізнес і пачалі працаваць незалежна. І як згадвае суразмоўніца, матэрыяльна жылі не горш за іншых. Праўда, палітыка іх ніколі асабліва не цікавіла, хаця за Лукашэнку ні разу не галасавалі.

— У 2010 годзе мы яшчэ праспалі. Былі ў такім стане ці то абыякавасці, ці то чаркі-шкваркі. Бачылі, што людзі з нашага горада аўтобусам у Мінск ехалі, але ў мяне яшчэ тады не было парыву скочыць у той аўтобус.

У 2017 годзе „дармаедскія“ пратэсты ўзрушылі і іх раённы горад. Паводле спадарыні, і на вуліцы з суседзямі, і з роднымі шмат абмяркоўвалі тэму. Праўда, на акцыі ў горадзе так і не патрапілі — не ведалі, што яны адбываюцца.

Нават свае блізкія не хацелі разумець

Яшчэ праз год спадарыня адчула, што ў родным горадзе становіцца цяжка дыхаць, прапаноўвала мужу пераехаць хоць на захад Беларусі. Даходы ў людзей знізіліся, ідэалагічны прэс з тэлебачання толькі ўзмацняўся, людзі паміж сабой пачалі спрачацца. Нават свае блізкія не хацелі іх разумець.

— Мама казала: „Усё нармальна, пенсію своечасова даюць. Мы так усё жыццё пражылі цяжка, і ты так жыві. Вось працуй на сваёй працы, а не хапае — ідзі ў гарод, садзі бульбу. І ўсё будзе нармальна...“

А са школы прыходзіла дачка і распавядала, што дырэктар на іх крычаў: маўляў, што, рэвалюцыі хочаце? Не будзе яе. А выпускны зробяць так, як адміністрацыя захоча, а не як вучні.

Дзе што ні адбывалася ў нашым горадзе — паўсюль была я

Магчыма, таму 2020 год спадарыня Вераніка, як сама згадвае, сустрэла з радасцю і зацікаўленасцю і вельмі актыўна.

— Мне здаецца, што ўсюды, дзе што ні адбывалася ў нашым горадзе, — паўсюль была я.

Ужо ўвесну яна распавядала розным незалежным СМІ пра перадвыбарчую кампанію ў іх горадзе, сама здымала на тэлефон і выстаўляла сюжэты ў інтэрнэце, збірала подпісы, агітавала, разносіла ўлёткі і газеты з інфармацыяй пра незалежных кандыдатаў. Многае тады пачула ад сваіх гараджан.

— Тады ўжо Бабарыку схапілі з сынам, арыштавалі Ціханоўскага. І людзі, калі ставілі подпісы, казалі эмацыйна, часам нават з мацюкамі: „Ды мы за Свету пойдзем, усе нашы знаёмыя за яе галасаваць будуць“. І ты разумееш, што такі пад'ём у грамадстве, што нас многа...

І гэта атмасфера, па словах маёй суразмоўніцы, панавала не толькі ў горадзе, але і ў малых мястэчках і вёсках. Аб гэтым казалі тыя, хто збіраў подпісы.

— І ў вёсках людзі таксама чакалі нас, прыносілі нам паесці, папіць і вельмі скардзіліся, як цяжка жыць...

Але даводзілася сустракацца і з іншым, калі сяброўкі дзяцінства ставілі подпісы за Лукашэнку, а яна за гэта з іх кпіла.

— Адна працуе ў садзе выхавацелькай і прызналася, што кожнага выклікала загадчыца і казала: „Ідзеш зараз з пашпартам ставіць подпіс за Лукашэнку, а не — вось табе папера і пішы заяву па ўласным жаданні“. Другая тое самае: „Ну мы ж супраць яго, ты ведаеш, але мы страцім працу...“

Спадарыня Вераніка з лёгкім сумам заўважае, што за лета 2020 года цалкам змянілася кола людзей, з якімі раней сябравала, размаўляла, дзялілася патаемным.

Мы адчулі: я не адзін

А потым пачаліся акцыі. Асабліва запомніўся мітынг у падтрымку Святланы Ціханоўскай. І хаця яе на мітынгу не было, а толькі сябры каманды, людзей сабралася цэлая плошча, з бел-чырвона-белымі сцягамі, нацыянальнай сімволікай. І прадстаўнікі каманды не прамаўлялі, а зрабілі вольны мікрафон для тых, хто прыйшоў.

— Выстраілася такая чарга, і за тры гадзіны не ўсе паспелі выказацца пра набалелае. У кожнага свая гісторыя. Нехта: „Я пенсіянерка...“, нехта: „Я настаўніца...“, нехта: „Я фермер...“, нехта: „Майго сына збіла машына, і я нідзе не магу дамагчыся праўды...“ І ўвесь гэты боль быў вынесены ў мікрафон. А потым людзям сказалі, што час скончыўся, а яны ўсё ідуць і ідуць з гэтым болем...

Пасля гэтага мітынгу нехта зрабіў здымак, як раённае начальства з кустоў назірае, але да людзей так ніхто і не выйшаў. Цікава, што, на думку спадарыні, дало смеласць яе землякам выходзіць і адкрыта гаварыць пра свае праблемы ў мікрафон?

— Накіпела, набалела. А смеласць гэтую нам дало тое, што мы адчулі: я не адзін. З'явілася адчуванне, што нас многа і мы можам зрабіць, мы можам перамагчы і мы можам змяніць...

Да сёння не магу зразумець...

Пасля падліку галасоў у іх горадзе таксама пачаліся пратэсты. Спадарыню Вераніку судзілі па адміністрацыйнай справе, выклікалі на допыты ва ўсе сілавыя структуры, рабілі ператрусы ў хаце. Але тое, што перажылі тыя, хто патрапіў у аўтазак, ні з чым параўнаць нельга.

— Там было збіццё і самыя сапраўдныя катаванні. Людзі ляжалі на падлозе, а па іх хадзілі нагамі і білі па галовах. Пераломы былі адкрытыя, і гэта было бачна. Людзі пад сябе сікалі, там было шмат крыві, і яны ва ўсім гэтым ляжалі.

Самае страшнае, расказвае суразмоўніца, што многія з тых, каго збівалі, пазналі ў сваіх катах суседзяў, знаёмых, хоць яны хаваліся за маскамі. Адна настаўніца пазнала бацьку дзяцей, якіх вучыла ў школе.

— Яны ўсе тады запэцкаліся чалавечай крывёй, усе гэтыя інстанцыі...

Як такое было магчыма?

— Не магу зразумець. Не магу па сённяшні дзень гэта патлумачыць. Не ўкладваецца ў галаве. І сёння, калі я гэта ўспамінаю, такі боль... У кожнага з нас тады быў выбар, і ў іх таксама, — рабіць гэта ці не рабіць. Яны выбралі рабіць...

Вырашылі з'ехаць...

А потым пачаліся арышты, рэпрэсіі ўзмацняліся, прыходзілі па суседзяў, знаёмых, і ўжо судзілі па крымінальных артыкулах. Спадарыня Вераніка кажа, што на душы стала трывожна і нават страшна. Праўда, заўважае, што рознага кшталту актыўнасць у горадзе не перапынялася.

— Ідзеш па вуліцы і бачыш там налепку, на аўтобусным прыпынку нешта напісана. І я па магчымасці нешта ляпіла. Ты не ведаеш, хто гэта зрабіў, але думаеш: „Добра, значыць, я не адна“.

Тым не менш выехаць вырашылі ўсёй сям'ёй. Дачцэ давялося пакінуць універсітэт.

— І сёння ў мяне перад вачыма мая згорбленая мама, якая плача, трымаючы ў адной руцэ ката, а ў другой — сабаку. Гэта на ўсё жыццё застанецца перад вачыма.

Распавядаем пра сваё жыццё, а родныя не вераць

У Польшчы дапамаглі ўладкавацца беларусы, якія ўцяклі раней. Спачатку з-за каранавіруса давялося сядзець на каранціне, але скончыліся харчы, і спадарыня проста напісала ў чат беларусаў: „Дапамажыце...“

— Можа, чалавек пяць адразу адгукнуліся: маўляў, пішыце адрас, прыйду. І мы такім чынам прымалі ў сябе беларусаў і знаёміліся.

Потым паціху знайшлі працу, уладкавалі жыццё. Муж працуе па сваёй спецыяльнасці, а ёй спачатку давялося пабыць рознарабочай. Праўда, цяпер вучыцца на курсах польскай мовы і ёсць планы на будучы занятак.

Спадарыня Вераніка працягвае здымаць кароткія стужкі і выкладваць у інтэрнэт, распавядае жыхарам Беларусі пра жыццё ў Польшчы, пра кошты і заробкі, іншае, каб тыя, хто збіраецца пераязджаць, мелі хоць нейкую інфармацыю і не баяліся.

А яшчэ асабліва тлумачыць сваім блізкім, якія галасавалі за Лукашэнку і цяпер гавораць ёй дакладна тое, што паказвае беларускае тэлебачанне.

— Яны нам кажуць: „Мігрантаў там забіваюць, вас там не будуць лячыць, людзі паміраюць, будзеце там галадаць, а яшчэ там холадна — памерзнеце“. І мы, як малым дзецям, тлумачым, што дома цёпла, паказваем, што ў кашульках, вось ногі босыя і фортка адчыненая. Магу сфатаграфаваць лядоўню, што ў нас ёсць, а магу ў краме здымкі зрабіць... Але мы не можам прабіць сцяну, гэта сцяна непрабіваемая.

Спадарыня Вераніка кажа, што па доме ўсё ж сумуюць, навіны чытае кожны дзень. І вернецца, калі толькі з'явіцца такая магчымасць.

— Ад Беларусі не адмовіліся, Беларуссю жывём...

Але дадае, што Польшча яе вельмі ўражвае. Яны з мужам любяць вандраваць і амаль кожныя выходныя куды-небудзь едуць, каб пабачыць, як яна сама кажа, цудоўныя невялічкія гарады, замкі і палацы, горы альбо нават мора. І ўсё гэта сілкуе энергіяй, каб жыць і радавацца.

14 жніўня 2023

„Я проста нідзе не адчуваю сябе так, як у Беларусі...“

Аляксея двойчы судзілі за ўдзел у пратэстах. Пасля другога прысуду ён адседзеў 30 сутак на Акрэсціна ў чатырохмеснай камеры, дзе было 19 чалавек. Пасля гэтага трывога практычна не пакідала яго. Ён з'ехаў у эміграцыю, хаця вельмі не хацеў, бо больш нідзе не адчувае сябе так, як на радзіме.

Пошукі сябе

Аляксей — малады чалавек, вырас у сталіцы. Вучыўся на гісторыка ў ВНУ, але адукацыю так і не скончыў — не падабалася атмасфера. Нават сам будынак, дзе мясціўся факультэт, на погляд хлопца, аддаваў цвілой савецкасцю. Пайшоў проста працаваць.

Яшчэ ў студэнцкія гады спрабаваў падпрацоўваць: прадаваў білеты на канцэрты і розныя імпрэзы. І гэты час узгадвае з пазітывам, паколькі сам неаднойчы трапляў на розныя культурныя мерапрыемствы. Асабліва запаў у душу Купалаўскі тэатр.

— Я прывёў туды сваю дзяўчыну, якая цяпер мая жонка, і мы папросту закахаліся ў Купалаўскі тэатр. Падабалася гульня актораў, і беларуская мова гучала так адмыслова. Я тады размаўляў па-расейску, хаця былі спробы перайсці на беларускую, але мне не ўдавалася адчуць яе натуральнасць — яна гучала штучна. А там яна гучала як мае быць і ніяк інакш.

Паколькі дыплома аб адукацыі не меў, то ўладкаваўся грузчыкам. І, як сам прызнаецца, патрапіў нібы ў іншы свет. Калектыў не мог зразумець, як гэта ён вучыўся ва ўніверсітэце, кінуў вучобу і пайшоў працаваць грузчыкам.

Затым удалося змяніць працу на больш лёгкую, і гэта быў ужо 2019 год.

Той дзень немагчыма апісаць словамі

У 2020 годзе разам з сям'ёй абмяркоўвалі кандыдатаў, кожны заставаўся пры сваёй думцы. Дзявятага Аляксей з жонкай прагаласавалі, але ў пратэстах не ўдзельнічалі, бо нават не ведалі, што людзі меліся выходзіць. І толькі пабачыўшы раніцай наступнага дня, што адбылося, яны ўжо не сядзелі дома.

— Мы хадзілі ўжо кожны дзень. Шукалі інфармацыю, дзе што адбываецца, і ўдзельнічалі. І самы пікавы момант, канешне, быў 16 жніўня. Гэта было нешта...

Аляксей кажа, што ў яго ўжо быў досвед удзелу ў масавых акцыях, а вось у жонкі не было, і калі пад'ехаў аўтазак, то яна моцна напалохалася. Пра той дзень хлопец кажа, што гэта немагчыма апісаць словамі.

— Я быў упэўнены ў той момант, што мы пераможам. Што няма ніякіх шанцаў, каб мы не вымусілі ўладу здацца. Магчыма, гэта трохі наіўна, але было так.

Аляксей звяртае ўвагу, што падчас жнівеньскіх пратэстаў практычна не было ніякага кіраўніцтва гэтым працэсам, усё адбывалася стыхійна, і людзі не ведалі, што рабіць. А ўжо ў верасні стала заўважна, што людзі пачалі паводзіць сябе па-іншаму — пры любой пагрозе імкнуліся ўцякаць.

На першы раз — штраф

Першы раз Аляксея затрымалі, калі яны ўсёй сям'ёй з бацькамі выйшлі з касцёла. Проста ішлі, а тут затрымаўся бусік, і іх пачалі хапаць, як удзельнікаў акцыі. Аляксей тады сказаў амапаўцам, што толькі ён удзельнік, і яго забралі, а сям'ю адпусцілі.

— Я тады зразумеў, што мне трэба дзейнічаць тут і цяпер. Сказаў: „Добра, хлопцы, пойдзем", — падняў рукі, і мяне павялі. Ніхто не біў.

На першы раз Аляксею прысудзілі штраф, праўда, суд адбываўся ў Жодзіне — іх туды адвезлі адразу, відавочна, з прычыны таго, што на Акрэсціна не было вольных месцаў. Але пазней яго пачуцці змяшаліся.

— Такое дзіўнае адчуванне. У Мінску еду ў метро дадому, гляджу на людзей і разумею, што ні ў кога няма пытанняў — чаму я без шнуркоў, напрыклад. Я бачу, што людзі нават не звяртаюць на мяне ўвагі, а мне хацелася крычаць: людзі, вы ведаеце, адкуль я выйшаў? А людзі проста жылі сваім жыццём...

Тым не менш пасля таго, што адбылося, Аляксей адчуў яшчэ большае жаданне хадзіць на пратэсты, з'явілася прага перамогі. А досвед падказваў, што трэба быць больш асцярожным і ўважлівым.

На другі раз — 30 сутак

Як згадвае хлопец, трапляў у вельмі крытычныя сітуацыі, удзельнічаў у акцыях на Плошчы пераменаў, яго нават амапаўцы вялі пад рукі, але ўдавалася пазбегнуць затрымання. Чарговы раз ён патрапіў у аўтазак, калі ў гадавіну смерці Аляксандра Тарайкоўскага паклаў ружу на месца, дзе яго забілі.

Суд адбыўся па скайпе, прысудзілі 30 сутак.

— Калі адкрыліся дзверы камеры, мне сказалі: ідзі. А я не мог зайсці, там людзі стаяць і праходу няма. Я падумаў, што гэта нейкая памылка, і адступіў назад, а мяне папросту запіхнулі туды. Там было 19 чалавек на чатырохмесную камеру. Яны ўсе стаяць, такія мужыкі з голымі торсамі, бо было вельмі горача. Гэта было 10–11 жніўня...

Аляксей згадвае, што ён быў у шоку ад убачанага, а тыя людзі ў камеры першае, пра што запыталі, — ці не галодны, пачалі прапаноўваць нешта з'есці.

— Я паглядзеў на гэтыя катлеты і на гэтых людзей і нічога не адказаў, бо не разумеў, што адбываецца... І вось тут пачалася натуральная „жэсць".

Кармілі вошай і слухалі цікавыя лекцыі...

У камеры ўсе былі палітычныя, як згадвае Аляксей, усе людзі розныя. Паколькі ён быў шчуплы і невысокага росту, яму размеркавалі месца паміж столікамі, і там спаў. Нехта спаў на самім століку, нехта ўздоўж камеры пад ложкамі. На ложку, са слоў майго суразмоўцы, было самае дрэннае месца, паколькі ім не давалі матрацаў і даводзілася ляжаць на металічных прутах, якія ўпіваліся ў цела.

— Але там такія людзі сядзелі. Пераважна гэта былі айцішнікі, кіраўнікі аддзелаў, навукоўцы, дырэктары — людзі, якія не павінны былі там знаходзіцца. Таму ўсё было максімальна добра, цывільна. У нас былі правілы, якіх мы прытрымліваліся, асабліва ў дачыненні да гігіены: кожны дзень праціралі памяшканне, мылі падлогу.

Праўда, катаванняў, паводле Аляксея, не пазбеглі, бо там не было магчымасці нават паварушыцца, умовы кожны дзень пагаршаліся: не дазвалялі сядзець на ложках, перадачы былі забароненыя, святло гарэла ў камеры праз усе суткі, уначы двойчы будзілі на праверку, на паветра не выводзілі, адзін прыдурак падліваў у камеру ваду з хлёркай...

— У душ нас не вадзілі, пакуль не завяліся вошы. Потым павялі на праверку, і нейкая бабуля нас пашкадавала і пусціла памыцца. Я пра такое чытаў, але думаў, што гэта рэдкая з'ява, магчыма для тых, каго накіроўваюць недзе па этапу. Я не мог сабе ўявіць, што будзе так жорстка.

Тым не менш, як кажа хлопец, атмасфера ў камеры была напоўнена творчасцю, кожны распавядаў пра тое, у якой галіне быў дасведчаны.

— Я ў той момант захапляўся арніталогіяй і дзяліўся ведамі пра птушак. Быў нейкі прадпрымальнік, які будаваў дамы ў Фінляндыі, — расказваў цікавыя факты пра тое, як там усё гэта робіцца. У некага быў аўтасэрвіс, і ён распавядаў пра машыны, тлумачыў, чаму сучасныя кары не з'яўляюцца экалагічным транспартам. Былі хлопцы-анархісты, і іх таксама цікава было паслухаць, бо я пра гэта мала ведаў. Такога дакладна нідзе не пабачыш. Гэта было ўнікальнае месца.

Нягледзячы на ўсё гэта, Аляксей прызнаецца, што было вельмі цяжка ў тых умовах.

— У мяне цяглiцы атрафіраваліся, я скінуў дзесяць кілаграмаў і быў падобны на шкілет, як жонка сказала. І так усе мне казалі, што скінулі вагу, бо тыя харчы, якімі нас кармілі, есці было немагчыма.

Трывога не пакідала

Дарэчы, пасля турмы ўжо праз некалькі дзён хлопец запісаўся на айцішныя курсы, бо ў камеры айцішнікі здолелі яго пераканаць, што ўсё атрымаецца. І сапраўды ў яго ўсё пачало атрымлівацца, але курсы не скончыў, бо пачалася вайна, і іх настаўнік, нічога не сказаўшы, адразу з'ехаў.

Пасля Акрэсціна трывога ў Аляксея таксама не праходзіла. Ён заўсёды баяўся, што яго могуць затрымаць.

— Калі нам нехта званіў у дзверы, у мяне адразу пачыналася паніка. Нам распавядалі, што затрымліваюць хлопцаў, якія ўжо сядзелі. А я быў там двойчы і разумеў, што, калі будзе хапун, мяне забяруць. Мне было боязна ісці дадому з працы. Я не мог спаць, ноччу не распранаўся, а так і ляжаў у ложку, не спаў і чакаў, што па мяне прыйдуць. Гэта было страшна, жыць было немагчыма...

Аляксей кажа, што заўсёды быў супраць эміграцыі, але далей ужо заставацца не мог. І з жонкай выехалі ў Польшчу. За пару дзён да ад'езду, калі на руках былі білеты, прыйшла позва з ваенкамата, але туды ён ужо не пайшоў.

У Польшчы знайшлі працу, пачалі вучыць мову і патроху асвойвацца. Але Беларусь, як прызнаецца хлопец, баліць унутры. Ён марыць вярнуцца, калі надарыцца такая магчымасць.

— Я проста нідзе сябе так не адчуваю, як у Беларусі...

15 жніўня 2023

„Мы зразумелі, што аднымі кветкамі немагчыма перамагчы зло...“

Жанчына пенсійнага ўзросту была актывісткай падчас пратэстаў 2020 года. У эміграцыю з'ехала з адным заплечнікам і з сынам. **Кацярына** ні на што не скардзіцца, штодня згадвае Беларусь і разумее, што ў нейкім сэнсе паўтарыла лёс свайго бацькі...

Час для аналізу мінулага

Спадарыня Кацярына — пенсіянерка і таксама ў эміграцыі пасля жніўня 2020 года. Ні на што не скардзіцца, а разважае пра мінулыя падзеі і робіць высновы.

— Я таксама, як і ўсе, хто выйшаў на вуліцы ў жніўні 2020 года, верыла, што мы пераможам дэмакратычным шляхам. Але побач знаходзіцца краіна, якая ні ў якім разе не дазволіла б гэтага зрабіць. І гэтага ніхто не хаваў, а Пуцін адкрыта заяўляў, што пры абвастрэнні сітуацыі ён адразу пашле ў Беларусь Расгвардыю.

З аднаго боку, спадарыня са шкадаваннем адзначае, што народ так лёгка паверыў у перамогу, але адразу дадае, што гэта таксама і вельмі добра, паколькі беларусы паказалі тады ўсяму свету, што яны ёсць, імкнуцца да цывілізаваных краін і змагаюцца за свае правы цывілізаваным шляхам. І яна ўдакладняе, што прыйшло разуменне да людзей: аднымі кветкамі ў белых сукенках немагчыма перамагчы гэта чорнае зло. Звяртае ўвагу, што за перыяд праўлення Лукашэнкі ў Беларусі не з'явіліся сапраўдныя нацыянальныя лідары, бо пад такім прыгнётам апазіцыйнай думкі яны і не маглі з'явіцца.

— У маленькіх нашых гарадах — я з Полацка — у нас зусім не было ніякіх арганізатараў. Мы арганізоўваліся стыхійна.

На першай жа сустрэчы з Сяргеем Ціханоўскім, калі сабраліся людзі, яна агучыла праблемы пра разбітыя дарогі, пра нізкія заробкі, пра тое, што робіцца „па блату", і г. д. Пасля выступу да яе адразу пачалі падыходзіць людзі, як да нейкай заступніцы, са сваімі балячкамі.

— Я там, як умела, сказала, што ў мяне на YouTube ёсць уласны канал, і людзі ўсю ноч мне пісалі, хвалілі, якая я малайчына, што ў такім узросце не пабаялася, выступіла і сказала пра ўсё гэта...

І вось так вакол спадарыні Кацярыны пачалі збірацца найбольш актыўныя людзі, праводзілі збор подпісаў, агітавалі, распаўсюджвалі газеты з праграмамі кандыдатаў, назіралі за выбарамі, а потым стаялі плячо ў плячо на плошчы. І ніхто з іх не быў прафесійным палітыкам і не належаў ні да якіх партый і рухаў.

— І мы ездзілі ў самыя малыя нашы райцэнтры: Шаркаўшчыну, Ушачы, Браслаў, Паставы. У Шаркаўшчыне наагул так усё бедна. Але там да нас прыходзіла столькі людзей, і яны так уважліва нас слухалі...

Ад помніка Усяславу Чарадзею да моста праз Дзвіну...

І пасля галасавання, калі аб'явілі вынікі выбараў, згадвае суразмоўніца, на душы было горка, бо сама бачыла, колькі людзей з белымі стужкамі цэлымі сем'ямі ішлі на выбарчыя ўчасткі. На наступны дзень і ў іх раённым горадзе людзі выйшлі на вуліцу.

— І мы стаялі ў Полацку ад помніка Усяславу Чарадзею да моста праз Дзвіну — гэта кіламетры тры. І людзі трымалі плакаты: „Аддайце нашы галасы! Вы ўкралі нашы галасы!“ Мы верылі і стаялі некалькі дзён запар.

А на душы ўсё роўна было цяжка, згадвае суразмоўніца.

— Было адчуванне, што мне некалькі разоў плюнулі ў твар... Але ўсё роўна людзі не гублялі надзеі, што нешта адбудзецца.

Людзі паўсталі супраць бязмежжа ўлады

Згадваючы тыя падзеі, спадарыня Кацярына прыходзіць да высновы, што людзі падняліся тады супраць улады не толькі з-за сфальсіфікаваных выбараў, з-за таго, што няма працы, малыя заробкі, што няма дарог, што нічога не змяняецца да лепшага. Людзей, на думку спадарыні, абурала бязмежжа ўлады.

— Навокал насілле, любога чалавека можна асудзіць ні за што, а калі ён яшчэ пачне рыпацца, то яго можна і забіць — за гэта нічога не будзе. І вось гэта бязмежжа ўладаў, я думаю, давяло людзей да таго, што яны асмялелі і выйшлі на вуліцы.

Яна мяркуе, многія беларусы дагэтуль не зразумелі, што адбылося тады ў краіне, і многія гэтага не разумеюць і цяпер.

— Я лічу, што тыя людзі, якія тады выйшлі на вуліцу, яны здольныя думаць і думаюць. А значная частка нашага народа развучылася думаць, планаваць — верыць толькі ў тое, што ім скажуць у тэлевізары. І я заўсёды казала сваім суседзям і знаёмым: не глядзіце ў тэлевізар, а пабачце, што робіцца за вакном, зазірніце ў сваю лядоўню, што там у вас ёсць. Вось на гэта звяртайце ўвагу...

Уздыхаючы, суразмоўніца кажа, што сама пражыла няпростае жыццё, адна гадавала дзяцей, адпрацавала 28 гадоў тэхнолагам мясапрадуктаў на мясакамбінаце і заўсёды, дзе б ні была, імкнулася стаяць на баку праўды. Ваявала з бязмежжам уладаў, а за непрымірэнчую пазіцыю яе двойчы звальнялі з працы.

У Польшчу выехала, каб ратаваць сына

І тым не менш ні аб чым гэтым яна не шкадуе. У Польшчу з'ехала з адным заплечнікам. І не таму, што па яе ішлі арыштоўваць, а таму, што гэтая небяспека пагражала яе сыну.

— Уцякалі мы таму, што мой сын працаваў на радыё, і калі затрымалі Сяргея Ціханоўскага, то яму прапанавалі прачытаць паведамленне аб тым, што ён пабіў гродзенскіх міліцыянтаў. Сын адмовіўся гэта рабіць і звольніўся з працы.

Пазней сына спадарыні Кацярыны ўсё ж затрымалі і асудзілі на суткі за тое, што проста стаяў на вуліцы з групай аднакласнікаў. Яна згадвае, што судзіў яго сусед, які жыў на адной пляцоўцы: дзверы ў дзверы. Жанчына кажа, што не вытрывала і запытала неяк суседа: як ён з гэтым думае жыць далей? А той, маўляў, як жыў, так і жыць збіраецца.

А потым была позва ў Следчы камітэт, і таму адразу з'ехалі, як ужо казала спадарыня, з адным заплечнікам.

— Мы думалі, што хутка ўсё зменіцца і вернемся назад. Да таго ж, у такой паніцы, калі ты разумееш, што па цябе могуць прыйсці ў любую хвіліну, то... Я нават цяпер не магу адказаць, чаму мы з адным заплечнікам, але, з іншага боку, я чалавек мабільны, хутка сабрала самае неабходнае, а да рэчаў не прывязваюся.

Мне цяжка тут не было...

У пятніцу яны з'ехалі, а ў панядзелак па іх прыйшлі, але ў кватэры ўжо нікога не было. У Польшчы, як заўважае спадарыня, у іх усё склалася нармальна. Знайшлі працу, пачалі вывучаць мову. Спадарыня Кацярына выхоўвала ў польскай сям'і дзвюх дзяўчынак і вельмі задаволеная гэтай працай.

— Мяне ніхто тут не пакрыўдзіў ні разу, ніхто не абразіў. Мне цяжка тут не было. А цяжка толькі за тое, што калі чалавек сам плануе адʼезд з краіны — гэта адна справа, але калі яго вымушаюць уцячы з краіны — вось за гэта ў мяне баліць душа. Чаму я павінна ўцякаць са сваёй радзімы?

Усцешаная спадарыня Кацярына і салідарнасцю беларусаў у замежжы. Распавядае, што самой давялося перажыць, калі беларусы дапамагалі знайсці лекі, раілі, куды звярнуцца. Да ўсяго, яна бачыць, як беларусы імкнуцца захаваць сваю культуру і вельмі многія пачалі вучыць беларускую мову.

— Дык вось, калі мы патрапілі ў іншае асяроддзе, чуем польскую мову і разумеем, што мы з Беларусі, — гэта вялікі стымул, каб ведаць сваё. І гэта вельмі прыемна, вельмі...

У нейкім сэнсе паўтарыла лёс свайго бацькі

І пра Беларусь спадарыня згадвае штодня, асабліва пра родныя мясціны, і жыць яна хацела б там, дома, бо там магілы яе продкаў, якія, дарэчы, падчас Другой сусветнай вайны загінулі за тое, каб яна магла шчасліва жыць.

Спадарыня Кацярына, трохі задумаўшыся, дадае, што ў нейкім сэнсе паўтарыла лёс свайго бацькі. Ён скончыў вышэйшую вайсковую вучэльню і падчас вайны быў інтэндантам у Грузіі.

— І калі вызвалілі ад немцаў нашу Беларусь, ён, ведаючы, як там цяжка, адправіў у нашу краіну два вагоны мыла і вагон солі. Яго за гэта разжалавалі да радавога і адправілі ў турму. А ён жа гэтыя вагоны накіраваў не сваёй радні, а толькі сваёй радзіме, якая моцна пацярпела падчас вайны. А цяпер крадуць мільярды — і ніхто ні за што не адказвае. І вось праз шмат гадоў я ў нечым паўтарыла лёс свайго бацькі...

16 жніўня 2023

„Тая салідарнасць не дазваляла заставацца ўбаку...“

У 2020 годзе **Віктар** браў удзел у акцыях пратэсту, актыўна валанцёрыў, адчуў і зразумеў, што такое чалавечая салідарнасць. А таму працягвае валанцёрыць у Польшчы, дапамагаючы палітычным уцекачам з Беларусі, а таксама ўкраінцам, якія ўцяклі ад вайны.

Мы ўсе разумелі, што патрэбны перамены

Віктар нарадзіўся ў невялікім гарадку на Гомельшчыне, скончыў сталічную ВНУ, стаў інжынерам, але гэтая праца аказалася не даспадобы. Спрабаваў працаваць на лакальным тэлебачанні ў Мінску, у друкаваных СМІ, удзельнічаў у розных праектах на партале нерухомасці. Найбольш, як сам прызнаецца, яго захапляла тэматыка, звязаная з нерухомасцю.

— Я быў нядрэнным адмыслоўцам менавіта ў галіне нерухомасці, шмат пісаў, няблага зарабляў аж да таго часу, пакуль не прыйшоў 2020 год.

У пратэставы працэс Віктар уключыўся яшчэ на этапе выбарчай кампаніі, выходзіў на ўсе акцыі, калі вёўся збор подпісаў, калі арыштоўвалі дэмакратычных кандыдатаў.

— Я, як і многія тады, разумеў, што краіне патрэбныя перамены, а таму з галавой акунуўся ў гэты працэс. Дзявятага жніўня патрапіў пад страляніну на Кальварыйскай. Выходзіў і ў наступныя дні на пратэсты, але ўбачыў, што баявых людзей хапае, а вось не стае тых, хто б аказваў медычную дапамогу, хто б мог падвозіць рознага кшталту правіянт. Я заняўся валанцёрствам.

Праз новаўтвораныя чаты Віктар зарганізаваўся з дзвюма медсёстрамі і на сваім аўто пачаў ездзіць па ўсіх гарачых пунктах, падвозіць ваду, медыкаменты, аказваць першую медычную дапамогу пацярпелым пратэстоўцам.

— За свае грошы разам з жонкай куплялі харчы, падвозілі іх на Акрэсціна для валанцёраў і тых, хто чакаў там сваіх родных. У аптэках набывалі гідрагелевыя павязкі, іншыя лекі, ездзілі па шпіталях і пыталіся ў дактароў, што патрэбна для параненых, атрымлівалі ад іх спіс і шукалі неабходныя рэчы — інвалідныя каляскі, мыліцы, мазі...

У той час, як згадвае суразмоўца, з'явілася шмат валанцёрскіх чатаў, а таму арыентавацца, дзе і каму патрэбна дапамога, было нескладана. Наогул, здзіўляла тое, як людзі маглі хутка зарганізавацца і наладзіць валанцёрскую дзейнасць.

— Я ўжо тады патрапіў у валанцёрскае асяроддзе на Акрэсціна. А там былі і медыкі, і павары, якія казалі, што неабходна даставіць.

Акрамя гэтага, Віктар разам з жонкай неаднойчы на сваім аўто вазілі родзічаў затрыманых, якія знаходзіліся ў Жодзіне.

Даводзілася стаяць на каленях пад duламі аўтаматаў

У той час Віктар далучыўся да ініцыятывы „Спісы Акрэсціна“, якая імкнулася зафіксаваць прозвішчы ўсіх затрыманых. З яго слоў, валанцёры спачатку складалі спісы непасрэдна на Акрэсціна і ў Жодзіне, але потым зразумелі, што варта дзяжурыць побач з РАУСамі і ўжо там імкнуцца высветліць усе прозвішчы затрыманых.

— Часам нам удавалася даведацца і некаторыя прозвішчы ў дзяжурнага РАУС, а ў некаторых выпадках затрыманыя самі выкрыквалі, як іх завуць. Але здаралася так, што нас там і пасылалі, і ставілі на калені пад дуламі аўтаматаў. Некаторых затрымлівалі на суткі. Усяго хапала, але спісы мы ўсё ж папаўнялі.

Усё гэта з аповеду Віктара даволі добра ўяўляецца цяпер, і здаецца, што было зусім нядаўна. Узгадваючы тыя падзеі, мужчына кажа, што ў той час не задумваўся ні пра які страх, проста ведаў, што можа дапамагчы, і рабіў гэта.

— І толькі недзе праз год, аналізуючы тое, што тады адбывалася, зразумеў, што ў той сітуацыі мяне таксама маглі забіць, пакалечыць, пасадзіць, і надоўга. Тады вось шмат пісалі пра тое, што збівалі медыкаў, якія аказвалі пратэстоўцам дапамогу. А я ехаў у самую гушчу падзей, і ў багажніку майго аўто было поўна розных медыкаментаў і іншых патрэбных рэчаў. Але страху ніколі не было.

Самы жудасны ўспамін

Тым не менш самы жудасны ўспамін тых падзей, які згадваецца Віктару дагэтуль, адбыўся праз некалькі дзён пасля пачатку пратэстаў.

— Я прывёз родных затрыманага ў Жодзіна, і з вязніцы якраз пачалі выводзіць хлопцаў. Тады ўжо было вядома, што іх жорстка катавалі. І я ўбачыў, што выходзяць людзі з пустымі вачыма, не разумеючы нічога, што адбываецца навокал. А ты глядзіш на чалавека, нібы гэта кантужаны падчас вайны — у яго вачах пустэча. Яму даюць ваду, бутэрброд, а ён не цяміць. Гэта былі самыя страшныя хвіліны тых дзён... І я тады зразумеў, што трэба працягваць нашу дзейнасць і што мы робім гэта недарэмна...

Гэтае цёплае слова — салідарнасць

Нягледзячы на небывалую жорсткасць сілавікоў да свайго народа, паводле майго суразмоўцы, ён згадвае, як імгненна нараджалася чалавечая салідарнасць у тых, хто працягваў змагацца за свае правы. Якімі блізкімі станавіліся адзін аднаму тыя, хто валанцёрыў і сядзеў у вязніцы, хто выходзіў на маршы і збіраўся на дваровыя сходы.

— Вось такі просты прыклад. Калі ўжо стала холадна і валанцёры, якія змерзлі побач з Акрэсціна, пытаюцца ў чаце, ці мае хто гарачае кавы, тут жа праз дзесяць хвілін у іх цэлая машына і з кавай, і з пірагамі...

Віктар згадвае выпадак, калі ў дождж стаяў побач з Акрэсціна, змерз. А тут прыходзіць мама з дзесяцігадовай дачкой і дае яму дажджавую накідку: маўляў, каб яму не было холадна і ён не мок. А яшчэ падае тэрмас з гарачай кавай.

— Гэтыя моманты немагчыма забыць. І гэтая салідарнасць вельмі ўражвала. І таму хацелася не падвесці людзей, не заставацца ўбаку. І цяпер разумею, што ў падобнай сітуацыі рабіў бы тое самае, што і тады. І мы ўсе імкнуліся рабіць тое, што маглі.

Перамены ўсё роўна адбудуцца

Віктар кажа, што не зусім разумее тых людзей, якія крытыкуюць беларусаў за іх „мяккі пратэст“: маўляў, трэба было не абутак здымаць, калі на лаўку станавіліся, а весці жорсткія дзеянні.

— Я такім людзям заўсёды адказваю: чаму вы самі не вялі гэтыя жорсткія дзеянні, а толькі некага крытыкуеце? Ніхто з нас не ведаў, як робяцца рэвалюцыі, у нас не было ніякіх метадычак, кожны рабіў тое, што адчуваў, што мог рабіць. Мы ўсе тады хваляваліся адзін за аднаго, і гэтая салідарнасць стрымлівала людзей ад сілавога канфлікту, бо ніхто не хацеў, каб пацярпеў яго блізкі.

У Польшчы ўсё пачыналася няпроста

З'язджаць Віктару разам з жонкай за мяжу давялося ў тым самым 2020 годзе. Распачалося паляванне на валанцёраў.

У іх, дарэчы, былі свае крыніцы ў сілавых органах, якія папярэдзілі, што неўзабаве пачнуцца арышты.

Пасля пераезду Польшчы было няпроста, згадвае суразмоўца. Працаваў на дастаўцы прадуктаў, каб было за што пражыць. У той час масава прыязджалі беларусы, якія ўцякалі ад пераследу рэжыму. Віктар разам з сябрамі стаў дапамагаць людзям у пошуках кватэры, уладкаванні на працы.

— Потым да нас пачалі звяртацца беларускія айцішнікі, і запытаў стала шмат. Але ім мы аказвалі дапамогу ў пошуках жылля ўжо не бясплатна, яны аплочвалі бензін за свае сродкі, бо пераязджаць па горадзе даводзілася шмат. І год таму мы стварылі сваё агенцтва нерухомасці, у якім цяпер працуюць толькі беларусы.

Віктар распавядае, што гэты бізнес раскручваўся даволі хутка, паколькі было шмат кліентаў, і яны адкрылі філіялы ў іншых гарадах.

— Мы распачыналі гэта рабіць для беларусаў, каб проста дапамагчы сваім людзям. А потым з'явілася шмат кліентаў і з Украіны. З пачаткам вайны арганізавалі тут дапамогу ўкраінскім уцекачам: ездзілі на мяжу, прывозілі іх сюды, уладкоўвалі, вазілі гуманітарную дапамогу ва Украіну.

Як сумнае ўзгадвае тое, што давялося хаваць сваіх землякоў, якія, прайшоўшы ўсе выпрабаванні, страцілі здароўе і адышлі ў іншы свет. Наогул ён заўважае, што жыццё ў Польшчы шмат у чым розніцца ад таго, як жывуць людзі ў Беларусі.

Што датычыць Беларусі, то, кажа, асабліва не сумуе, а вось жонка часта згадвае пра дом.

— Я вырас у невялікім гарадку, і мне туды хочацца, пабачыць родных, тыя мясціны, дзе дзяцінства праходзіла. А вось па Мінску зусім не сумую. Не хачу цяпер у Беларусь, бо баюся вярнуцца туды, дзе няма той атмасферы, якая была ў 2020 годзе, баюся пабачыць тыя сумныя твары, якія там цяпер, па аповедах тых, хто прыязджае. А калі там адбудуцца змены, першае, што зраблю, — паеду ў Беларусь. Я не хачу сказаць, што я паляк, хаця тут ужо асеў. Не, я — беларус...

31 жніўня 2023

„Перагарнуць гэтую старонку немагчыма...“

Яму давялося бегчы праз калідор, а сілавікі лупілі яго дручкамі і нагамі, сядзець у шасцімеснай камеры, куды запіхвалі 40 чалавек. Але **Пётр** не шкадуе, што быў разам з народам на плошчы, і для яго перагарнуць гэтую старонку немагчыма.

У пратэставы рух далучыўся пасля арышту Бабарыкі

Падчас падзей 2020 года Пётр быў асуджаны тройчы. Два разы адбываў пакаранне на сутках, а адзін раз яго аштрафавалі. Ён інжынер-тэхнолаг. Распавядае, што па спецыяльнасці пасля ўніверсітэта адпрацаваў чатыры гады, а потым змяніў працу на інжынера-канструктара.

У пратэставы рух, як згадвае суразмоўца, далучыўся не адразу, а толькі пасля таго, як быў арыштаваны Віктар Бабарыка. З яго слоў, ён наагул не цікавіўся палітыкай, не быў актывістам і не належаў да якіх-небудзь грамадскіх і іншых ініцыятыў.

— Але ўсё здарылася раптоўна, нібы выбух. Памятаю, прачытаў адзін артыкул, ехаў на працу, аж слёзы ліліся. Быццам перада мной упала нейкая занавеска.

Пасля гэтага Пётр разам з сябрам, які жыў у іншым горадзе, стаў актыўным удзельнікам выбарчай кампаніі. Разносілі ўлёткі, запісаліся ў назіральнікі, удзельнічалі ва ўсіх мітынгах і мерапрыемствах.

— Мяне на адным з мітынгаў на Бангалоры вельмі ўразіла прамова Марыны Адамовіч. Дрыжыкі па целе ішлі — такая пранікнёная прамова.

Ты бяжыш праз гэты калідор, а цябе з усіх бакоў лупяць...

Пётр стаў назіральнікам у школе свайго раёна. Згадвае, што на ўчастак іх практычна не пускалі. А ў апошні дзень галасавання, пасля падліку галасоў, на загад амапаўца людзям разыходзіцца Пётр адрэагаваў, што нічога тут не парушае, але яго завезлі ў РАУС. І ён упершыню ў сваім жыцці адчуў на сабе лукашэнкаўскую судовую сістэму.

— Мне падалося, што суддзя мяне пачула. Я на судах наогул ніколі не прысутнічаў, але гэта быў не суд, а нешта... Суддзя зачытала абвінавачванне, потым дала мне слова, а я сказаў, што такога не было, што я быў у іншым месцы, ёсць сведкі. Яна выйшла на хвілінку, потым вяртаецца і кажа, што прысудзіла мне 15 содняў...

Сядзець давялося ў кампаніі сарака палітычных у шасцімеснай камеры. Гэта было ў жніўні, калі стаяла спёка і дыхаць не было чым. Праз некалькі дзён павезлі ў Жодзіна.

— Вось там было жорстка. Яны выставілі шэсць аўтазакаў па два ў шэраг — яны доўгія. Вывелі з іх каля трохсот чалавек, выкрыквалі прозвішчы, а чалавек павінен быў адказваць імем і прозвішчам, і пачыналі гнаць цябе пад крыкі: „Животное, скорее, голову ниже!“ Ты бяжыш праз гэты калідор, а цябе з усіх бакоў лупяць дручкамі, нагамі, рукамі...

Пётр распавядае пра гэта цяпер без эмоцый, але адчуваецца, як глыбока гэта яшчэ сядзіць у ім. Той тэрмін ён не дасядзеў да канца, паколькі народныя пратэсты прымусілі ўлады на нейкі момант адступіць і арыштаваных пачалі выпускаць.

— Недзе з тыдзень я адыходзіў ад гэтага, мне сніліся кашмары. Мяне адвезлі да бацькоў жонкі на вёску. Але потым я вярнуўся і адразу пайшоў на маршы.

Пасля другога затрымання далі штраф

Мужчына кажа, што адчуваў неабходнасць прысутнічаць на маршах, лічыў, што абавязаны там быць. І тады здавалася, што засталося ўсяго трошкі, каб перамагчы. Але адбылося другое затрыманне.

— Мяне сфатаграфаваў ціхушнік. Выклікалі ў РАУС і далі штраф. І я тады вельмі радаваўся гэтым трыццаці базавым, бо сядзець не хацелася...

Пасля забойства Рамана Бандарэнкі пратэсты пачалі сціхаць, і, як згадвае Пётр, яны жылі ў нейкім няведанні. А потым раптоўна да дома каля сямі раніцы прыехаў губазік. Яны рабілі рэйды, а Пётр ужо быў на працы.

Надзелі кайданкі проста на працы

— Мы ў кабінеце сядзелі, абмяркоўвалі працоўныя пытанні. Былі мой кіраўнік бюро, кіраўнік канструктарскага аддзела, а тут уваходзяць людзі ў балаклавах, адзяваюць мне кайданкі. Кіраўнік бюро спрабаваў запытаць, але яго адразу асадзілі...

У выніку ў Пятра праверылі тэлефон, правялі апытанне, склалі пратакол за непадпарадкаванне супрацоўнікам міліцыі, і суддзя прысудзіла яму сем содняў. Ізноў камера, дзе не было чым дыхаць, бо палітычных набівалі туды, як селядцоў. І зноў здзекі і катаванні...

— Дзевяноста адсоткаў былі людзі з вышэйшай адукацыяй, цікавыя, інтэлектуальныя, з рознымі хобі. Разумелі, што трэба трымацца, а таму чыталі лекцыі, праводзілі дыскусіі. Было вельмі цікава.

Пытаюся ў Пятра, як ён ставіўся да тых людзей, якія былі ў шэрагах сілавікоў, затрымлівалі, здзекаваліся, катавалі.

— Рабы, проста рабы. Трымаюцца за працу, за якую ім плацяць грошы. І гэта іх сацыяльны ліфт, за гэта яны могуць атрымаць кватэру... Магчыма, нехта з іх і жадаў бы перайсці на іншы бок, але яны бачылі, што ў людзей нічога не атрымліваецца.

Польскай мовы раней нават не чуў

Пасля гэтага вырашылі з жонкай з'ехаць, бо наступнае, што пагражала, была крымінальная справа.

— Я разумеў, што нічога дрэннага не зрабіў, але заставацца тут больш не мог. Мы вырашылі ехаць жыць далей, але так атрымалася, што мы прыехалі за тыдзень да вайны, а таму проста сядзець тут не выходзіла.

У Польшчы, яшчэ толкам не ўладкаваўшы сваё жыццё, Пётр пачаў удзельнічаць у антываенных акцыях, дапамагаць уцекачам з Украіны. Цікава, што пра Польшчу раней наогул нічога не ведаў, нават мовы іх ніколі не чуў. Аднак знаёмыя беларусы дапамаглі знайсці кватэру, падказалі, як легалізавацца. Знайшоў працу ў фірме, якую адкрыў беларус, і цяпер праектуе фасады будынкаў.

Не бядуем, але грошай часам не стае

Дачка ходзіць у садок, хутка адаптавалася і вывучыла мову. А вось у жонкі ёсць праблемы з працай — у яе расейскі пашпарт.

— Мы ўжо тут паўтара года, але яна дагэтуль не мае дазволу на працу. Часовы побыт яна атрымала праз год, але ён не дае дазволу на працу. А цяпер дазвол на працу расейцам робяць ад трох да шасці месяцаў.

А таму Пятру даводзіцца аднаму ўтрымоўваць сям'ю. І, як прызнаецца, часам здараецца так, што грошай з яго заробку не стае.

— Зарабляю я так, што нам хапае ўпрытык. Я нават апошнія два месяцы хаджу іграць на гітары ў пераходы. Бывае, што за тыдзень да заробку ні златоўкі ў хаце. Ну і што рабіць?

Не шкадую

Тым не менш мужчына кажа, што не шкадуе аб тым, што з'ехаў з Беларусі, што ўдзельнічаў ва ўсіх акцыях пратэсту.

— Ну вось калі ты сам бачыў, што адбываецца, то як на гэта можна заплюшчыць вочы, жыць далей і карміць гэтых пачвараў?.. Не, я б так не змог, і, напэўна, даўно б сядзеў. Сутнасць у тым, што для мяне гэта непрымальна. Перагарнуць гэтую старонку проста немагчыма для мяне...

Пра Беларусь Пётр думае, але адчуванні з кожным днём іншыя.

— Ведаеце, з кожным днём яна ўсё далей і далей становіцца, гэтая Беларусь. Калі глядзіш фотаздымкі ці навіны з Мінска, яно ўжо так не чапляе. Яшчэ паўгода таму я ўпэўнена казаў, што вярнуся. А зараз думаю: куды мне вяртацца? Калі ўсё праз 5–10 гадоў устаканіцца і скажуць: „Прыязджай, тут бяспечна", — гэта будзе проста немагчыма...

Цікава, што толькі год таму Пётр пачаў размаўляць на роднай мове, дагэтуль ніколі такога не практыкаваў. Але па ім гэта не адчуваецца — мова абсалютна натуральная.

— Мы неяк зладзілі прагляд фільма „Купала". І ў перапынку хлопец пытаецца: „А чаму ты на мове не размаўляеш?" Я падумаў: „Рэальна, чаму?" І так вось пачалося. Я не ведаю, але мне гэта вельмі лёгка далося. Я нават праз месяц напісаў песню на беларускай мове...

3 верасня 2023

„Салідарнасць наша беларуская найбольш запомнілася...“

У Беларусі **Васіль** быў бізнесменам, а ў Польшчы давялося пачынаць з дастаўкі прадуктаў. Але з часам адаптаваўся і разам з сябрамі адчыніў сваю фірму. Жонка ўладкавалася на працу, а маленькай дачцэ ўсё падабаецца — яна хутка вывучыла польскую мову. Пра Беларусь думаюць, але туды не спяшаюцца...

Яшчэ да 2020 года думалі з жонкай з'ехаць...

Васіль — мінчанін. Ён кажа, што ў яго юрыдычная адукацыя, спецыялізацыя „Прававое забеспячэнне бізнесу“. Аднак удакладняе, што па спецыяльнасці ніколі не працаваў, але заўсёды займаўся бізнесам.

Спачатку, набраўшыся вопыту ў камерцыйных структурах, распачаў сваю справу, якая даволі пасьпяхова развівалася. Займаўся аптовым гандлем аўтазапчасткамі. У той жа час звяртае ўвагу, што весці бізнес у Беларусі — гэта справа са сваёй спецыфікай.

— Наступае момант, калі фірма абсалютна законным шляхам дасягае высокага тавараабароту, і тут раптам прыходзяць падатковая, ДФР, АБЭЗ, іншыя правяраючыя органы... Пытанне толькі адно: хочаце працаваць далей — заплаціце. Гэта такі рэкет на дзяржаўным узроўні. Таму даводзілася круціцца самымі рознымі спосабамі.

Як згадвае суразмоўца, нягледзячы на ўсе складанасці, ён разам з сям'ёй жыў у дастатку, меў добрую кватэру, дарагую машыну, лецішча. Але яшчэ да 2020 года абмяркоўваў з жонкай магчымасць з'ехаць з Беларусі, паколькі не бачыў будучыні для сябе там.

— Але менавіта падзеі 2020 года падштурхнулі нас рэалізаваць гэтыя планы.

Мы ўсе тады верылі ў перамены

Як і тысячы людзей, Васіль паверыў, што змены магчымыя, што жыццё можа палепшыцца. Была папросту бязмежная надзея. Таму ён адразу ўключыўся ў перадвыбарчую кампанію.

— Мы дапамагалі ўсім, чым маглі: і рэчамі, і грашыма, і вазілі, і забіралі, і сустракалі, і вывозілі людзей з Беларусі. Мы ўсе тады былі разам, побач адзін з адным, і ўсе хацелі перамен.

Пазней, як згадвае Васіль, пачаліся сапраўдныя баі на вуліцах, збіццё мірных людзей, катаванні, пра якія ніхто нават уявіць сабе не мог.

— Было страшна, і я, як усе, бегаў, уцякаў, хаваўся. Дома стаяла падрыхтаваная сумка на выпадак арышту. Жонка была пракансультаваная, каму тэлефанаваць і куды бегчы ў такім выпадку. Нават, выходзячы з кватэры, глядзеў у вочка, потым асцярожна выглядваў праз дзверы і толькі пасля гэтага выходзіў... З 2020-га па 2021 год я пасівеў...

Было страшна, але я ўжо не мог спыніцца

Голас майго суразмоўцы нарастае, і ён згадвае пра сваіх асуджаных сяброў, пра збітых і пакалечаных людзей, якіх разам з іншымі валанцёрамі забіраў з Акрэсціна, дзяжурыў начамі пад РАУСам і чуў, як там катуюць людзей...

— Было вельмі страшна, але я ўжо не мог спыніцца. Тым больш што побач былі сябры, якім верыў, як самому сабе, і якія працягвалі дапамагаць людзям. І ты разам з імі.

Адкуль бяруцца такія людзі?

Дарэчы, мой суразмоўца згадвае, што ў калоне шматтысячных маршаў пратэсту, дзе адчувалася ўсеагульная салідарнасць, здавалася, што ўсе людзі такія.

— Але, убачыўшы, што робяць сілавікі, не мог сабе ўявіць, адкуль бяруцца такія істоты. Стаўленне да іх стала крайне непрымальным. Часам даходзіла да боек, калі нехта з суседзяў пачынаў іх апраўдваць і казаць, што апазіцыя праплачаная. Я ўжо не знаходзіў слоў, каб тлумачыць такім людзям, што я сам цяпер апазіцыя і аддаю свае сродкі на тое, каб спыніць гэтае бязмежжа і аднавіць справядлівыя выбары.

Асабліва Васіль запомніў, наколькі варожа ставіліся да пратэстоўцаў людзі ў мундзірах, як безапеляцыйна сцвярджалі: „Вы праплачаныя, вы наркаманы“ і г. д.

— „Што ты мне расказваеш? Мы ўсё ведаем!“ — крычалі яны мне ў адказ, калі я тлумачыў, што я самадастатковы чалавек і выйшаў бараніць скрадзеныя галасы... Але ў іх галовы наўлівалі столькі ўсяго...

Ніколі не забуду сапраўднае, чалавечае

Васіль згадвае, што сярод яго знаёмых былі члены сем’яў міліцыянераў, якія ўбачылі на свае вочы, што адбываецца насамрэч, і не маглі ў гэта паверыць. Але ўражвала не гэта, а ўчынкі сапраўдных людзей.

— Аднойчы да нас у лагер на Акрэсціна прыйшоў стары дзядуля і сказаў: „Хлопцы, я сёння пенсію атрымаў і на ўсе грошы накупіў каўбасы, сыру і іншых прадуктаў. Наце вам, каб галодныя не былі“. Я пачаў адмаўляцца, маўляў, у нас ёсць... А ён настойвае: „Я сваё пражыў і хачу, каб у вас, маладых, у нашай краіне ўсё атрымалася...“

У Васіля на вачах слёзы, калі ён пра гэта расказвае. Кажа, што гэты момант ніколі ў жыцці не забудзе.

— Салідарнасць наша беларуская найбольш запомнілася... На жаль, у нас не атрымалася... Ніхто не чакаў такой нечалавечай агрэсіі. Але людзі спрабавалі, бо бачылі шанец на перамены...

З усім нажытым давялося расстацца

Васілю давялося з'язджаць практычна раптоўна. Бізнес ён прадаў яшчэ раней, а ў апошні момант прадаў за паўкошту аўто, палову грошай пакінуў бацькам і з невялікай сумай з жонкай і дзіцем з'ехаў у Польшчу.

— Спачатку тут таксама было складана. Грошы хутка скончыліся, трэба было працаваць, але мовы я не ведаў. Шмат дапамаглі нашы беларусы. Уладкаваўся працаваць у дастаўцы прадуктаў. Было цяжка, але іншага выйсця не было, і я працягваў працаваць.

Пад ляжачы камень вада не цячэ

З часам набраўся навыкаў, стаў больш зарабляць, завёў новыя знаёмствы, і жыццё змянілася. Праўда, неўзабаве пачалася вайна ва Украіне, і ў Польшчу хлынулі ўцекачы. З'явілася вялікая канкурэнцыя на рынку працы, але, набыўшы досвед, Васіль з сябрамі здолеў адкрыць сваю фірму, якая займаецца нерухомасцю.

— Увесь гэты час я яшчэ верыў, што ў Беларусі адбудуцца змены і я вярнуся дадому. Але потым зразумеў, што трэба развівацца тут, бо дарога дадому зачынена. І ўсё паціху стала наладжвацца. І праца мне таксама падабаецца, і сям'ю магу забяспечыць.

У яго засталіся кантакты са знаёмымі ў Беларусі. Як яны цяпер там жывуць, Васіль не вельмі ўяўляе. На яго думку, многія з тых, хто прымаў актыўны ўдзел у пратэстах, цяпер быццам змірыліся і працягваюць слухаць прапаганду.

— Напэўна, як казаў адзін дрэнны чалавек, яны „перагарнулі старонку“. І неяк там жывуць, ездзяць на Мінскае мора, гатуюць шашлыкі... Але я цяпер не разумею ўсяго гэтага і не ўяўляю, што б там рабіў, каб застаўся. Я не змог бы там быць...

У Беларусь мы не спяшаемся

Пяцігадовая дачка Васіля, якая спачатку хварэла з-за змены клімату, цяпер ходзіць у садок, хутка засвоіла польскую мову і валодае ёй лепш за сваіх бацькоў. У яе шмат сябровак, і ёй тут усё падабаецца.

Жонка таксама ўладкавалася на працу, але перад гэтым скончыла паліцыяльную школу і працуе ў калектыве з палякамі. Вывад, які робіць Васіль са свайго досведу, можа быць карысны многім уцекачам, якія прыехалі ў Польшчу:

— Пад ляжачы камень вада не цячэ. І калі ты разумееш, што табе трэба тут заставацца, то можна смела развівацца. Не варта спадзявацца, што грошы тут будуць з неба сыпацца. Але ў гэтай краіне ёсць усе магчымасці: яна не перашкаджае, а дапамагае. І за гэта я вельмі ўдзячны Польшчы.

Пра Беларусь Васіль таксама думае — там яго родныя, там яго горад і любімыя мясціны.

— Часта ўзгадваю 2020 год і часам нават плачу. Але мы ўжо тут і імкнёмся інтэгравацца. А самае галоўнае — маё дзіця тут адчувае сябе шчаслівым. І я не ведаю цяпер, калі наступяць змены ў Беларусі і ці паедзем мы туды. Я з задавальненнем прыеду да бацькоў, з’езджу да цешчы, пабуду на Браславе, пагуляю па Гродне і Брэсце, але пакуль мы вырашылі заставацца тут...

4 верасня 2023

„Пасля ўбачанага я ўжо не магла не хадзіць на пратэсты...“

Людміла ніколі не цікавілася палітыкай, але 2020 год захапіў з галавой. Пабачыла і перажыла тое, што не давала заставацца дома, калі ўсе ішлі на маршы. Разам з многімі апынулася ў эміграцыі і цяпер імкнецца будаваць сваё жыццё ў Польшчы.

Хто кідае пальчатку ў твар Лукашэнку?

Людміла — інжынер-эканаміст. Працавала ў лагістыцы, добра зарабляла, палітыкай ніколі не цікавілася. Адна выхоўвае сына. У 2020 годзе час ад часу чытала навіны і ўбачыла, што нейкі невядомы Ціханоўскі збіраецца балатавацца на прэзідэнта Беларусі.

— Думаю: хто там пальчатку Лукашэнку ў твар кідае? Зацікавілася, пачала глядзець яго YouTube-канал. Спачатку было проста цікава назіраць. І вось першая хваля абурэння ўзнікла пасля таго, як яго затрымалі ў Гродне.

Яе цікавасць да падзей, якія разгортваліся штодня, пачала расці. Яна больш чытала, пачала цікавіцца гісторыяй Беларусі, апазіцыяй, пра якую раней нічога не ведала.

— І ты разумееш, што ў 2010 годзе гэта ўсё ўжо было. А мы гэтага не бачылі, не ведалі, усё тады нас абмінула. Ну, вось з гэтага ўсё пачалося.

Мяне абразіла, як сфальсіфікавалі выбары...

Першы досвед сутыкнення з сілавікамі атрымала ў першыя дні. Затрымалі яе хлопца. Усе навокал разбягаліся, а яна наўпрост ішла да сілавікоў. Нічога не высветліла. Потым пачаліся пошукі, сярод ночы з дзіцем прыехала ў пастарунак, пазнаёмілася з валанцёрамі, якія дапамагалі ў пошуках. Тады, як сама прызнаецца, не ўсведамляла таго, што адбываецца.

— Па-першае, усё гэта было на нервах. Па-другое, я думала, што ўсё лёгка: прыеду, напішу заяву, і чалавека адпусцяць. Я папросту не ўяўляла маштабу трагедыі, бо ніколі раней з такім не сутыкалася. Зараз я ўжо разумею, чым гэта магло скончыцца.

Калі на акцыях пачаліся хапуны, дзіця з сабой Людміла больш не брала. Але сама ўжо не хадзіць на акцыі не магла. Яе абразіла тое, як нахабна ўлады сфальсіфікавалі вынікі выбараў і як пасля гэтага абыходзіліся з людзьмі.

— Я разумею, што я дастаткова плачу падаткаў, яны за мае падаткі жывуць і яшчэ будуць мяне дубасіць дручкамі і затыкаць мне рот, калі я нешта хачу выказаць. Вось гэта мяне моцна абразіла. Як так? Чаму я ў сваёй краіне не магу выйсці і сказаць пра тое, што мне не падабаецца?

Усё ўва мне тады перавярнулася...

Пасля першых дзён пратэсту Людміла прыехала разам з іншымі на Акрэсціна з цёплымі рэчамі і ежай для людзей, якіх пачалі выпускаць. Стоячы каля муроў турмы, яна на свае вушы пачула крыкі, якія даносіліся адтуль.

— Гэты момант мяне больш за ўсё ўразіў і стаў кропкай невяртання. Гэта былі крыкі, падобныя да перадсмяротных, нібы з чалавека скуру здымаюць... А ты стаіш, слёзы льюцца, і разумееш, што не можаш ніяк дапамагчы...

Пасля гэтай ночы Людміла зразумела, што альбо людзі дамогуцца свайго, альбо іх усіх „закатаюць у асфальт“. Што, як яна цяпер канстатуе, і атрымалася. Потым яна пабачыла, як пачалі выпускаць з Акрэсціна некаторых затрыманых. Многія, паводле яе слоў, былі не ў сабе, у шокавым стане.

— У майках, шортах, басанож, хто як — іх папросту выкідвалі адтуль. Хто мог бегчы, той бег. А некаторыя былі ў такім жудасным стане, што падымаецца і падае, а яго б'юць амапаўцы, кажуць, маўляў, зараз пойдзеш назад... І мы, калі маглі падысці, адразу падбягалі...

Людміла згадвае, што адну дзяўчыну доўга шукалі, бо яна адбегла і праседзела ў біяпрыбіральні цэлую гадзіну. Адзін мужчына наогул не мог ісці, настолькі быў збіты. Калі валанцёры яго адцягнулі, ён усіх адагнаў ад сябе.

— Ляжаў на жываце хвілін дзесяць і рыдаў. Мужчына спартыўнага целаскладу, моцны, брутальны — ляжаў і галасна, сутаргава плакаў...

Гэта зрабіла вельмі моцнае ўражанне на маю суразмоўніцу.

— Усё ўва мне тады перавярнулася. Калі б я не была на Акрэсціна, мабыць, шмат бы чаго не зразумела. Тады шмат пісалі ў сацсетках, было мноства фотаздымкаў, але ўсё гэта не перадае таго, што адбывалася насамрэч. З гэтага моманту я вырашыла, што буду хадзіць на ўсе акцыі. І я была гатовая да таго, што магу быць наступнай...

Гэта былі самыя светлыя хвіліны...

Людміла магла стаць наступнай кожны раз, калі выходзіла на маршы, бо некалькі разоў трапляла ў сітуацыі, калі знаходзілася на валаску. Адзін раз яе нават ужо вялі ў аўтазак, але нейкаму начальніку яны з сяброўкай падаліся занадта юнымі, і ў апошні момант іх адпусцілі.

Яна стаяла і тады, калі стралялі гумовымі кулямі, калі людзей закідвалі святлошумавымі гранатамі, калі ўсе разбягаліся хто куды і панаваў хаос... Але, згадваючы тыя моманты, жанчына кажа, што страху не было, і толькі вярнуўшыся дадому, усё пераасэнсоўвала. І тым не менш, ідучы ў шматтысячнай калоне, адчувала сябе шчаслівай.

— Я тады перажыла самыя прыгожыя пачуцці ў жыцці. Гэтага цяпер не хапае. Я недаспала, у мяне было шмат працы, але гэтыя нядзельныя акцыі давалі столькі энергіі. Ад нядзелі да нядзелі ты іх чакаеш. Вось, мы заўтра ідзём...

Засталіся людзі, якія выйдуць...

Але потым прыйшло расчараванне ад таго, што не перамаглі, хаця, як ёй здаецца, былі на невялікі крок ад вялікай перамогі. Праўда, надзея ўвесь час цеплілася, бо было разуменне таго, што людзі засталіся, яны нікуды не зніклі.

— Але ўсё роўна там засталіся людзі, якія, калі настане час, выйдуць...

З'язджаць Людміле давялося таму, што раптам патэлефанавалі з АБЭЗ. Яна ў свой час рабіла данаты, і гэта стала вядома праваахоўным органам. Спачатку было не страшна, бо данаты былі невялікія і патрапіць за краты здавалася малаверагодным, але потым забралі адну знаёмую, другую запрасілі на размову ў КДБ. Прыйшло ўсведамленне, што пасля такой размовы яна можа і не вярнуцца.

У эміграцыі ўсё няпроста...

На зборы было паўтара тыдні, і наколькі Людміла здолела, настолькі закрыла ўсе свае справы, звольнілася з працы і з'ехала ў Польшчу. А тут таксама ўсё аказалася няпроста. Была праблема з тым, каб зняць кватэру, скончылася гуманітарная віза, і трэба было як найхутчэй легалізавацца.

— Я ніколі не думала, што апынуся ў эміграцыі ў Польшчы. Мовы не ведала, нейкіх бытавых пытанняў не ведала. Нічога тут не ведала...

Аднак паступова вырашыла свае праблемы, уладкавала сына ў школу і пачала шукаць працу. Без ведання мовы давялося ісці працаваць на склад, дзе пераважна працуюць такія ж эмігранты, толькі большасць з іх з Украіны.

— Вельмі цяжка, і я не была да такога гатовая. На працы я настолькі стамлялася, што прыходзіш, адсыпаешся і зноў на працу. Ты альбо працуеш, альбо спіш.

Тым не менш, як заўважае Людміла, гэтая праца дазваляла ёй здымаць кватэру і ўтрымліваць сям'ю. І зарабляла яна тут амаль тыя ж грошы, што і ў Беларусі, працуючы на пасадзе, якая патрабавала высокай кваліфікацыі.

Цяпер яе ўзялі працаваць у лагістычную фірму, дзе яна займаецца тым, у чым ужо мае вялікі досвед. Кажа, што па Беларусі сумуе, але пакуль не надта моцна — мабыць, мінула яшчэ не так шмат часу. Аднак яна ўпэўнена, што нуда па доме з'явіцца. Ды і родных хочацца пабачыць.

— Цяпер я яшчэ хачу вярнуцца назад, хаця разумею: будзе цяжка адбудоўваць краіну. Калі ў бліжэйшы час — годдва — такая магчымасць з'явіцца, то думаю, што большасць вернецца. Але калі гэта зацягнецца на пяць гадоў, нават на тры, то многія вяртацца ўжо не захочуць.

5 верасня 2023

Незвычайны дабрачынны бізнес маладых беларусаў: брэнд „Праліў“

Беларусы, якія пасля 2020 года апынуліся ў Польшчы, прыдумалі свой брэнд адзення, распачалі дабрачынны бізнес і адразу накіроўваюць частку сродкаў на дапамогу палітвязням.

Давялося шукаць сябе, каб вызначыцца…

Георгій — зусім малады хлопец. Як і многім іншым, яму давялося ўцякаць у Польшчу пасля падзей 2020 года. Тады яму было ўсяго 17 гадоў. У Польшчы ён адразу паступіў ва ўніверсітэт і пачаў навучанне на факультэце гісторыі мастацтва. Аднак, як сам зазначае, вучоба адразу не задалася — давалася складана, нягледзячы на яго захапленне мастацтвам. Не атрымалася наладзіць і добрыя адносіны з аднагрупнікамі.

Стыпендыі Георгій не атрымліваў, бо не меў „карты паляка“, а кватэру здымаў разам з сябрамі, дапамагаў бацька. Урэшце праз паўгода Георгій прыняў важнае рашэнне.

— Гэта было складана для мяне, і таму я вырашыў, што не хачу там вучыцца, бо было непрыемна. Толькі больш стрэсу. І так пераезд быў для мяне стрэсам, а тут яшчэ і вучоба.

Пазней, калі пачалася вайна, Георгій не задумваючыся пайшоў у валанцёры, каб дапамагаць украінскім уцекачам. Адначасова ён падрыхтаваўся да наступнага навучальнага года і паступіў у калегіум Да Вінчы, дзе працягвае навучанне.

Цяпер Георгій кажа, што патрэбна было трохі часу, каб зразумець, што яму насамрэч падабаецца, і зрабіць выбар.

— Гэта цікавы ўніверсітэт, я навучаюся на прадзюсара. Там вельмі нестандартны падыход да навучання — адукацыю атрымліваеш самымі незвычайнымі спосабамі. І я заўважыў, што гэта дапамагае ў жыцці і будзе карысным у працы.

Адзенне пад падзеі

Павучыўшыся год крэатыўнымі спосабамі, Георгій разам з двума сябрамі распрацаваў брэнд беларускага адзення — „Праліў“ (praliu.com). Як адзначае хлопец, над назвай думалі доўга, і менавіта гэтае слова асабліва яму падабаецца. Праўда, яны не шыюць адзенне самі, а толькі наносяць на яго розныя знакі.

Ідэя стварэння брэнда прыйшла да Дзяніса, які па нацыянальнасці казах, але ўжо нядрэнна размаўляе па-беларуску. Зараз усю дызайнерскую работу робіць непасрэдна Георгій.

— На дадзены момант гэта вулічны стыль адзення, які адлюстроўвае тыя ці іншыя падзеі, звязаныя з Беларуссю, тое, што нас найбольш цікавіць і пра што мы хочам разважаць з іншымі.

Хлопцы афармляюць адзенне пад канкрэтныя падзеі. Тое, што яны наносяць на яго, вышываецца прыгожымі ніткамі. Адзін з першых праектаў — чорныя байкі з чорным беларускім арнаментам — прысвечаны памяці Кастуся Каліноўскага. Чорнае, як жалоба.

Вельмі добра, як узгадвае Георгій, разышліся цішоткі з надпісам „Жыве“ і беларускім арнаментам на рукавах.

Кірыліца, лацінка, арабіца...

Праект існуе ўсяго чатыры месяцы. За гэты час хлопцы выпусцілі і прадалі байкі і два варыянты цішотак. У бліжэйшыя дні яны плануюць вывесці ў продаж цішоткі з беларускай арабіцай — вельмі рэдкай з'явай. Георгій нагадвае, што беларускія татары некалі надрукавалі Каран па-беларуску арабіцай.

— У нас была ўжо кірыліца, лацінка, а цяпер будзе арабіца. Хочам паразмаўляць на гэтую тэму, бо вельмі мала беларусаў ведаюць, што існавала беларуская арабіца. І арабы могуць яе прачытаць, але не разумеюць.

У планах хлопцаў — супрацоўнічаць з таленавітымі беларусамі, каб праз свой брэнд распавядаць пра іх і папулярызаваць. Намечаныя праекты ўжо існуюць.

Усё законна, бізнес развіваецца

Што датычыцца прававога і эканамічнага боку дзеяння брэнда „Праліў“, Георгій кажа, што ў іх усё афіцыйна: падаткі плацяць як належыць, а сваю прадукцыю рэалізуюць праз інтэрнэт.

— Павінен сказаць, што наша прадукцыя запатрабаваная. Калі мы зрабілі цішоткі „Жыве“, яны разышліся за месяц. За чатыры месяцы ў нас больш за паўтары тысячы падпісчыкаў у Instagram. Гэта таксама нядрэнна.

Па словах хлопца, за гэты час аднаму з іх кампаніі пачалі плаціць поўны заробак, на які можна пражыць у Польшчы. Хлопцы лічаць, што гэта нядрэнны пачатак для іх бізнесу.

Дапамагаць палітвязням — наш абавязак

Але галоўнае, на што звяртае ўвагу Георгій, — іх бізнес ад самага пачатку быў задуманы як дабрачынны. З кожнага рэалізаванага праекта яны адлічваюць 5% на дапамогу палітвязням. Георгій лічыць, што людзі цяпер сядзяць у турмах для таго, каб усе астатнія маглі жыць на волі.

— І для нас гэта важны пункт, бо калі мы маем магчымасць дапамагаць, то павінны гэта рабіць. Мы ў такой сітуацыі, што ніхто не ведае, што будзе заўтра з намі, нашымі бацькамі і сябрамі, з людзьмі, якія засталіся жыць у Беларусі.

Не дасылалі толькі на Аўстралійскі кантынент

Па словах Георгія, за чатыры месяцы яны ўдасканалілі тэхналогію вытворчасці сваёй прадукцыі. Знайшлі выгадныя пастаўкі адзення, пазнаёміліся з людзьмі, якія робяць нашыўкі. Яны вельмі сур'ёзна ставяцца да ўпакоўкі, у якой дасылаюць кліентам адзенне.

— Калі людзі атрымліваюць нашы цішоткі, яны спачатку бачаць прыгожую скрынку, і мы атрымалі шмат водгукаў, што наша прадукцыя вельмі якасная. Гэта наша галоўная пазіцыя.

Дарэчы, Георгій зазначае, што сярод іх пакупнікоў шмат людзей з Літвы, Грузіі, Нямеччыны. Толькі на Аўстралійскі кантынент пакуль яшчэ нічога не дасылалі.

Што датычыцца канкурэнцыі, Георгій размаўляе пра гэта без хвалявання:

— Ёсць беларусы на рынку, якія выпускаюць адзенне, але мы разумеем, што робім нешта адрознае. Таму на самай справе на беларускай прасторы адзення няшмат канкурэнцыі, якая магла б уплываць на нас.

Ёсць мары, але наперадзе шмат працы

Хлопцы ўжо ўцягнуліся ў гэтую справу і мараць мець сваё атэлье, а яшчэ лепш — невялікую фабрыку па пашыве адзення. Але, як кажа мой суразмоўца, гэта магчыма толькі ў будучыні, бо ідэй і планаў у іх шмат.

Развітваючыся, я яшчэ раз пацікавіўся дабрачыннасцю хлопцаў. Георгій запэўніў мяне, што яго сябры падтрымліваюць яго ў гэтым. Ён узгадаў, як яны арганізоўвалі імпрэзу ў адной з гданьскіх кавярняў і прадавалі там цішоткі.

— Шмат людзей, якія куплялі ў нас цішоткі, давалі звыш 20–50 злотых і казалі, што гэта на „Вясну“. І мы ўсе гэтыя грошы пералічылі на „Вясну“. Гэта вельмі прыемна, калі бачыш, што людзі клапоцяцца і дапамагаюць. Гэта, напэўна, самае прыемнае, што я адчуваў у сваім жыцці...

8 верасня 2023

Новы праект „Моладзевага блока“: пазначыць усе пахаванні беларусаў у Польшчы

Актывісты **„Моладзевага блока“** ў Польшчы распачалі праект па стварэнні карты пахаванняў беларусаў у Польшчы. Праца вядзецца ў трох польскіх гарадах. У планах стварыць такую карту не толькі для Польшчы, але і для ўсёй Еўропы.

Праект распачаўся адразу ў трох гарадах

Іва, адна з актывістак „Моладзевага блока“ ў Познані, распавядае, што ідэя стварэння карты беларускіх пахаванняў у Польшчы належыць Сяргею Тубальцу. Гэтай тэмай, паводле маёй суразмоўніцы, ён цікавіўся яшчэ ў Беларусі, калі працаваў у музеі архітэктуры і побыту. Ён таксама апынуўся ў Польшчы пасля 2020 года і вырашыў стварыць карту беларускіх пахаванняў у гэтай краіне. Быў час для прадумвання праекта, а ў 2023 годзе знайшлася каманда людзей, якіх зацікавіла гэтая тэма. Вырашылі пачаць з Польшчы. Да праекта далучыліся валанцёры, ужо ёсць некалькі экспертаў, і сёлета ў жніўні ён распачаўся ў трох польскіх гарадах: Гданьску, Варшаве і Познані.

— Гэты праект робіцца найперш для моладзі, каб яна магла дакрануцца да спадчыны сваіх продкаў. Валанцёры хочуць стварыць карту і сайт пахаванняў беларусаў, каб потым кожны мог адшукаць патрэбныя пахаванні, а таксама дадаць туды звесткі пра сваіх сваякоў і знаёмых.

Іва распавядае, што праект толькі набірае моц, праведзена першая падрыхтоўка, і цяпер валанцёры прыступілі да практычнай працы. Работы адначасова, паводле яе, вядуцца ў трох гарадах.

— Літаральна месяц-два таму працы распачаліся. Даследчыцкі этап скончыўся, і цяпер праект на стадыі палявога збору інфармацыі. Удзельнікі наведваюць могілкі, робяць здымкі, збіраюць звесткі аб беларусах, чые магілы яны адшукалі.

У карту беларускіх пахаванняў імкнуцца ўключыць усіх беларусаў

Паводле маёй суразмоўніцы, для стварэння карты збіраюць месцы пахавання ўсіх беларусаў, як вядомых, так і звычайных людзей. Дарэчы, апошніх значна складаней шукаць, паколькі аб іх падчас няма ніякай інфармацыі.

У Познані такіх аб'ектаў пакуль знайшлі найменш. Як правіла, гэта вайсковыя пахаванні. Інфармацыя пра іх паступае або ад польскіх адмыслоўцаў, якія займаюцца падобнай тэматыкай, альбо з чатаў беларускіх эмігрантаў, якія распавядаюць, што іх родныя пахаваны ў тых ці іншых канкрэтных месцах.

У Познані, са слоў дзяўчыны, адгукнулася ўсяго тры чалавекі, а вось у Варшаве і Гданьску недзе каля 30 у кожным з гэтых гарадоў. Але, як разлічваюць валанцёры, найбольшая колькасць пахаванняў будзе ўсё ж на Беласточчыне, таму туды плануюць скіравацца асобнай групай.

Іва кажа, што праект існуе цалкам на валанцёрскіх пачатках, ніхто грошай за гэта не атрымлівае. Праўда, арганізатары спадзяюцца на атрыманне ў будучым грантаў, паколькі працы па здзяйсненні праекта ва ўсёй Еўропе патрабуюць значных фінансавых затратаў.

„Моладзевы блок“ працягвае праводзіць адукацыйныя праекты

Распавядаючы пра гэтую справу, Іва звяртае ўвагу, што гэта толькі адзін з праектаў „Моладзевага блока“. Паводле яе слоў, як раней у Беларусі, так і цяпер у Польшчы іх арганізацыя працягвае шэраг адукацыйных і іншых праектаў.

— У асноўным мы цяпер займаемся медыя-працай: Instagram, YouTube, адукацыйныя відэа. Мы робім пераважна адукацыйныя відэа і арганізуем так званыя школы. Напрыклад, апошнім часам у нас двойчы ладзіліся школы, звязаныя з тэмай наркапалітыкі. Яны праходзілі ў Літве і Польшчы.

Дзяўчына дадае, што прыярытэтнымі застаюцца тыя тэмы, якія найбольш актуальныя для моладзі і якія яе найбольш турбуюць. У прыватнасці, пра спосабы дапамогі палітвязням, а таксама пра эканамічныя змены ў краіне.

Надалей праводзяцца апытанні па найбольш актуальных тэмах. Іва таксама заўважае, што менавіта адукацыйныя дзеянні з боку актывістаў блока прыцягваюць у яго шэрагі новых сяброў.

— Ёсць касцяк, які застаўся яшчэ з Мінска з 2019 года, але ўвесь час далучаюцца новыя людзі. Я таксама прыйшла ў „Моладзевы блок“ пасля школы наркаактывізму. Нядаўна скончыўся эканамічны кэмп, які „Моладзевы блок“ рабіў разам з Задзіночаннем беларускіх студэнтаў. І вось звычайна пасля такіх мерапрыемстваў з'яўляюцца новыя валанцёры, якія дапамагаюць потым у розных накірунках нашай працы.

Дзяўчына таксама звяртае ўвагу на тое, што беларуская моладзь, якая апынулася ў эміграцыі, на яе погляд, праяўляе нават большую актыўнасць, чым гэта было ў самой Беларусі.

— Большая частка з нас не можа вярнуцца дадому, але мы ўсе гэтага хочам, і таму ўсе імкнёмся рабіць усё, што можам, каб наблізіць гэта вяртанне. Мне здаецца, што большая частка моладзі актыўнічае, здабывае веды, якія ў будучыні могуць спатрэбіцца не толькі ў прыватных мэтах.

У эміграцыі няпроста ўсім. І моладзі таксама...

Праўда, дзяўчына звяртае ўвагу, што маладым гэта даецца даволі няпроста, паколькі шмат часу забірае вучоба, а таксама ўладкаванне свайго быту. Многім даводзіцца пасля вучобы працаваць, а гэта таксама ўскладняе жыццё.

— Канкрэтна я сутыкнулася з тым, што не стае часу на ўсё і адразу. Ды і ў прынцыпе сама праблема вымушанай эміграцыі забірае шмат душэўных сілаў, і нават калі хочаш, не заўсёды можаш нешта рабіць. Бо вельмі складана, калі ты не можаш паехаць дадому, калі ў тваіх родных праблемы, ты за ўсіх хвалюешся. Вось гэта таксама забірае твой рэсурс, які ты мог бы скіраваць на актыўнасць.

Цікаўлюся ў Івы, каму, на яе думку, даводзіцца ў эміграцыі найбольш складана — маладым, людзям сярэдняга веку ці старэйшым, каму ўжо за семдзесят? Дзяўчына кажа, што, напэўна, усё вельмі індывідуальна, але разважае толькі пра стан маладых, да якіх сама належыць.

— З аднаго боку, моладзі прасцей, бо ўсё, што яны пакінулі там, — бацькоў, а не дамы і дзяцей. З іншага боку, тут давялося вельмі рана пасталець і вырашаць самыя розныя праблемы, як, напрыклад, легалізацыя. Ты б у Беларусі пра гэта не думаў, а тут даводзіцца, бо няма таты і мамы побач. У нас адабралі маладосць: ты не тусуешся ў Мінску з сябрамі, а тут... Цяжкавата, што так усё сталася. Хацелася б, вядома, працягнуць той бесклапотны час, але ён цяпер не бесклапотны: вайна, сітуацыя ў свеце і ў Беларусі... Мне падаецца, што цяпер моладзі вельмі складана. Не ведаю...

15 верасня 2023

„Мы прасоўваем беларускую музыку, а разам з ёй — беларускую мову...“

Мікіта і **Дзяніс** зарабляюць на жыццё тым, што працуюць у кавярні, а ўвесь вольны час аддаюць стварэнню беларускага кам'юніці, імкнучыся папулярызаваць маладых беларускіх выканаўцаў і ў цэлым беларускую культуру. Вучацца ў палякаў арганізацыі канцэртаў на вялікай сцэне і ўпэўненыя, што свой досвед прыменяць у Беларусі.

Прыехалі ў іншы свет

Мікіта і Дзяніс апынуліся ў Польшчы ў 2020 годзе. Дзяніс у свой час узначальваў моладзевую арганізацыю БНФ і быў адлічаны з універсітэта за палітычную дзейнасць. Пачаў працаваць кухарам і займацца музыкай, рабіў хіп-хоп па-беларуску і нават стаў вядомым сярод аматараў такой музыкі. Падчас пратэстаў браў у іх удзел.

Мікіта скончыў Акадэмію мастацтваў па спецыяльнасці „Гукарэжысёр“. Займаўся музыкай, удзельнічаў у розных музычных гуртах. З'язджаць з Беларусі хлопцам давялося ў першых шэрагах, паколькі іх сяброў ужо сталі затрымліваць. У Польшчы хлопцы, як самі распавядаюць, апынуліся ў цалкам іншым свеце.

Мікіта распавядае, што працаваць па сваёй прафесіі гукарэжысёрам не змог. З яго слоў, у польскіх кавярнях і рэстаранах, дзе адбываюцца канцэрты, гукарэжысёраў амаль няма, а што датычыць працы на вялікіх сцэнах, то тут паўстала іншая праблема.

— Мне, як чалавеку, які не ведаў польскай мовы, было складана размаўляць з музыкамі. Я не разумеў усіх спецыфічных словаў, якія ўжываюцца ў нашай прафесіі. Паўстаў моўны бар'ер, які пацягнуў за сабой псіхалагічны. Я адчуваў сябе белай варонай сярод іх. Я не разумеў, пра што яны гавораць, а яны не разумелі мяне. Мы былі людзьмі з розных светаў.

Абодвум хлопцам, каб утрымацца, здымаць кватэру і за нешта жыць, давялося працаваць кур'ерамі на дастаўцы ежы. Вось як пра гэта згадвае Дзяніс:

— Я на ровары дастаўку рабіў, і зімой было цяжка, але агулам, калі цёпла на вуліцы, то мне нават падабалася. Я надзяваў слухаўкі, уключаў музыку, ехаў і думаў пра сваё. Атрымалася дзякуючы гэтай працы трохі зарабіць грошай і стаць на ногі. А потым пачаў сацыялізавацца, пазнаёміўся з творчымі хлопцамі, і мы сталі рабіць тут актыўнасці, ствараць ініцыятывы.

Аб'яднала беларуская кавярня

У выніку хлопцы пачалі працаваць у беларускай кавярні „МЫ“, а вольны час скіравалі на тое, каб увасабляць у жыццё свае ідэі. У кавярні арганізоўвалі канцэрты спачатку проста для сваіх наведвальнікаў, потым пачалі запрашаць больш вядомых выканаўцаў. Тут панавала творчая атмасфера, праводзіліся самыя розныя варштаты. Калі пачалася вайна ва Украіне, кожны дзень без выходных рабілі абеды для ўкраінскіх уцекачоў.

— Я рабіў варштаты пра музыку, знаёміў з навыкамі гукарэжысёра. Мы пісалі і разбіралі песні. У нас тут ёсць манітор, зрабілі студыю, выконвалі свае песні. І на гэтым грунце ў нас склалася такое кам'юніці.

Дзяніс правёў свой канцэрт, які ўсім спадабаўся. Пасля гэтага вырашылі працаваць разам, бо бачылі перад сабой агульную мэту: прасоўваць беларускую культуру за мяжой. Больш таго, Дзяніс кажа, што ён даўно марыў аб стварэнні беларускага кам'юніці для папулярызацыі беларускіх выканаўцаў.

— У Мікіты была ідэя стварыць лэйбл. І гэта якраз тое, чым я хацеў займацца, таму адразу прапанаваў дапамагчы яму развіваць гэтую ідэю. І вось паціхеньку мы раскручваемся, такімі маленькімі крокамі ідзём — робім невялікія канцэрты.

Дзяніс кажа, што такія канцэрты шмат даюць людзям, і ўзгадвае выступ Памідорава:

— Яго выступ быў вельмі файны — людзей зарадзіў энергіяй. Было шмат гледачоў, і ўсе засталіся задаволенымі... Крута атрымалася.

На беларускія песні і мову ёсць запыт як ніколі

На грунце свайго досведу хлопцы рыхтуюцца праводзіць большыя канцэрты, і ўжо не ў сваёй кавярні, а знаходзяць большыя пляцоўкі, папулярызуючы беларускую музыку.

— Мы намагаемся найперш прасоўваць беларускую культуру, таму імкнёмся, каб у нас было не менш за 80 % беларускамоўных выканаўцаў. Трэба, каб гэта было трэндам, каб людзі пачалі слухаць беларускую музыку і размаўляць па-беларуску. І зараз, дарэчы, на гэта ёсць запыт як ніколі.

Дзяніс, у сваю чаргу, дадае, што многія артысты, якія апынуліся ў эміграцыі, не паспяваюць за гэтымі працэсамі, таму іх задача — дапамагаць такім ствараць менавіта беларускую культуру.

— І зараз вельмі зручны момант для маладых музыкаў, бо калі імкнуцца ствараць якасны прадукт, то можна хутка стаць заўважным на фоне таго, што няма вялікай канкурэнцыі ў беларускай музыцы, а запыт на яе ўжо ёсць. Да нас прыходзіць шмат маладых людзей, і вельмі цешыць тое, што многія размаўляюць па-беларуску. Адчуваецца такі ўздым нашай культуры.

Вучымся ў палякаў, як развіваць музычную індустрыю

Дарэчы, як нескладана здагадацца, хлопцы дзейнічаюць пакуль на адным энтузіязме, грошай на гэтым не зарабляюць. Але гэта зусім не азначае, што не думаюць пра будучыню. Яны прызнаюць, што з беларускім кантэнтам дабіцца шырокай папулярнасці пакуль няпроста. Да ўсяго, ніхто з іх пакуль не мае дастатковага досведу ў працы з папулярнымі артыстамі і арганізацыі іх канцэртаў.

— Таму мы пакуль вучымся ў палякаў. У іх невялікая краіна, але тут усе слухаюць польскую музыку. Калі паглядзець, колькі праглядаў ёсць на YouTube у вядомых выканаўцаў, — гэта вельмі шмат. Таму мы проста вучымся, глядзім, як яны гэта робяць, бяром іх досвед. І крок за крокам, дапускаючы памылкі, разумеем, як і што далей нам рабіць.

Дзяніс, паколькі сам піша песні і стварае трэкі, кажа, што не арыентуецца толькі на эмігрантаў. Са слоў хлопца, палова яго слухачоў знаходзіцца ў Беларусі.

— Пасля вяртання ў Беларусь нашы здабыткі могуць стаць добрым штуршком для таго, каб стварыць у краіне цэлую індустрыю. І вось тады на гэтым можна будзе зарабляць. І, вядома, марым, што некалі гэта адбудзецца і мы зможам жыць за тое, што займаемся сваёй любімай справай. Але цяпер на сваім унутраным энтузіязме таксама можам гэта рабіць, і доўгі час.

У якасці прыкладу Дзяніс звяртае ўвагу на тое, як усё адбылося ва Украіне, калі там урэшце на ўсіх каналах загучалі свае нацыянальныя песні, з'явіліся свае хіты і выканаўцы.

— Яны адмовіліся ад расейскай індустрыі, ад гэтых драпежнікаў, якія жаруць усё навокал сваёй музыкай і культурай наагул. Думаю, у Беларусі гэты працэс адбудзецца сам па сабе, і тады можна будзе казаць пра грошы для артыстаў і г. д.

Свае мары будзем здзяйсняць у сваёй краіне

Абодва хлопцы кажуць, што свае мары яны абавязкова будуць здзяйсняць у сваёй краіне, і вераць у гэта. Мікіта прызнаецца, што сумуе па доме і вельмі хоча туды вярнуцца.

— Усё, што мы зараз тут робім, можа працаваць і ў Беларусі. І ўсё гэта можна туды перанесці, і там яно таксама запрацуе.

Дзяніс распавядае, што раней ён пісаў пераважна палітычныя песні, але за тры гады ў эміграцыі шмат што змянілася і ў творчасці. Паводле яго, ён настолькі любіць Беларусь, што фізічна знаходзіўся ў Польшчы, а маральна заўсёды быў на радзіме.

— І толькі цяпер зразумеў, што я тут жыву сваё жыццё, і песні мае таксама эвалюцыянавалі. Я трошкі адышоў ад палітыкі і пішу пра каханне, пра прыгожых дзяўчат. І бачу, што людзі гэта адчуваюць, бо гэта прынесла свае вынікі: нашмат больш людзей пра мяне даведалася. Цяпер я пішу пра сваё жыццё, пра тое, як яго бачу...

21 верасня 2023

Любоў да філалогіі спалучаецца з іншымі рэчамі ў жыцці

Алеся здолела самастойна ўладкаваць сваё жыццё ў Польшчы. Атрымала адну вышэйшую адукацыю, асвойвае другую, адкрыла ўласную фірму, будуе планы ў сферы даследаванняў, любіць сустракацца з беларусамі і верыць, што Жыве Беларусь.

Я заўсёды хацела стаць філолагам

У Алесі вельмі чыстая натуральная беларуская мова. Яна родам з Магілёва, вучылася ў расейскамоўнай гімназіі і думала пасутпаць у Санкт-Пецярбург. Але бацькі настаялі, каб яна ехала вучыцца ў Польшчу. Як сама жартаўліва заўважае, яны былі больш прадбачлівымі.

У Любліне дзяўчына скончыла факультэт паліталогіі, але зразумела, што не хоча займацца ні палітыкай, ні паліталогіяй. Гэтаму яшчэ паспрыялі і падзеі 2020 года, якія адбыліся ў Беларусі. Алеся пабачыла, якой бруднай справай можа быць палітыка ў руках брудных палітыкаў. Яе наступнай адукацыяй стаў факультэт англійскай філалогіі, дзе яна і цяпер працягвае вучыцца.

— Я заўсёды хацела вучыцца на філалогіі, але бацькі былі супраць. І калі я атрымала дыплом, у мяне з'явілася фінансавая незалежнасць. Сепарацыя з бацькамі бушавала на ўсю моц, але я ўжо магла ім сказаць, што не пайду ў магістратуру на паліталогію, а стану ад самага пачатку займацца філалогіяй і буду развівацца ў сваіх мовах.

Цяпер Алеся размаўляе на шасці мовах, а сёмая мова, якой яна валодае, — польская мова жэстаў.

— Я размаўляю па-беларуску, і здаецца, што гэта вельмі файна ў мяне атрымліваецца. Таксама па-ўкраінску, мне нават даводзілася перакладаць некаторыя рэчы. Размаўляю па-польску і выкладаю польскую мову. Размаўляю па-англійску і крыху па-нямецку, прынамсі заўсёды зразумею, што немцы гавораць. Ну і яшчэ па-расейску. І мова жэстаў. Хаця мне падаецца, што гэты спіс будзе пашырацца.

З самай незвычайнай мовай, якой валодае Алеся, — мовай жэстаў — яе пазнаёміў калега, які займаецца перакладамі з гэтай мовы. І дзяўчыну гэта вельмі зацікавіла.

— У Польшчы глуханямых людзей інтэгруюць у грамадскую супольнасць, і дзеля гэтага шмат чаго робіцца, каб яны не адчувалі сябе на маргінэсе. Мне падаецца гэта вельмі цікавым, і я хацела б у будучым браць удзел у такіх праектах і перакладаць нешта на мове жэстаў.

Ёй проста вельмі падабаецца навука

Пры ўсім такім рознабаковым зацікаўленні жыццём, і філалогіяй у прыватнасці, Алеся надалей вывучае англійскую філалогію. Як сама заўважае, яшчэ доўга будзе студэнткай, паколькі ў планах скончыць магістратуру, а потым яшчэ і пайсці ў дактарантуру. Ёй проста вельмі падабаецца навука.

— Я спадзяюся, што мне яшчэ атрымаецца зрабіць некалі праект пра двухмоўных дзяцей. Бо тое, як развіваецца мозг двухмоўных дзяцей, паказвае нам, як можа развівацца штучны інтэлект. І гэта можа быць цікава ў будучыні. Таму я думаю, што мне яшчэ доўга давядзецца вучыцца.

У жыцці можна многае спалучаць...

Нароўні з зацікаўленасцю навукай Алеся на працягу чатырох гадоў выкладае польскую і англійскую мовы і гэтым зарабляе на жыццё. Рыхтуе самых розных людзей да здачы экзаменаў нават на ўзроўні C1. Але і гэта яшчэ не ўсё.

— У чэрвені мне ўдалося зарэгістраваць уласную фірму, і цяпер вельмі хутка вядзецца распрацоўка маёй старонкі ў інтэрнэце. Я спадзяюся, што гэта будзе мая школа замежных моў. Я ўпэўнена, што ўсё можна аб'яднаць: і вучыцца, і працаваць, і нешта яшчэ развіваць. Проста трэба гэтага хацець і разумець, што гэта праца, праца і праца...

З свайго досведу Алеся распавядае, што фірму ў Польшчы адкрыць нескладана, ёсць шмат розных спосабаў, як гэта можна зрабіць. Галоўнае, лічыць яна, — захацець. Мяне яшчэ цікавіць — ці здолее яна ўтрымацца на рынку, дзе вялікая канкурэнцыя сярод школаў з навучаннем замежных моў?

Дзяўчына ўпэўнена, што ў яе атрымаецца, паколькі яна ўжо маніторыла сітуацыю. Тыя, хто ў яе вучыўся, вельмі задаволеныя вынікамі.

— Таму я думаю, што жадаючых будзе багата. І нават цяпер ёсць чарга з людзей, якія хочуць займацца менавіта ў мяне і гатовыя чакаць, каб трапіць на мае заняткі. Таму ёсць упэўненасць.

Беларуская мова падаецца мне мовай кахання

Алеся распавядае, што імкнецца карыстацца ўсімі мовамі, якімі валодае. Мяне ж цікавіць, дзе яна ўжывае беларускую мову. Але цяпер у Польшчы сустрэць беларуса не праблема. Дзяўчына кажа, што з беларусамі заўсёды адразу пераходзіць на родную мову.

— Мне падаецца, што гэта файна, і вельмі падабаецца. І я адчуваю сябе часткай чагосьці, гэта дае мне нейкае асаблівае пачуццё. І гэта вельмі здорава.

Трошкі падумаўшы, яна яшчэ дадае:

— Я вельмі люблю беларусаў і пры сустрэчы заўсёды з імі размаўляю па-беларуску, і гэта так чароўна атрымліваецца. Мне беларуская мова падаецца такой, што на ёй не атрымліваецца сварыцца. Яна падаецца мне мовай... кахання. І калі мы пачынаем размаўляць па-беларуску за мяжой, мы ўжо аўтаматычна адно аднаго любім.

Беларусь жыве, нават калі некаму здаецца інакш...

Апошні раз у Беларусі Алеся была ў 2021 годзе. Успаміны засталіся сумныя. І цяпер навіны з Беларусі працягвае чытаць, мае кантакты з тымі, хто жыве там. На яе погляд, не варта думаць, што там ужо ўсё скончана, нічога не адбываецца. І асабліва адзін прыклад, які распавёў ёй яе студэнт, які нядаўна прыехаў з Беларусі, дае ў гэтым упэўненасць.

— У яго доме ёсць нейкі чалавек, які ў ліфце клеіць бел-чырвона-белы сцяжок. Кожны панядзелак прыходзіць цётка з ЖЭКа і яго зрывае. І гэта адбываецца на працягу трох гадоў. Гэта быў адзіны пад'езд, дзе ўсталявалі камеры, але чалавека так і не выявілі. І ўсё працягваецца па-ранейшаму. Я разумею, што гэты ўчынак не вырашае глабальных праблем, але ён паказвае барацьбу асобнага чалавека. І гэта значыць, што Жыве Беларусь!

Алеся кажа, што ў Польшчы знаходзіцца ўжо пяць гадоў, а паводле псіхолагаў, праз такі тэрмін інтэграцыя адбываецца. І яна нешта падобнае ўжо адчувае. У яе тут шмат сяброў, няма акцэнту ў польскай мове, і таму ёй тут камфортна. Ёй не страшна пераехаць у іншую краіну, калі ўзнікне такая патрэба. А вось пра Беларусь думаецца часта, і вельмі хацелася б туды спакойна прыязджаць.

— Сумую часта па розных рэчах у Беларусі, бо я там вырасла. Адчуваю сантымент да маёй краіны, адчуваю, што там мая зямля. І адчуваю з гадамі, хоць я яшчэ зусім маладая, што мяне пачынае цягнуць да радзімай старонкі. Хочацца там бываць і адведваць бабулю з дзядулем...

21 верасня 2023

„Мы павінны вярнуцца ў Беларусь дасведчанымі людзьмі, каб зрабіць там змены“

Валера пачынаў звычайным будаўнікам, адкрыў сваю фірму ў Польшчы, у 2020 годзе стаяў плячом да пляча на плошчы свайго горада. Даплочвае рабочым, якія размаўляюць па-беларуску. Заклікае ўсіх эмігрантаў не траціць часу, а набываць веды і досвед, каб вярнуцца ў Беларусь і зрабіць там змены.

Будоўля — гэта нейкае чараўніцтва

Распавядаючы пра сябе, Валера з усмешкай адзначае, што быў не вельмі добрым вучнем, скончыў вучэльню і атрымаў прафесію слесара. Але, папрацаваўшы да і пасля вайсковай службы, упэўніўся, што на заробак слесара пражыць складана. Уладкаваўся на будоўлю, і тут спадабаўся не толькі заробак, але і сама праца, бо бачыў і разумеў яе вынікі.

— Цікавым было тое, што ты прыходзіш на пустое поле, а праз паўгода ці болей на гэтым месцы з'яўляецца манументальны будынак. Гэта нейкае чараўніцтва, ці не так?

Гэта і прымусіла Валеру ісці вучыцца далей. Пайшоў у ВНУ на прамысловае і грамадзянскае будаўніцтва. Дыплом інжынера-будаўніка, праўда, так і не атрымаў — год недавучыўся, бо прапанавалі ехаць працаваць у Польшчу. Тады перад ім паўстаў выбар.

Выбраў еўрапейскае будаўніцтва

— Альбо ехаць у Тулу і будаваць артылерыйскія склады, альбо накіравацца ў Польшчу і паспрабаваць сябе ў еўрапейскім будаўніцтве. Я разумеў, што будаваць артсклады ў Расеі — гэта брудная справа. А Польшча — гэта Еўропа, а я ў Еўропе дагэтуль ніколі не быў.

Ён і раней падазраваў, што ў еўрапейскіх краінах іншыя будаўнічыя тэхналогіі, і меў магчымасць пераканацца ў гэтым. Але найперш звяртае ўвагу на тое, што тут няма такога крадзяжу, безадказнасці, якая, на жаль, панавала на беларускіх будоўлях.

— Нельга парушаць тэхналогію. Калі ёсць пяць неабходных пунктаў, як і што выконваць, то і трэба так рабіць. А калі ты, як часта гэта было ў Беларусі, выконваеш толькі першы і пяты пункты, а астатнія тры прапускаеш, то нічога добрага з гэтага не атрымаецца.

Яшчэ ён звяртае ўвагу на тое, што праца будаўніка ў Польшчы нашмат лягчэйшая, чым у Беларусі, дзякуючы тэхналогіям. А таксама, паводле яго назіранняў, матэрыялы, з якіх будуюць, вельмі розняцца ад тых, што ў Беларусі.

— Тут той самы блочак, з якога будуюць сцены, дапрацаваны з пазамі, і ты, калі кладзеш яго, не памылішся, бо ў прынцыпе ты нібы складаеш канструкцыю з пазлаў. Гэта нашмат аблягчае працу будаўнікоў і робіць яе больш дакладнай.

Усе праблемы ў самой сістэме

На думку суразмоўцы, у Беларусі тэхналогіі адстаюць з прычыны самой сістэмы, якая пануе ў грамадстве. Будаўнічыя арганізацыі пераважна дзяржаўныя, абцяжараныя адміністрацыйным апаратам, новаўвядзенні і рэформы ўспрымаюцца з напругай, паколькі многія, хто насамрэч не прымае ўдзелу ў будаўніцтве, страцяць свае пасады.

У жніўні 2020 года быў на выбарах

Магчыма, таму ў жніўні 2020 года Валера адмыслова ўзяў адпачынак, каб ехаць на выбары ў Беларусь. Дарэчы, згадвае, што тады вельмі многія ехалі з Польшчы, каб прагаласаваць менавіта ў дзень выбараў. Праўда, тое, з чым сутыкнуўся, вельмі ўразіла.

— З аднаго боку, гэта было страшна, вельмі страшна. А з іншага боку — мяне перапаўняў гонар за наш народ. У маім невялікім гарадку, дзе жыве 60 тысяч, на плошчу выйшлі ўсе.

Ён згадвае, як мама апранала самую святочную сукенку, як ішлі нават самыя сталыя суседзі, як ён апрануў у той дзень вышыванку... А потым стаяў разам з іншымі перад узброенымі амапаўцамі, валанцёрыў ля турмы, пазнаёміўся з многімі цікавымі людзьмі...

— Такое адзінства, такая салідарнасць — гэта было нешта. Але вельмі пакутна было бачыць, калі з турмы выходзілі пабітыя людзі. Яны казалі, што сёння выпускаюць тых, хто не збіты. Ты бачыш іх і разумееш, які жах там адбываецца.

Адкрыў будаўнічую фірму і не шкадуе

Валеру ўсё ж удалося вярнуцца ў Польшчу, дзе ён працягнуў працаваць на будоўлі. Досведу было дастаткова, і ён вырашыў, што болей не будзе працаваць на некага, а створыць сваю фірму. Так і адбылося. У яго працуюць пераважна беларусы і некалькі мужчынаў з Малдовы. Сам ён не сядзіць у офісе як начальнік, а па-ранейшаму працуе на будаўнічай пляцоўцы разам з усімі.

— Я шмат аб гэтым думаў, і мяне нешта заўсёды тармазіла: маўляў, не справішся. Але пачаў — і ўсё паціху пайшло. Мяне тут, дарэчы, многія ведалі, а таму і праца была.

Работы, са слоў суразмоўцы, хапае, яго фірма запатрабаваная. Калектыў, кажа Валера, выдатны, і працуецца з людзьмі нармальна, заробкі такія ж, як і ў польскіх фірмах. Да ўсяго, наладзіў нармальныя ўмовы для сваіх рабочых.

— На працу я іх давожу, бясплатнае жыллё прадастаўляю, рабочае адзенне, абед за мой кошт. Людзі аплочваюць толькі камунальныя паслугі.

За валоданне беларускай мовай даплочвае сваім работнікам

Цікаўлюся ў Валеры, што было найбольш складаным, калі пачынаў працаваць. Аказваецца, прафесійныя рэчы даліся проста, а вось мовай давялося пазаймацца. Напачатку, прызнаецца, узгадваў беларускую (на якой ніколі раней не размаўляў), бо было лягчэй разумець польскую.

— А як успамінаў? Аказваецца, яна ў нас у падсвядомасці, у сэрцы, і як яе можна забыць? Некаторыя думаюць, як я па-беларуску... А ты пачні — і разумееш, што трасянка не забылася. А з трасянкі на нешта больш вартае лягчэй перабудавацца. І асяроддзе шмат значыць.

Дарэчы, цяпер Валера даплочвае да заробку тым, хто на будоўлі размаўляе па-беларуску. І гэта, як высветлілася, нядрэнна спрацоўвае. А польскую мову яму дапамагалі вучыць палякі, з якімі працаваў. Праўда, ён сам вельмі хацеў навучыцца і цяпер упэўнена адчувае сябе ў польскамоўным асяроддзі.

Наогул, яму падабаецца тут стаўленне да звычайнага працоўнага чалавека.

— Цікава адчуваць, што ты тут патрэбны, да цябе ставяцца нармальна. Прыходзіш на працу, да цябе падыходзіць кіраўнік і вітаецца, а не круціць носам і задзірае галаву. Павінна быць павага як з аднаго, так і з другога боку.

Мама пабачыла, як можа жыць чалавек на пенсіі

У вольны час Валера любіць падарожнічаць, распавядае, што навучыўся гэтаму ад палякаў і гэта яму таксама падабаецца.

— Польшча вельмі цікавая. Я яе ўжо аб’ездзіў, абхадзіў, абвандраваў. І мне цяпер вельмі хочацца трапіць у новую

Беларусь і проста паездзіць па краіне, бо я разумею, што не ведаю яе.

Нядаўна да яго ў госці прыязджала з Беларусі мама, і яны ездзілі адпачыць на мора. Мама, паводле яго, паглядзела на тое, як можна жыць чалавеку на пенсіі.

— Гэта трэба было бачыць у вачах сталага чалавека, які аддаў сваёй краіне цэлае жыццё і цяпер атрымлівае 200 долараў пенсіі, сто з якіх ідуць на розныя аплаты. А тут яна пабачыла, як людзі яе ўзросту вечарам танцуюць танга, п'юць у кавярні віно альбо каву, і гэта ім не б'е балюча па кішэні.

Не сядзіце проста чакаючы вяртання

Тым не менш Валера кажа, што і Беларусь з галавы не выходзіць, і жадае вярнуцца. Але ў той жа час не плануе кідаць створанае тут, а хоча працаваць на дзве краіны. У Беларусь ён марыць перацягнуць увесь свой досвед, набыты тут. І нават хацеў бы папрацаваць у сваім горадзе.

— Я б найперш змяніў усе дзіцячыя пляцоўкі. У нас крычаць: нараджайце дзяцей, а ім нават гуляць няма дзе. Трэба ўсё там змяняць, і я б гэтым заняўся ў сферы будаўніцтва. Праектаваў бы бяспечныя пластыкавыя пляцоўкі. У нас трэба ўсё гэта змяняць...

Дарэчы, усім астатнім беларусам Валера раіць таксама не сядзець склаўшы рукі і чакаць вяртання, а рыхтавацца да яго.

— Як бы хутка нам ні вяртацца дадому, але ў нас цяпер шмат тут працы. Усе ўжо маюць план, як яны будуць вяртацца, як будуць стаяць у корку ад Варшавы да Мінска. Але нам трэба пакуль забыць пра гэта і рухацца далей у сваім развіцці, набыцці досведу, трэба рабіць тут справу. І калі гэта атрымаецца, мы прыедзем адукаванымі людзьмі і будзем тварыць новую Беларусь. З такімі поглядамі, як у мяне, тут 70% людзей. Прыедзем, прыедзем, як толькі — адразу паедзем...

29 верасня 2023

„Мы прывезлі б з Польшчы ў Беларусь свабоду...“

У Польшчу **Святлана** і **Андрэй** пераехалі пасля падзей 2020 года разам з фірмай, у якой працавалі. Наладзілі побыт, цікавяцца традыцыямі, вучаць мову, але мара адна — вярнуцца дамоў.

У нашых мясцінах яшчэ п'юць ваду з балота, але дыхаць там цяжка...

Святлана і Андрэй родам з Віцебска, працуюць у IT-сферы, хаця абое першапачаткова скончалі ветэрынарную акадэмію. Наша размова пачалася з таго, што яны згадалі свой прыгожы горад, вядомых людзей кшталту Шагала, Пэна і іншых. Праўда, мае суразмоўцы з жалем зазначаюць, што горад іх блізка ад расейскай мяжы і вельмі моцна русіфікаваны.

— Калі мы прыязджалі ў Мінск і іншыя гарады нашай Беларусі, асабліва ў Гродна, і чулі там беларускую мову — гэта было так добра для нашых вушэй. Думаю, што і мы, ды і большасць людзей, якія жывуць у Віцебску, недзе ў душы схіляюцца да сваёй роднай мовы, памятаюць яе і хаваюць.

А потым, следам за сваім горадам, мае суразмоўцы з непадробным сумам распавядаюць пра наваколле і прыроду свайго краю. І адчуваецца, што яны надалей гэтым жывуць. Асабліва калі гавораць пра балота Ельня.

— Гэта месца міграцыі птушак, асабліва жураўлёў. Гэта балота — сапраўдныя лёгкія Еўропы. Яно вельмі вялікае, і там пануе энергетыка з далёкіх стагоддзяў. Для турыстаў з дапамогай Еўразвязу зрабілі драўляны насціл, і можна па ім прайсці і шмат пабачыць. На першы погляд здаецца, што там толькі балота, парослае кустоўем, але пануючая цішыня ўражвае. І толькі: курлы-курлы, цвісь-цвісь — птушкі там. Гід, які з намі быў, нават прапаноўваў піць ваду з гэтага балота — настолькі яна чыстая...

Тым не менш, нягледзячы на ўсю прыгажосць, Святлана і Андрэй задумваліся яшчэ ў 2019 годзе пра тое, каб пакінуць краіну і змяніць месца жыхарства.

— Не было чым дыхаць у роднай краіне. На ўсё існавалі нейкія забароны: таго нельга, туды нельга, тут стой, туды не хадзі і г. д. Стабільнасць існавала, а па-іншаму — застой, паветра не ставала. І мы пачалі задумвацца аб пераездзе ў іншую краіну, дзе можна было б рэалізавацца ў жыцці.

Праўда, як ні дзіўна, іх погляды шмат у чым змяніліся падчас кавіду. Святлана і Андрэй згадваюць, што ніколі раней у сваёй краіне не адчувалі такой салідарнасці, калі людзі, нягледзячы на абыякавасць уладаў, аб'ядналіся і пачалі дапамагаць адно аднаму, каб абараніцца ад небяспечнай хваробы.

— І гэта так уразіла. Аказваецца, нашы людзі здольныя на многае, у нас яшчэ нешта цепліцца, не ўсё страчана, і мы нешта можам...

Былі планы,
але 2020 год іх змяніў...

Былі нават планы адчыніць свой бізнес, хацелі зрабіць кавярню з афрыканскай крафтавай кавай. Мае суразмоўцы — аматары вандровак і заўсёды прывозяць з іншых краін тое, чаго няма ў Беларусі. А вось каву ім хацелася дастаўляць у Віцебск з Кеніі і адкрыць сапраўдную кавярню.

— Мы нават не думалі на гэтым зарабляць. Галоўным было навучыць людзей цаніць тыя прадукты, якія яны маюць. Каб для іх смак кавы быў не проста смак шакаладу, а каб яны маглі адчуць смак ягады кавы.

Праўда, планы змяніў 2020 год. Жыццё, як заўважае спадарыня Святлана, перакулілася з ног на галаву. Яны былі актыўнымі ўдзельнікамі ўсіх акцый у Віцебску. А калі ў абласным цэнтры пратэсты прыціхлі, сталі ездзіць у Мінск.

— У адзін „прыўкрасны момант" мне прыйшла позва з пракуратуры. Па нумары тэлефона мяне зафіксавалі на месцы, дзе адбываліся пратэсты. Праўда, на першы раз толькі папярэдзілі, я падпісала пратакол, і адпусцілі. А яшчэ сказалі, што, калі пабачаць мяне на здымках падчас акцый, будзе штраф, арышт і крымінальная адказнасць. І пасля гэтага мы вырашылі, што нам тут больш нельга заставацца.

Тыя дні забыць немагчыма

Але абое ў адзін голас кажуць, што тады пражылі незабыўныя дні.

— Страшна было. Але быць разам з людзьмі на пратэстах нам было важна. Бо хто, калі не мы? Рэкі людзей цяклі па вуліцах з бел-чырвона-белымі сцягамі, у некага бранзалетка белая, у некага ў валасах стужачкі... Як у той песні Nizkiz:

Мы выйшлі на вуліцу, і кожны з нас
не ведаў, куды ісці. Напэўна, праз
гадзіну згубіліся б, але ж хтось уздыме сцяг.
Мы выйшлі на вуліцу знянацку так.

Так яно і было. І ўсё гэта так натхняла, і быў такі парыў... Мы пазнаёміліся з мноствам людзей, якія цяпер сталі нашымі сябрамі. З намі на маршы хадзіў сталы чалавек, у яго сын служыў у КДБ. Мы яго пыталі: як так? А ён адказваў, што ён бацька і ходзіць за сына, які на тым баку. Такім чынам адказваючы за яго...

Цікавіўся ў маіх суразмоўцаў, адкуль у іх такі патрыятызм, калі яны жылі ў зрусіфікаваным горадзе.

— А гэта, як кажуць, ген беларусаў. І калі паглядзець на гісторыю, то заўсёды было знішчэнне беларускасці. Яе знішчалі, знішчалі, знішчалі, але яе знішчыць немагчыма — яна ў генах.

Нам здавалася, што бяжым спрынт, аднак...

У Польшчы Святлане і Андрэю ўдалося хутка ўладкавацца і наладзіць жыццё. Яны па-ранейшаму працуюць у той самай фірме, якая пераехала з Беларусі. Працуюць дома, ёсць заробкі, здымаюць кватэру, а таму праблемаў асаблівых не адчуваюць.

Праўда, спачатку яны ўвесь час чакалі таго моманту, калі вернуцца дахаты. Але той момант зацягваецца.

— Нам здавалася, што бяжым спрынт, а даводзіцца бегчы марафон...

З Польшчы мы прывезлі б свабоду

У адносінах з палякамі праблем не маюць, мову іх разумеюць, праўда, складаней на ёй гаварыць.

— Мы працуем дома, у нас няма палякаў у кампаніі, а таму можам лёгка чытаць, слухаць, а вось з тым, каб гаварыць, трохі складаней...

Згадаўшы традыцыю маіх суразмоўцаў, паводле якой яны прывозяць дамоў нешта са сваіх вандровак, пацікавіўся, што б яны прывезлі з Польшчы.

— Свабоду. Я, напрыклад, у Беларусі была трошкі замкнёная ў сабе, а тут нават пафарбавала валасы, абрэзала іх, наагул расправіла плечы, тут па-іншаму дыхаецца. Так што мы з Польшчы прывезлі б свабоду.

— У мяне аднойчы чалавек спытаў: каб быць сёння добрым мастаком ці музыкам, што для гэтага патрэбна — багацце ці беднасць? Я тады не мог яму адказаць. Але потым зразумеў: трэба быць свабодным.

Калі вернемся ў Беларусь, то адразу паедзем не ў Віцебск…

І Святлана, і Андрэй настроены на тое, што пры першай магчымасці вернуцца дамоў. Родныя мясціны не адпускаюць, часта сняцца. Яны кажуць, што і ў замежжы не спынілі барацьбу, працягваюць удзельнічаць у беларускіх справах, дапамагаюць тым, хто ў патрэбе. А калі вернуцца на радзіму, то першае, што зробяць…

— У мяне ёсць мара. Калі мы вернемся ў Беларусь, то адразу паедзем не ў Віцебск, а на наша любімае возера, якое побач з Віцебскам. І там будзем сядзець, глядзець на яго і слухаць беларускую цішыню. Бо гэта для нас самае прыгожае месца на зямлі.

3 кастрычніка 2023

Беларускія студэнты стварылі „Ліхтар“, каб асвятляць шлях да свядомасці…

Аляксей скончыў ліцэй імя Якуба Коласа, а цяпер вучыцца ва Універсітэце імя Адама Міцкевіча ў Польшчы. Разам з сябрамі стварыў „Ліхтар“, каб прасоўваць беларускасць, і марыць адбудоўваць новую Беларусь.

Марыў займацца рэканструкцыяй замкаў і палацаў…

Аляксей з Мінска скончыў Беларускі гуманітарны ліцэй імя Якуба Коласа. Цяпер ён навучаецца на факультэце палітычных навук і журналістыкі ва Універсітэце імя Адама Міцкевіча ў Познані. Як сам згадвае, з дзяцінства думаў пра вучобу за мяжой, марыў паехаць у ЗША, але ў старэйшых класах захапіла цікавасць да беларускасці.

— У мяне бацькі заўсёды былі свядомыя людзі. І ў школе з настаўнікамі пашанцавала, шмат хто з іх выступаў за беларушчыну, за нашы нацыянальныя ідэі.

Падчас падзеяў 2020 года Аляксей яшчэ навучаўся ў ліцэі, але ўжо тады разумеў, што далейшую вучобу працягне за мяжой. У ліцэі ён марыў стаць гісторыкам, займацца рэканструкцыяй замкаў і палацаў у Беларусі, але падзеі, якія адбываліся навокал, змянілі планы.

— Але я зразумеў, што для Беларусі зараз патрэбна трошкі іншае — патрэбны спецыялісты, якія будуць прасоўваць ідэі дэмакратычнай Беларусі. І гэта павінна рабіць новае пакаленне. Насамрэч я заўсёды цікавіўся і палітыкай. Проста ў мяне было жаданне стаць гісторыкам.

Беларускіх студэнтаў аб'яднаў „Ліхтар“

Вучобай у Польшчы Аляксей задаволены, распавядае, што вучыцца цікава і менавіта гэтага ён і чакаў. Толькі на яго факультэце навучаецца больш за трыццаць беларусаў. Таму, акрамя вучобы, каб прычыніцца да беларускай справы, стварылі беларускую студэнцкую арганізацыю „Ліхтар“.

Дарэчы, ідэя стварэння арганізацыі належыць студэнтам старэйшых курсаў. Аляксей, разам з Вадзімам і Аляксандрай, рэалізаваў яе.

— „Ліхтар“ — гэта беларуская студэнцкая арганізацыя, мэтай якой з'яўляецца папулярызацыя беларускай культуры, гісторыі, палітыкі, дэмакратычных каштоўнасцяў, а таксама прэзентацыя беларусаў у акадэмічнай супольнасці і наогул у Польшчы.

Арганізацыя існуе ўжо год. Са слоў Аляксея, цяпер у ёй налічваецца трохі больш за 30 сяброў толькі з іх факультэта. Пераважная большасць — беларусы, але выказалі жаданне далучыцца і ўкраінцы, а таксама палякі. Назва „Ліхтар“ абраная таму, што ён асвятляе шлях да свядомасці.

Лявоніху разам з намі танцавалі і палякі, і ўкраінцы

Дзейнасць пачалі з сустрэчы з беларускім дыпламатам і аналітыкам Паўлам Слюнкіным, які пасля падзеяў 2020 года перайшоў на бок дэмакратычных сілаў. Усім, кажа мой суразмоўца, спатканне спадабалася.

А наступнае мерапрыемства было больш маштабным — арганізавалі фестываль беларускай культуры.

— Падчас фестывалю мы зладзілі выставу беларускіх сімвалаў. Гэта была вялікая выстава пра гісторыю Пагоні, бел-чырвона-белага сцяга. Праводзілі віктарыны, звязаныя з Беларуссю. Дарэчы, адну з іх выйграў паляк і атрымаў падарунак — беларускія шкарпэткі з бел-чырвона-белай сімволікай, якая стала сімвалам пратэсту 2020 года.

Паводле Аляксея, адміністрацыя ўніверсітэта добра паставілася да правядзення фестывалю, выдзеліўшы сродкі. Фестываль прыцягнуў увагу студэнтаў і выкладчыкаў з розных факультэтаў.

— Людзі глядзелі, пыталіся. Акрамя гэтага, быў канцэрт беларускай музыкі — нашы дзяўчаты спявалі. Запрасілі Пазнанскі спеўны сход — таксама цудоўна гучала. Да нас прыехаў мясцовы беларускі рэпер — Дзяніс Мандзік. Потым мы ўсе разам танчылі „Лявоніху“ — гэта быў сапраўдны фестываль. І далучаліся ўсе: палякі, украінцы. Панавала атмасфера яднання і радасці.

Пасля фестывалю стаўленне да беларусаў ва ўніверсітэце змянілася

— На нас сталі глядзець з большай цікавасцю, выказваюць нам падтрымку і кажуць, што мы робім слушную справу, з задавальненнем удзельнічаюць у нашых мерапрыемствах.

У кастрычніку „Ліхтар“ правядзе сустрэчу з беларускім палітолагам Арцёмам Шрайбманам. У планах таксама сустрэчы з беларускімі палітыкамі Анатолем Лябедзькам, Юрасём Губарэвічам, Яраславам Раманчуком і запрашэнне Купалаўскага тэатра. Гэта, на думку суразмоўцы, цалкам рэальна.

— Мы хочам не толькі правесці цікавыя сустрэчы, але і разрэкламаваць нашу арганізацыю, каб да яе далучаліся студэнты з іншых факультэтаў.

Як жывецца беларускім студэнтам?

Цікаўлюся ў Аляксея, ці застаецца час на вучобу, калі адбываецца такое бурнае грамадскае жыццё. Хлопец, усміхаючыся, адказвае, што вучоба ўсё ж застаецца прыярытэтам.

Мяне таксама цікавіць, як і на што жывуць беларускія студэнты ў Польшчы. Аляксей распавядае, што ёсць стыпендыі ад універсітэта, некаторыя атрымліваюць стыпендыю ад NAWA (польскай стыпендыяльнай акадэмічнай праграмы), а таксама стыпендыю Кастуся Каліноўскага.

— Але з гэтым у нас вялікія праблемы. Стыпендыя Кастуся Каліноўскага вельмі маленькая — мы атрымліваем у месяц 1250 злотых, а за самы танны інтэрнат трэба заплаціць 600 злотых. Калі казаць пра асобны пакой альбо кватэру, то там лічбы не ніжэй за 800 злотых. Каб выжываць, трэба недзе падпрацоўваць, нехта можа спадзявацца на падтрымку бацькоў, таксама эканоміць. Звычайна студэнты працуюць кансультантамі ў крамах альбо афіцыянтамі. Вядома, нам хацелася б працаваць у беларускіх структурах, як НАУ або Кабінет, дзе маглі б прыносіць карысць Беларусі і адначасова зарабляць на жыццё. Бо стыпендыі сапраўды не хапае.

Аляксей заўважае, што ёсць іншыя стыпендыі, яны вышэйшыя прыкладна на 100 долараў, але іх вельмі мала.

— На сустрэчы з Паўлам Латушкам нам паведамілі, што са згоды маршалка ваяводства ў нашым універсітэце будзе 20 стыпендый для беларусаў, але беларусаў там навучаюцца сотні. Большасць з іх не можа вярнуцца ў Беларусь, ёсць людзі, у якіх няма магчымасці атрымліваць дапамогу ад бацькоў.

Тым не менш усе неяк жывуць, і выжываць у гэтых умовах, як кажа мой суразмоўца, рэальна. У Польшчы, на яго погляд, жывецца больш свабодна.

Я вярнуся ў Беларусь...

— У Польшчы, акрамя вучобы, мы можам свабодна займацца грамадскай дзейнасцю. А вось мае знаёмыя, хто застаўся ў Беларусі, гэта рабіць не могуць, яны кажуць, што папросту вучацца.

Аляксей кажа, што хацелася б часцей сустракацца з бацькамі, сябрамі, але асабліва па Мінску не сумуе, бо разумее, што там цяпер адбываецца. Тым не менш у будучыні ён хоча вярнуцца ў Беларусь.

— Я хацеў бы вярнуцца і будаваць разам новую Беларусь. Разумею, што для гэтага заўсёды будзе бракаваць людзей. А таму я вярнуся ў Беларусь…

5 кастрычніка 2023

Бізнес па-беларуску: прадаюцца станоўчыя эмоцыі

Ягор за год знаходжання ў Польшчы разам з аднадумцамі арганізаваў спаборніцтвы па гонках з перашкодамі. Гэта першае такога маштабу спартовае спаборніцтва, арганізаванае беларусамі ў Польшчы. Мерапрыемства збірае да сотні ўдзельнікаў, пераважна палякаў. У планах — выйсці на агульнаеўрапейскі ўзровень.

Я быў у Беларусі першым

Ягор скончыў у Мінску радыётэхнічны каледж, а пасля і радыётэхнічны ўніверсітэт па спецыяльнасці „Аўтамабільная электроніка". Прафесія яму падабалася, але перспектыва працаваць у дзяржаўных структурах не надта вабіла. Ён спрабаваў займацца прыватным бізнесам, але ў нейкі момант зацікавіўся новым незвычайным спортам — бегам з перашкодамі.

Спачатку праз інтэрнэт, а пасля і ў рэале пачаў гэтым займацца — таксама бегаў. Але гэтага хлопцу аказалася недастаткова, хацелася зладзіць свае спаборніцтвы, зрабіць адмысловыя перашкоды, каб павысіць цікавасць людзей да гэтага віду спорту.

— Я быў у Беларусі першым, хто пачаў рабіць гэтае абсталяванне. І нават па мерках Еўропы лічыўся кропкай на мапе. Проста ў нас гэта толькі пачыналася, і ўсе бегалі, але не рабілі ніякага абсталявання для гэтага. А я падумаў: чаму б не рыхтавацца да гэтага? — і распачаў працу.

У Беларусі было складана

Толькі вось прыйшоў 2020 год.

— Я трапляў у міліцыю і каля СІЗА разам з сябрамі дзяжурыў, дапамагаў людзям, якія чакалі і якіх выпускалі. А потым пачалося жудаснае, і я зразумеў, што ў Беларусі мне больш няма чаго рабіць.

Праўда, хлопец згадвае, што рашэнне аб ад'ездзе давалася няпроста, бо дома пакідаў маці, а рэальна ўсведамляў, што гэта можа быць дарога ў адзін бок. Але атмасфера была такая, што заставацца было немагчыма. Ён прыехаў у Польшчу год таму.

— Вельмі ўсё там было напружана, усе чакалі мабілізацыі і магчымага канфлікту, у якім давядзецца ўдзельнічаць. Ніхто не ведаў, што можа прыйсці ў галовы тым людзям, якія ўсім гэтым запраўляюць. Чаго чакаць? Кожны дзень ты прачынаешся, чытаеш навіны і аналізуеш, як пражыць гэты дзень.

Рабі, як для сябе, і ўсё будзе добра

У Польшчы ўладкавацца дапамаглі знаёмыя, якія перабраліся сюды раней. Пачаў працаваць на будоўлі, адаптацыя праходзіла нескладана, бо заўсёды было каму падказаць. Але праз два месяцы настолькі засумаваў, што сабраўся і паехаў паглядзець Беларусь.

— Смутак мяне так накрыў, што захацелася яшчэ раз усіх убачыць, пацісннуць рукі, развітацца. Я пазней зразумеў, што такі стан большасць людзей перажывае. Першы тыдзень я быў радасны, сустракаўся са знаёмымі, блізкімі, але потым стала яшчэ горш. Я разумеў, што нічога там не магу рабіць, і вярнуўся назад.

Пасля вяртання Ягор уладкаваўся ў невялікую фірму, якая займаецца вырабам неабходных дэталяў для будаўніцтва дахаў. Працуе ў польскім калектыве, і, як заўважае, праца розніцца ад той, калі сядзіш і водзіш мышкай па экране, але ў цэлым ён задаволены. А што датычыць прафесіі інжынера, то пакуль для гэтага не хапае ведання мовы.

— Палякі бачаць, што я стаўлюся да працы сумленна. Ды я і не магу інакш, бо калі табе грошы плацяць, то ты мусіш працаваць. Мяне так бацькі вучылі: рабі, як для сябе, і ўсё будзе добра. Першыя два месяцы да мяне прыглядаліся, а потым адносіны змяніліся, як да свайго.

Але не хлебам адзіным жыве чалавек

Ягор вярнуўся да сваёй ідэі стварэння праекта гонак з перашкодамі. Тым больш пабачыў, што ў Польшчы гэта больш масавы спорт, чым у Беларусі. Дзеля гэтага разам з сябрамі зарэгістраваў сваю дзейнасць.

— Мне ўначы прыйшла думка, і я сеў за камп'ютар, зарэгістраваў дамен і ўсе сеткі на імя Zombierun і пачаў ствараць пад гэта пляцоўку. Праштудзіраваў інтэрнэт і зразумеў, што ў Польшчы пакуль пустая ніша па такіх актыўнасцях, якія я хачу прапанаваць. А гэта значыць, не для прафесійных спартоўцаў, а для звычайных людзей, каб яны маглі браць удзел у любым узросце, сем'ямі, нават цэлымі калектывамі.

Найперш пачаў збіраць каманду для ажыццяўлення ідэі. Знайшліся людзі, якія пагадзіліся стаць сузаснавальнікамі, паколькі для прасоўвання праекта патрэбны сродкі. Шмат хто выказаў зацікаўленасць у валанцёрскай дзейнасці. І вось некалькі месяцаў таму ўдалося зладзіць першае мерапрыемства ў Познані.

Ягор распавядае, што знешне гэта выглядае так: удзельнікі не проста пераадольваюць перашкоды, а яшчэ ўцякаюць ад зомбі, якія за імі гоняцца і хочуць сарваць з іх тры стужкі, якія сімвалізуюць тры жыцці, што будзе азначаць — з задачай не справіліся. А яшчэ ў зомбі ў руках заведзеная бензапіла... Вось тут сапраўдны адрэналін. А для Польшчы гэта ў нейкім сэнсе новае ў гонках з перашкодамі.

— Вельмі ўсім спадабалася, асабліва дзецям. Яны былі такія шчаслівыя, што за імі гоняцца зомбі. Атмасфера была такая, што нават людзі старэйшыя нібы сапраўды адчувалі рэальнасць небяспекі.

Дарэчы, польскія калегі, якія займаюцца арганізацыяй такіх гонак, высока ацанілі працу беларусаў, асабліва штучныя перашкоды, якія былі зроблены Ягорам яшчэ ў Беларусі.

— Палякі, паглядзеўшы на іх, сказалі, што яны выглядаюць лепш за тое абсталяванне, што робіцца ў Польшчы. А мы, калі яго рабілі ў Беларусі, хацелі быць найлепшымі і імкнуліся, каб наша абсталяванне было як тэхніка Apple. Палякі гэта ацанілі.

Бізнес у тым, каб прадаць добрыя эмоцыі

Са слоў майго суразмоўцы, у іх мерапрыемстве бралі ўдзел каля ста чалавек. А ўжо на другое плануецца, што людзей будзе больш. Бізнес, як тлумачыць Ягор, заключаецца ў тым, што яны прадаюць білеты на тое, каб людзі атрымалі станоўчыя эмоцыі. Прычым білеты ў іх каштуюць танней, чым у польскіх фірмах, — да ста злотых. Зразумела, каб завабіць кліентаў.

Праўда, што датычыць камерцыйнага боку праекта, Ягор не вельмі ахвотна пра гэта гаворыць, яго цяпер цікавіць тое, каб здзейсніць як мага больш сцэнарыяў, якія ўжо гатовыя да рэалізацыі.

— Мы пакуль на этапе, калі зарабляем сабе рэпутацыю, бо ў Польшчы гэта важна. Таму і кошт білетаў у нас ніжэйшы, чым у канкурэнтаў. І сваіх грошай і часу шмат даводзіцца ўкладваць у рэкламу. Але калі гэта запрацуе, як у іншых, то кошты білетаў дазволяць выходзіць у плюс.

І дадае:

— Я б хацеў зарабіць грошы, каб далей развіваць свае праекты для людзей. Для мяне грошы — гэта рэсурс, які можна скіраваць на новыя праекты. Проста грошы — гэта нецікава для мяне. Я хацеў бы нешта новае ладзіць на іх.

Наступнае мерапрыемства Ягор з камандай арганізуе на Хэлоўін, абяцае, што будзе вельмі цікава. Білеты ўжо прадаюцца праз інтэрнэт. Найбольш іх набываюць палякі і ўкраінцы, беларусаў меней.

Ягор, апроч таго, што займаецца з іншымі калегамі праектам, яшчэ штодня ходзіць на працу, каб было за што жыць. А потым вяртаецца дамоў і сядае за камп'ютар. Кажа, што спаць цэлы год ужо даводзіцца толькі па чатыры гадзіны ў суткі. І прыкладна ў такім тэмпе працуюць і яго калегі.

— Неяк працэс ідзе, людзі дапамагаюць. Уся справа ў камандзе. Не было б каманды — не было б нічога. Без такой каманды нічога б не зладзілі...

10 кастрычніка 2023

„Філасофскія карціны“ — сыход ад рэальнасці

Мінскія мастакі **Марыя** і **Вадзім** арганізавалі ў познанскай PYRAMIDA GALLERY сумесную выставу „Філасофскія карціны“. З імі там і адбылася гутарка.

Спачатку з горада ў вёску

Падчас адкрыцця выставы мастакі прадставілі невялікую стужку пра сябе. Аказваецца, яны абое маюць архітэктурную адукацыю, але, як удакладняе Марыя, па прызванні — мастакі. Вадзім дадае, што, акрамя архітэктуры, працавалі яшчэ і дызайнерамі.

Наогул, іх жыццё — гэта пастаянны пошук. Калі абое адчулі, што жыццё ў сталіцы не задавальняе іх, пераехалі ў вёску.

— Набылі кавалак зямлі і пабудавалі разам з маёй жонкай Марыяй дом з гліны, саломы і пяску. Пасадзілі сад, гарод, уладкавалі ландшафт. Марылі жыць на сваёй зямлі, ствараць вакол сябе ўласны свет, у якім нам будзе ўтульна, і гадаваць дзяцей.

Дарэчы, і ў доме Вадзім зрабіў усё сваімі рукамі: мэблю, кухню — дызайн, як было відаць у іх кінастужцы, дэманстраваў добры густ і безумоўны прафесіяналізм. Праўда, як дадае Марыя, першыя тры гады, пакуль будаваўся дом, даводзілася жыць у спартанскіх умовах.

— Мы пераехалі ў дом, калі ён яшчэ не высах і ў нас з раэтак цякла вада, на сценах расла трава. У такіх умовах пачыналі там жыць і паступова даводзілі ўсё да ладу.

Вадзім, які не вельмі хацеў пераязджаць з горада ў вёску, пазней ацаніў той здабытак:

— Выходзіш у свой сад і бачыш, як яблыкі наліваюцца сокам, слухаеш птушак, якія раніцай спяваюць, іх шчэбет глушыць цябе. Вясёлка пасля дажджу, чыстае паветра і цішыня...

2020 год парушыў мары

Пра свой дом, гарод, сад мае суразмоўцы могуць распавядаць шмат і цікава — там укладзены іх сілы, час, ідэі. А на жыццё ў вёсцы зараблялі заказамі на афармленне інтэр'ераў, выконвалі працы па дызайне і, вядома, імкнуліся маляваць. Праўда, як згадвае Вадзім, здараліся часы, калі грошай не было нават на хлеб.

— Мы толькі-толькі дабудавалі дом, у якім можна было ўжо камфортна жыць, і тут здарыўся 2020 год...

Тое, што адбывалася ў Беларусі ў той час, прывяло да разумення, што яны не хочуць такой будучыні ні сваёй дачцэ, ні сабе. Усе надзеі на тое, што Беларусь зменіць накірунак, са слоў Вадзіма, зніклі ў 2020 годзе. Рашэнне з'ехаць далося ім, як і кожнаму беларусу, няпроста.

— Мы палічылі, што другога шанцу не будзе. Я паўгода быў у дэпрэсіі, бо не мог змірыцца з тым, што трэба ўсё гэта пакінуць і пачынаць нанова. Але аднойчы раніцай прачнуўся і зразумеў, што гэта жыццё, мы прыходзім у гэты свет з пустымі рукамі і адыходзім з пустымі, то навошта тады чапляцца за гэтыя дамы? Гэта я пражыў, яно засталося ў мінулым, а цяпер я змяніўся і ў мяне іншы погляд на жыццё.

Першыя ўражанні сапсавала рэальнасць

Размаўляючы з Вадзімам і Марыяй, пачынаю разумець, чаму іх выстава носіць такую назву — „Філасофскія карціны“.

У іх разважаннях і стаўленні да жыцця адчуваецца, наколькі філасофскі склад мыслення ў гэтай пары.

— Любы чалавек усё жыццё нешта пад сябе падцягвае, імкнецца ўтрымаць гэта. Але чым больш ты чапляешся за нейкія матэрыяльныя рэчы, тым менш у цябе магчымасцяў. Гэта ўсё прывязвае цябе да канкрэтнага месца і не дае вырвацца, магчыма, туды, дзе табе будзе лепш.

Першыя ўражанні ад Польшчы былі вельмі нечаканымі. Марыя кажа, што, пакідаючы Беларусь, не вельмі задумвалася, дзе яна апынецца.

— Я, як архітэктар, не магла не ацаніць прыгажосць горада, яго старыя камяніцы. Гэта быў, напэўна, самы шчаслівы дзень за вельмі доўгі час. Уражанне было неймавернае ад таго, што я цяпер у самым сэрцы Еўропы, і тут абсалютна іншае жыццё. І нават надвор'е цёплае. Я выязджала ў цёплай куртцы, а тут гуляю ў адной кашульцы. Тут усё выглядала больш вясёлкава, людзі ўсміхаліся. Пасля таго стрэсу ў Беларусі ўсё здавалася спакойным.

Праўда, як абое кажуць, першыя ўражанні былі сапсаваныя тым, што не ўдавалася знайсці працу па сваёй спецыяльнасці: яны не ведалі польскай мовы. Вадзім пайшоў працаваць на будоўлю, але хутка зразумеў, што гэта не для яго.

— Потым мы з Марыяй працавалі на складзе, і гэтага нам хапіла, каб прыняць рашэнне, што трэба нешта змяняць. У гэты час мы прадалі кватэру ў Мінску і, паколькі займелі грашовую падушку, можам паспрабаваць укласціся ў творчасць.

Гэтыя карціны як тэрапія...

Першая выстава ў іх была аднадзённая, удзельнічалі ў гарадскім конкурсе, і арганізатары прапанавалі правесці выставу сваіх прац. А потым Вадзім знайшоў PYRAMIDA GALLERY, дзе яны зрабілі, як самі кажуць, паўнавартасную выставу.

— Мы яе так назвалі, таму што нашы карціны маюць пад сабой аснову філасофскага кірунку. Маюць філасофскую думку, з якой потым узнікала карціна. Пераважна гэта звязана са светаўладкаваннем, з жыццём чалавека, з яго адчуваннем сябе ў гэтым свеце...

А Вадзім дадае:

— Тут хутчэй сыход ад рэальнасці. Гэтыя карціны як тэрапія. Марыя нейкі час знаходзілася ў дэпрэсіі ад хваляванняў, якія былі звязаны з няпростым жыццём, з адсутнасцю будучыні. 2020 год вывеў многіх беларусаў з каляіны. Мы былі на раздарожжы, не разумелі, як нам быць. І праз карціны спрабавалі сябе шукаць. У першую чаргу Марыя, я імкнуўся падтрымліваць, раскрываць сэнсы. У нашай творчасці мы сябе пазіцыянуем як творчы тандэм. Мы і па жыцці як адзіны арганізм. Удваіх складаем аднаго паўнавартаснага чалавека.

— І ў цэлым карціны хоць і на розныя тэмы — усе яны пра чалавека, светаўладкаванне і г. д., але зводзяцца да аднаго пытання: хто я?

У творчым тандэме, са слоў маіх суразмоўцаў, Марыя прыдумвае ідэю, робіць эскіз, а на палатне яе ўвасабляе Вадзім. Зразумела, у той самы час штосьці дадае.

Заўважаю, што наведвальнікі галерэі шукаюць у творах нешта сваё, хаця аўтары побач з карцінамі змясцілі кароткія апісанні, патлумачыўшы ідэю. Побач з адной з іх кароткі подпіс: „Сакральная лічба беларускага народу — 3“. Я ў думках завяршаю — адсоткі... Карціна сапраўды напісана па матывах жніўня 2020 года.

Чаго чакае гэта сонная краіна?

Намеры ў маіх суразмоўцаў сур'ёзныя. Як заўважае Марыя, яны спадзяюцца на тое, што здолеюць ствараць сапраўднае мастацтва і зарабляць гэтым на жыццё. Што датычыць Беларусі, нядаўна былі на сваёй радзіме і зразумелі, што наўрад ці туды вернуцца.

— Гэта нейкая сонная краіна, якая нечага чакае. Чаго яна чакае — я не ведаю. Але яўна не мяне, не нас, бо пройдзе пяць-дзесяць гадоў — і большая частка беларусаў, якія з'ехалі, не будуць сябе адчуваць там на радзіме. Пачуццё атмасферы свабоды, якое там зараджалася, знікла. Я спускаўся ў метро і заўважыў, што людзі не глядзяць адзін на аднаго. Я шукаў хоць адзін позірк, каб перасекчыся, — не. Не адбылося кантакту: людзі ўсе закрытыя, зацiснутыя...

11 кастрычніка 2023

„Полькай не стану, але важна пераняць іх досвед...“

Наталля пра тое, як важна не страціць час у эміграцыі, а набрацца прафесійнага досведу, завесці кантакты, каб потым вярнуцца і выкарыстаць гэта ў сваёй краіне.

Больш цікавіла альтэрнатыўнае тэатральнае жыццё

Наталля — рэжысёрка, скончыла Беларускую акадэмію мастацтваў. Сама сябе цяпер акрэслівае як культурная менеджарка, рэжысёрка, акторка, арганізатарка тэатральна-культурных мерапрыемстваў. Праўда, па першай адукацыі яна рэдактарка-тэхнолаг і нават амаль год адпрацавала ў выдавецтве, але зразумела, як сама прызнаецца, што там ёй было не зусім цікава.

— Паралельна ў мяне заўсёды былі нейкія тэатральныя рэчы, перформансы, выступы. І вось я, ужо дарослая асоба, вырашыла паступаць на завочнае аддзяленне. Нам усім пашанцавала, што сабраўся курс з дасведчаных актораў, харэографаў. Мы шмат чаму вучыліся адно ў аднаго, і магу сказаць, што ў мяне адбылося навучанне ў творчым калектыве.

Наталля кажа, што яе больш цікавіла альтэрнатыўнае тэатральнае жыццё. І пэўны перыяд, прыкладна з 2015 па 2018 год, яно тым ці іншым чынам у сталіцы Беларусі развівалася. Аднак, як заўважае суразмоўніца, існавала і шмат перашкодаў, што запавольвалі гэтае развіццё. На ўсё патрэбны сродкі.

— Калі нават і былі нейкія магчымасці напісаць заяўку на грант, то ўсё роўна паўставала праблема, што яго могуць не даць. Усе гэтыя грантавыя ўмовы пачалі ўскладняцца на ўзроўні дзяржавы. Таму што дзяржава магла проста палічыць, што такі праект непатрэбны.

Наталля ўдзельнічала ў арганізацыі некалькіх фестываляў, у прыватнасці „Фестывалю казак", і гэта рабілася з партнёрамі ад бізнесу. Але шукаць такіх партнёраў было даволі праблематычна.

— Кожны раз гэта была новая прыгода — шукаць гэтых партнёраў і таго, хто дапаможа. Фестывалі — гэта ніякім чынам не камерцыйная гісторыя, бо ніколі не акупіцца білетамі. І калі ты першы раз правёў, і партнёр рады, размясціў там сваю рэкламу, то другі раз — гэта падзея ўжо не ўнікальная. Ніхто асабліва не хоча ўпісвацца ў падтрымку нейкага праекта на стала.

З акадэміі звольнілася на знак пратэсту адлічэння студэнтаў

У Польшчу Наталля прыехала на стыпендыяльны праект, але, як сама кажа, гэтаму ў многім паспрыялі падзеі 2020 года. Ды і ў творчым плане працаваць і нешта арганізоўваць у Беларусі стала немагчыма.

— Я звольнілася з акадэміі на знак пратэсту з-за таго, што пачалі адлічваць нашых студэнтаў. Тое, што там адбывалася, рабіла далейшую працу бессэнсоўнай. Я не разумела, што магла б там рабіць. У дзяржінстытуцыі ісці не хацела, а альтэрнатыўныя пляцоўкі ўжо былі зачыненыя.

Адчуванне, што ўсё яшчэ не скончылася

А тыя падзеі, мяркуе суразмоўніца, складана ацаніць і цяпер, хоць прайшло тры гады.

— У мяне, як у многіх, з кім размаўляем, такое адчуванне, што ўсё яшчэ не скончылася. То-бок няма такога, што вось было, мінула, і цяпер мы будуем тут новае жыццё. Няма такога адчування. Ёсць адчуванне, што гэта было, гэта працягваецца, і нешта мы імкнёмся рабіць. Нехта ўжо кажа: ну ўсё, вы прайгралі. Не. Людзі адчулі, зразумелі, прайшлі пэўны шлях. І мне здаецца — важна, што гэта было.

Дарэчы, між іншым яна згадвае, што многія рускія, якіх сустракае ў эміграцыі, зайздросцяць беларусам.

— Кажуць: у вас гэта адбылося, адчуваецца еднасць. А мы, маўляў, застаёмся ў сябе меншасцю і ў нас няма такой еднасці. Але гэта ўзялося ў нас не проста так.

У Польшчы паставіла спектакль для самых маленькіх

Між іншым цікаўлюся ў суразмоўніцы, адкуль у яе такая натуральная беларуская мова. Прызнаецца, што не заўсёды размаўляла па-беларуску, але пасля таго, як пабыла па студэнцкім абмене ў ЗША, шмат што змянілася ў стаўленні і да мовы.

— Ну вось, калі ў піцэрыі, дзе працавала, амерыканец цікавіцца, як на тваёй мове будзе гучаць „Thank you“, а на другі дзень прыходзіш, і ён табе кажа: „Дзякуй“, — гэта так кранальна. І тыя ж рускія дзяўчаты радыё слухаюць і пытаюць: „Вось гэта ваша песня, а можаш перакласці тэкст?“ Аказваецца, не разумеюць.

У Польшчы, распавядае Наталля, яна ўдзельнічала ў праекце, звязаным з тэатрам для самых маленькіх — ад шасці месяцаў і да трох гадоў. З цікавасцю згадвае гэтую працу і вельмі шмат з разуменнем справы распавядае.

— Гэта такое запрашэнне маленькага гледача з бацькамі ў нязвыклую атмасферу, у тэатр. І такая магчымасць перажыць разам прыгоду. Гэта не заўсёды сюжэтная гісторыя, часам — скамбінаваны калаж з вобразаў, з візуальных рэчаў. Працуюць проста на фізіялагічным узроўні, засяроджваюць увагу дзетак. Яны ў гэты час самі пачынаюць усё даследаваць, і ім важна нешта памацаць, пагрызці, да нечага дакрануцца і адчуць, як і што яно. Ну вось на такіх розных рэчах і заснаваны тэатр для самых маленькіх.

Дарэчы, Наталлі таксама ў Польшчы ўдалося зрабіць спектакль для самых маленькіх.

— Я была задаволеная вынікам. Некаторыя рэчы апраўдаліся, некаторыя адзначыла, што іншы раз, пэўна, не буду так рабіць. А ў цэлым было вельмі цікава.

Адчуванне эміграцыі прыйшло не адразу

Пасля таго як праца над праектам скончылася, ад'язджаць дадому мая суразмоўніца не спяшалася, хаця прызнаецца, што ў нейкім сэнсе вагалася.

— Было незразумела, што там адбываецца. Ну і ўзровень трывожнасці адчуваўся: знаёмых выклікаюць на допыт, у некага брата арыштавалі... Ды і знаёмыя, якія там былі, казалі: лепш заставайся, і будзе больш карысці, чым ты вернешся.

Вырашылі з сям'ёй усё ж застацца, але цяпер ужо неабходна было вырашаць іншыя праблемы. Найперш — знайсці працу, што па яе спецыяльнасці даволі няпроста.

А потым яшчэ, як кажа Наталля, трывогу выклікаюць дакументы, паколькі і ў мужа, і ў сына ў наступным годзе скончацца пашпарты. Жанчына задумліва зазначае, што менавіта цяпер яна адчула, што знаходзіцца ў эміграцыі, а не тады, калі знаходзілася на стыпендыяльным праекце.

— Здавалася б, ты ўжо тут крыху асвоіўся, можаш патлумачыць па-польску, разумееш усіх, але, з іншага боку, прыходзіць усведамленне, што ты не адсюль, не з гэтага кантэксту. Прачытаць нейкія кніжкі можна, але вось на ўзроўні таго, якія ў дзяцінстве фільмы глядзелі ці казкі чыталі, — вось гэта featureзнае.

Полькай не стану, але важна вучыцца

Спадарыня кажа, што ёй падабаецца польская культура, многія штодзённыя рэчы, але, як сама заўважае, полькай ужо не стане.

— Мне здаецца, важна ў гэтай сітуацыі вучыцца, браць тое лепшае, што ёсць у людзей...

Яе вельмі ўсцешыла гісторыя часоў „Салідарнасці“, якая цягнулася літаральна 10 гадоў, і найбольш адукаваныя, паспяховыя людзі вымушаны былі з'ехаць у эміграцыю, дзе таксама набіраліся прафесійнага досведу, наладжвалі кантакты, а калі краіна стала вольнай, вярнуліся і пачалі яе адбудоўваць нанова.

— Ну вось пакуль грэе такая думка, што тут можаш наладжваць сувязі, набірацца досведу, каб потым прыехаць і актыўна нешта рабіць, а не тое, што сядзіш на месцы і не ведаеш, куды падацца...

21 кастрычніка 2023

Захаваць нацыянальны тэатр і набрацца еўрапейскага досведу

Валянціна, рэжысёрка з Мінска, разважае аб стане і задачах беларускага тэатра ў эміграцыі.

Культура змяняе погляд на задачы і місію

Да эміграцыі спадарыня Валянціна выкладала спецыялізаваныя тэатральныя дысцыпліны ў беларускіх навучальных установах. Апроч гэтага, яна была рэжысёркай і ставіла спектаклі. Размова адразу завязалася пра беларускі тэатр, яго стан і перспектывы.

Ёй добра знаёмыя еўрапейскія тэатры, іх творчасць, таму яна пачынае размову з таго, што беларускаму тэатру была і цяпер патрэбна рэформа самога тэатра і тэатральнай адукацыі. Яна звязвае гэта з тым, што дзяржаўны тэатр у Беларусі застаецца пераважна традыцыйным, так бы мовіць, класічным, але ўжо напачатку двухтысячных побач з ім сфарміраваўся новы незалежны тэатр з іншай мастацкай мовай і іншымі падыходамі, які не на ўтрыманні дзяржавы, а сам прабівае сабе дарогу.

— Сучасны тэатр больш гарызантальны і сацыяльна арыентаваны. Наагул культура змяніла свой погляд на задачы і місію. І арыентаваны тэатр стаў іншым. І пра гэта ўжо мае ўяўленне беларускі глядач. Ну вось у Мінску з'явілася пляцоўка „ОК 16“, дзе не было традыцыйнай сцэны, а толькі такая гарызанталь. Па сутнасці, вось глядач, вось актор — усе разам. І гэта ўжо дыялог паміж людзьмі пра тое, што для нас вельмі важна. І гэта неабавязкова класічная п'еса.

Рэжысёрка згадвае пра адзін з такіх спектакляў — „11 красавіка“. У гэты дзень адбыўся тэракт у мінскім метро, у выніку якога загінулі 15 чалавек і амаль 400 атрымалі раненні.

— Мы не ведалі, як гледачы ўсё гэта будуць успрымаць. Але напрыканцы спектакля людзі пагадзіліся застацца для ўдзелу ў дыскусіі. І мы цэлую гадзіну размаўлялі наконт гэтай праблемы. І пазней спектакль праходзіў на розных пляцоўках. У нас таксама была пастаноўка пра хатні гвалт, і мы зноў пасля яе сканчэння абмяркоўвалі праблему з гледачамі.

Са слоў маёй суразмоўніцы, такіх праектаў у Мінску было ўжо некалькі, і яны таксама пачыналі з'яўляцца і ў іншых гарадах. На яе думку, цяпер менш цікава рабіць спектаклі на аснове класічных п'есаў.

— Тое, што цяпер адбываецца ў нашым жыцці, патрабуе іншай мовы, іншай драматургічнай асновы. У Беларусі шмат маладых і значных драматургаў, ёсць вялікая колькасць добрых п'есаў. І гэта можа быць таксама нагодай для новага сучаснага спектакля.

Праўда, мая суразмоўніца не без жалю дадае, што пасля падзей 2020 года ўсе пляцоўкі зачынілі, незалежныя тэатры больш не маглі працаваць у Беларусі, а акторы і іншыя творчыя спецыялісты вымушаны былі з'ехаць у эміграцыю.

Складана, але не значыць, што нічога няма

У эміграцыі, як заўважае спадарыня, тэатральную дзейнасць працягваць вельмі складана з розных прычын, але гэта, на яе думку, не значыць, што беларускія акторы нічога не паказваюць на сцэне.

— Гэта вельмі складана, але ўсе неяк працуюць, нешта мы робім. Ну вось нядаўна паставілі ў Празе разам з чэшскімі і ўкраінскімі калегамі дакументальны спектакль пра эміграцыю, пра ўцекачоў і наагул пра тое, што з намі ўсімі адбываецца.

У планах спектакль пра жанчын-палітвязняў. Спадарыня Валянціна кажа, што цяпер шукаюць сродкі на яго пастаноўку. На яе погляд, такая тэма цяпер з'яўляецца найбольш актуальнай, каб аб ёй гаварыць у тым ліку і са сцэны. Але каб увасобіць яе ў жыццё, шмат што залежыць ад фундатараў.

Дарэчы, што датычыцца актораў, то яны імкнуцца кожны зарабляць на жыццё сваім спосабам і, як правіла, жывуць у розных гарадах.

— Уся наша каманда — усе выехалі. Усе спрабуюць неяк уладкавацца, шукаюць працу. Мы збіраемся на канкрэтны праект. З'яўляецца магчымасць — і мы ўсе тут.

Калі гаварыць пра падтрымку польскай публікай беларускага тэатра, то тут, мяркуе мая суразмоўніца, не ўсё адназначна. Яе польскія калегі па сцэне падтрымліваюць іх дзейнасць, кажуць, што варта пра сябе заяўляць, каб польскі глядач ведаў беларускі тэатр.

— Але для палякаў мы ўсё роўна чужыя. У іх ёсць свой тэатр, свае традыцыі. Мы для іх у нейкім сэнсе канкурэнцыя. Яны не вельмі хочуць, каб мы аб'ядналіся. Ну вось, пакуль так.

Нічога не скончана

Цікаўлюся ў спадарыні Валянціны, ці здолеў беларускі тэатр у эміграцыі за тры гады пераасэнсаваць тое, што адбылося з беларусамі ў 2020 годзе, і ўвасобіць гэта на сцэне. На яе думку, гэтыя спробы ўвесь час робяцца крок за крокам. Як прыклад яна згадвае праект па беларускім драматургічным тэксце „Паўгода“ і іншыя спектаклі.

— Мы адчуваем, што яшчэ няма той самай дыстанцыі, каб паглядзець на ўсё з адлегласці. Мы дагэтуль яшчэ не звонку, мы ўнутры, і мы яшчэ ўсё гэта перажываем і пераасэнсоўваем. Але праекты і спектаклі робяцца.

Што датычыць супрацьлеглага боку, то, паводле суразмоўніцы, не сканчаюцца затрыманні і катаванні беларусаў, бо на самым версе таксама разумеюць, што нічога не скончана.

— Сістэма трымаецца толькі на насіллі, на гвалце. Ён жа разумее, што нічога не скончылася. Пратэсту не бачна, але ён ёсць. Так, у 2020 годзе была надзея, потым яе не стала. Людзі з'язджалі, з'язджалі, але многія засталіся, і яны не падтрымліваюць уладу, супраць яе і вядуць сваю ціхую працу. Улада гэта разумее.

Наагул, адным з самых значных адкрыццяў падчас пратэстаў у 2020 годзе для маёй суразмоўніцы стала адкрыццё свайго народа.

— Я не ведала, што ў нас такая колькасць прыгожых, моцных, адукаваных людзей, якія могуць ахвяраваць сабой. Я адкрыла для сябе беларускі народ. У нас не было магчымасці бачыць адно аднаго. А тут мы пабачылі, якія былі прыгожыя маршы — проста перформансы: колькі плакатаў, колькі музыкантаў — як гэта ўсё было прыгожа, моцна, таленавіта. Якая культура, як людзі адзін аднаго падтрымлівалі...

Што там адбываецца?
Добрых спектакляў няма

Размаўляючы пра рознае, мы са спадарыняй Валянцінай вяртаемся зноў да тэмы тэатра. Цікаўлюся: што, на яе думку, зараз уяўляе сабой беларускі тэатр у Беларусі? Як цяпер выглядае Купалаўскі тэатр, у рэпертуары якога засталася толькі адна п'еса на беларускай мове?

Паводле меркавання маёй суразмоўніцы, цяжка акрэсліць, што там адбываецца, але адзінае, пра што можна сказаць, — добрых спектакляў няма.

— Тыя вартыя спектаклі, якія былі, іх папросту прыбіраюць з рэпертуару. Тэатр юнага гледача быў таксама пераважна беларускамоўны, але цяпер там ідуць спектаклі на расейскай мове. Дырэктарка Вера Палякова дэкларуе, што гэта палітыка тэатра, каб нашым суседзям з усходу, якія прыязджаюць у горад, было зразумела, калі яны наведваюць тэатр. А Купалаўскі тэатр — гэта ўжо не Купалаўскі... Тэатр — гэта, не будынак, а людзі. А людзей там няма, а тое, што ёсць, — гэта не тэатральная трупа. Купалаўскі тэатр цяпер у Варшаве...

Перад намі стаяць важныя задачы

Паводле суразмоўніцы, перад беларускімі акторамі і рэжысёрамі, якія апынуліся ў эміграцыі, стаяць важныя задачы: захаваць беларускі тэатр у выгнанні, набрацца еўрапейскага досведу, а таксама стварыць новую еўрапейскую тэатральную адукацыю.

— Усё, што мы можам тут узяць для сябе ў прафесійным сэнсе, мы павінны гэта зрабіць. Гэта адбываецца. Мы, як людзі творчыя, напаўняемся тым, што бачым у Польшчы, Германіі, Чэхіі... Гэта добры і важны досвед. Але мы павінны застацца беларускімі творцамі і таксама зрабіць сваю новую тэатральную адукацыю, якая дасць нам магчымасць падрыхтаваць актора, які зможа працаваць і ў польскім тэатры, і ў чэшскім, і ў французскім, і ў беларускім, і дзе заўгодна.

23 кастрычніка 2023

„Вайну я прадчуваў за некалькі месяцаў — былі падставы“

У **Іллі** не было страху падчас пратэстаў. Ён з'ехаў пасля таго, як пачалася вайна. Да чужой краіны больш чым за год так і не прыстасаваўся, але надзея цепліцца, што ўсё ж вернемся...

Хацелася, каб мая творчасць уплывала на людзей

Ілля — мастак, дызайнер. У Беларусі распісваў сцены ў самых розных установах, маляваў муралы, хаця пры гэтым вучыўся на юрыста. Праўда, з юрыспрудэнцыяй у яго не заладзілася.

— Вельмі не хацелі ў сям'і, каб я быў мастаком, паколькі ў нас лічылася, што гэта прафесія ненадзейная. Але, калі я пачаў вучыцца, зразумеў, што працаваць адвакатам у той Беларусі, у якой я жыў, было немагчыма.

З чатырох да пятнаццаці гадоў Ілля займаўся ў мастацкай студыі, атрымлівалася нядрэнна, нават удзельнічаў у некалькіх вернісажах, праўда, уласных выстаў не меў і наагул не вельмі любіў знаходзіцца ў мастацкай тусоўцы.

Адзін час працаваў у фірме, якая прапаноўвала копіі палотнаў вядомых мастакоў для афармлення рознага кшталту памяшканняў — рэстаранаў, кавярняў, клубаў.

— Зразумела, што ў гэтых працах ніякай мастацкай вартасці не было, але гэта была магчымасць набіць руку.

Пазней пачаў працаваць на сябе, былі сталыя заказы, яго ведалі кліенты, але яму гэтага было замала.

— Хацелася, каб мая творчасць уплывала на людзей, якія з ёю знаёмяцца. А таму я паступова звязаў яе з палітыкай, пачаў маляваць карыкатуры на прадстаўнікоў улады.

Трэба было дзейнічаць, і мы дзейнічалі

Падчас пратэстаў Ілля разам з сябрамі быў актыўным удзельнікам таго, што тады адбывалася на вуліцах беларускіх гарадоў.

— Мы хадзілі на мітынгі, дапамагалі валанцёрам: развозілі пітную ваду, каардынавалі калоны, паведамлялі ім, дзе ёсць міліцыянты, дзе могуць затрымаць, дзе могуць быць аблавы і г. д.

Калі Ілля распавядае пра тыя часы і падзеі, у яго нават змяняецца голас, прабіваюцца нейкія ўзвышаныя ноткі. Адчуваецца, што тыя падзеі дагэтуль свежыя ў яго памяці.

— Гэта былі адны з самых яскравых часоў у маім жыцці. Быў такі пад'ём у грамадстве, якога я раней ніколі не бачыў. Хаця ў 2010 годзе я таксама быў на Плошчы ў Мінску, але тады было зразумела, што хутка ўсё скончыцца. А тут у паветры лунала адчуванне, што вось-вось — і мы пераможам…

Але пасля тых падзей майму суразмоўцу згадваецца цяпер самае рознае.

— Адзін з маіх прыяцеляў працаваў хірургам і непасрэдна распавядаў, што дастаў тады сем пластыкавых куляў з параненых людзей… Было такое адчуванне эйфарыі і, магчыма, нейкай злосці. Але ўсе былі аб'яднаныя, увесь час адбываўся нейкі рух, і тады нават не ставала часу, каб асэнсаваць, што адбываецца. Трэба было дзейнічаць, і мы дзейнічалі, а асэнсаванне прыйшло пазней, магчыма, недзе праз год пасля падзей.

Людзі ў вокнах

Цікава, кажа Ілля, што некаторых з яго знаёмых, пра каго ён думаў, што яны абавязкова будуць ісці з ім у адным шэрагу, побач не аказалася. Але затое поплеч было шмат людзей, на якіх ён ніколі б не спадзяваўся. Хлопец падкрэслівае: іх не палохала, што могуць страціць бізнес, што некаму з іх давядзецца сядзець у вязніцы...

Трохі падумаўшы, Ілля кажа, што яму вельмі запомніліся людзі ў вокнах.

— Людзі ў вокнах, якія, нягледзячы на тое, што яны не ішлі разам з намі, падтрымлівалі нас на працягу ўсяго нашага шляху. Яны сцягі вывешвалі, крычалі нейкія крычалкі, спявалі разам з намі песні. Гэта вельмі падбадзёрвала тых, хто ішоў у калоне.

Затрыманняў Іллю ўдалося пазбегнуць, хаця ў кватэры ўвесь час стаяў сабраны „трывожны чамаданчык", і ў той самы час ён кажа, што страху ў яго не было.

— Насамрэч, страху не было, настолькі адчувалася тады салідарнасць паміж людзьмі. Я ведаў, што, нават калі нешта са мной здарыцца, мяне падтрымаюць і я неяк змагу гэта перажыць. Мае сябры тады і на сутках пасядзелі, і штрафы заплацілі, і цяпер адсоткаў 80 з іх з'ехалі за мяжу. Вось так...

Тут нічога не пагражала, але...

Ілля ад'язджаў з Беларусі пасля таго, як пачалася вайна. Хлопец кажа, што за некалькі месяцаў прадчуваў, што нешта адбудзецца, і для гэтага былі падставы.

— У нашым памежным горадзе з'явілася шмат незразумелых людзей бурацкай знешнасці ў вопратцы, падобнай да ваеннай. Таксісты распавядалі, што з вакзала вазілі іх да воінскіх частак, там яны выходзілі, і ўсё. Людзі пачалі хвалявацца.

У эміграцыі не хацелася прыжывацца, здавалася, што хутка ўсё скончыцца і зноў усе вернуцца дамоў. Але нічога не скончылася, і прыжывацца Іллю давялося даволі складана.

— Калі знаходзіўся там, то мне лягчэй было, бо ведаў, што мяне можа чакаць. Тут мне нічога не пагражае, але, з іншага боку, я не разумею, што мне рабіць, як тут рэалізоўвацца. Таму было даволі складана.

Працягнуў працаваць на фрылансе, займаецца афармленнем дзіцячых кніжак, шукае іншыя падпрацоўкі. Але бачыць, што давядзецца перафарматавацца, паколькі працы ўсё менш, а цэны ўсё вышэйшыя.

Ілля не скардзіцца на матэрыяльныя цяжкасці, але прызнаецца, што псіхалагічна яму даводзіцца няпроста.

— Сумоўнічаць з сябрамі праз акіян па інтэрнэце — гэта не дае тых пачуццяў, якія ўзнікаюць пры непасрэдным кантакце. З іншага боку, я зразумеў неабходнасць такіх стасункаў, каб яны былі блізкімі і непасрэднымі. Вось гэтага вельмі не хапае, нават цяпер. Ад гэтага і пакутую.

Ратуе ў такой сітуацыі, са слоў Іллі, звычайна тое, што беларусы стварылі свае месцы, дзе збіраюцца, дзе можна пасядзець, падзяліцца сваімі хваляваннямі.

А настаўніцы дзякуй

Традыцыйна цікаўлюся ў свайго суразмоўцы, адкуль у яго такая натуральная беларуская мова. Адказ нават трохі нечаканы: дзякуй маёй настаўніцы Ганне Іосіфаўне.

— Яна была вельмі жорсткай у гэтым плане. Калі ты звяртаўся да яе па-расейску — рабіла выгляд, што не чуе. Ведала толькі беларускую і польскую мовы. Гэта было вельмі цяжка, мы яе ненавідзелі ўсім класам. Але тое, што яна зрабіла, цяпер мне вельмі дапамагае. Пасля пачатку вайны я наогул не размаўляў на расейскай мове на знак пратэсту. І сацсеткі свае вяду цяпер выключна па-беларуску.

Ілля прызнаецца, што па Беларусі сумуе, асабліва па родных, сябрах, па сваім горадзе. А з іншага боку, імкнецца падмячаць усё лепшае тут, каб потым перавесці ў сваю краіну, бо дадому ён абавязкова вернецца.

— Нам давядзецца шмат рабіць і ў культурнай галіне, і ў аднаўленні грамадскіх інстытутаў. Перад намі вялікая і цяжкая праца. Думаю, што на маё жыццё яе дакладна хопіць.

25 кастрычніка 2023

„Вяртанне ў Беларусь — гэта вяртанне на камуністычную будоўлю“

Ірына страціла працу, бо не паставіла подпіс за Лукашэнку і адмовілася падпісвацца на дзяржаўныя СМІ. Асудзілі яе за тое, у чым наогул не ўдзельнічала. У Польшчы не спалохалася простай працы і задаволеная, што дзеці выростуць і атрымаюць адукацыю ў вольнай краіне.

Не паставіла подпіс за Лукашэнку і адмовілася падпісвацца на дзяржаўныя СМІ

Спадарыня Ірына — шматгранная асоба. Яе першая адукацыя — мадэльер-канструктар. Пазней скончыла гістарычны факультэт Полацкага ўніверсітэта. Згадвае пра свой універсітэт і з жалем заўважае, што яе факультэт, дзе яна атрымлівала веды ў цудоўных выкладчыкаў па гісторыі, цяпер практычна разграмілі.

— Усё як у трыццатыя гады. Такія адчуванні, што трыццатыя гады надышлі ізноў. І тады гісторыкі былі першымі, і цяпер...

Ёй не працягнулі кантракт на працы яшчэ падчас збору подпісаў за кандыдатаў. Адмовілася ставіць подпіс за вылучэнне ў прэзідэнты Лукашэнкі і катэгарычна адмовілася ад прымусовай падпіскі на дзяржаўныя СМІ. Працу знайшла па-за горадам у дзіцячым аздараўленчым лагеры, дзе выкладала дзецям маляванне. Педагагічны калектыў быў настроены дэмакратычна, таму адчувала сябе там нармальна.

Згадвае, што дырэктар іх установы нават спрабаваў зрабіць выбарчы ўчастак, каб паказаць, як насамрэч галасуюць людзі, але ніхто не дазволіў. А пасля ўсё стала яшчэ горш.

— І вось на тры дні адключылі інтэрнэт. Мы былі ў тым лесе ў шоку — разумеем, што там усё дрэнна. А пасля праз тры дні даведваемся, што ў Наваполацку было вельмі страшна: стралялі святлошумавымі гранатамі, моцна збівалі людзей. Пацярпелыя не маглі звяртацца ў шпіталі, шукалі медыцынскую дапамогу па знаёмых, некаторыя нават у ветэрынараў.

Асудзілі за тое, чаго не было

У верасні, калі спадарыня вярнулася ў горад, далучылася да пратэстаў, але яны ўжо былі не такімі масавымі, як у жніўні. Выкладала маляванне ў прыватнай школе. Хацела ізноў паехаць працаваць у лагер, але яе выкраслілі са спісаў. А потым па яе прыйшлі. Ноч правяла ў камеры.

— Я хадзіла на мітынгі, але тое, што мне прад'явілі, не вытрымлівае ніякай крытыкі. Тым разам 14 лютага мяне не было на мітынгу, у маёй мамы быў дзень нараджэння, і мы з сям'ёй адзначалі. Мне прад'явілі тое, у чым я не ўдзельнічала. Паказалі на выпадковую жанчыну на відэа і сказалі, што гэта я.

Цяпер пра той працэс, пра суддзю, якая хавала свой твар у скайпе, і пра сведку-міліцыянера, які пастаянна мяняў свае паказанні, жанчына згадвае з іроніяй. Але штраф у 30 базавых ёй усё ж „намалявалі".

— І я зразумела, што гэта толькі першая ластаўка. І што я не змагу пастаянна выплочваць гэтыя штрафы — фінансава не пацягну. І вось калі ў нас адбыўся вобшук, муж, які гаварыў, што нікуды з Беларусі не паедзе, бо тут нарадзіўся і тут яго домік, сказаў: „Жонка, трэба з'язджаць, інакш цябе пасадзяць“.

Не было часу гараваць

З мужам і дачкой з'ехалі адразу, сын застаўся навучацца ва ўніверсітэце. Палічылі, што за ім няма ніякіх грахоў. Але тут пачалася вайна.

— Я адразу сказала, каб кідаў універсітэт і ехаў сюды. Маглі зачыніць мяжу ці яшчэ нешта. Урэшце, калі я пабачыла, што зрабілі з гістарычным факультэтам у Полацку, упэўнілася: мы зрабілі правільна, што яго забралі.

Адаптавацца ў Польшчы давялося няпроста: не хапала ведання мовы, ды і ўсё новае, чужое, а трэба неяк звыкацца. Праўда, адразу пайшла навучацца ў паліцыяльную школу, спрабавала падпрацоўваць, і часу на тое, каб сядзець і гараваць, практычна не было.

— Ты бяжыш увесь час па справах, і ў цябе няма часу на нейкія дадатковыя думкі: як там будзе, страшна, не страшна — ты ўвесь час заняты, і гэта добра. Бо некаторыя беларусы, якія прыехалі, душой засталіся там, а целам тут. А ў нас на гэта папросту не было часу, і гэта ратавала.

Ды і ў размове, як прызнаецца суразмоўніца, яна таксама ніколі не саромелася таго, што няправільна вымаўляе ці не ведае слова, а проста размаўляла на трасянцы.

— І палякі заўсёды нармальна рэагавалі. Мне не патрапіўся ніводзін чалавек, які б не адказаў, абразіў ці яшчэ нешта.

Не цуралася ніякай працы

Што датычыць працы, то тут, паводле суразмоўніцы, усё выглядае трошкі складаней. Яна адразу зразумела, што ўладкавацца настаўніцай гісторыі не зможа. Спадарыня кажа, што бралася за тое, што ёй прапаноўвалі, і не цуралася ніякага занятку.

— За першы год я змяніла пяць розных працаў. Знаёмая прапанавала прыбіраць трэнажорны зал. Я ніколі такім не займалася, але аказалася, што нічога страшнага — там усё так чысценька і сучасна. Потым двойчы працавала на шакаладнай фабрыцы, дзе прадукуюць бельгійскі шакалад. А зараз паступіла на завочнае аддзяленне ў калегіум, дзе атрымліваю спецыяльнасць сацыяльнага работніка.

Трохі падумаўшы, спадарыня дадае:

— І вось што хачу яшчэ сказаць. Там турма, а тут я на волі. І мне тых сутак, што я адбыла, хапіла. І хто б што ні казаў, але я ўзгадваю, як удзень там матрац скручвалі і сядзець на ім было нельга, а тыя металічныя пласціны — гэта жах. І я разумею, што галоўнае — быць на волі, і не вельмі істотна, якая ў цябе праца. Галоўнае, што тут бачыш сонейка.

Ды і працу настаўніцы жанчына ўзгадвае таксама як не вельмі ўдзячную.

— Вось усе думаюць, што настаўніку лёгка. Але ў нас настаўнікаў шануюць толькі 1 верасня — пяюць ім серэнады. А наагул гэта вельмі цяжкая і няўдзячная праца, бо ты вінен усім, а правоў ніякіх не маеш.

Добра, што дзеці жывуць і вучацца ў вольнай краіне

Спадарыня Ірына кажа, што часта ўзгадвае свой горад, сваіх блізкіх і сяброў, падтрымлівае з імі сувязь і бачыць, як там стала сумна жыць. І на пытанне, ці вернецца дадому ў выпадку, калі там зменіцца ўлада, адказвае не адразу, думае.

— У такім выпадку мне давядзецца ізноў працаваць з усімі тымі людзьмі, якія ў дваццатым не выйшлі, якія змаўчалі, якія фальсіфікавалі тады выбары. І ты вернешся і будзеш з імі працаваць...

А яшчэ дадае, што не вельмі ўяўляе, у якім эканамічным стане будзе Беларусь пасля праўлення цяперашняй улады. Маўляў, гэта будуць часы, калі ў СССР людзі ездзілі на камуністычныя будоўлі і на голым месцы будавалі гарады і заводы.

— Вяртанне ў Беларусь — гэта вяртанне цяпер на камуністычную будоўлю. І таму не ведаю... Дзед быў у мяне камуністам, але ці змагу я паўтарыць такі подзвіг...

Ды і для дзяцей, на думку спадарыні Ірыны, будзе значна лепш вырасці і атрымаць адукацыю ў вольнай краіне.

— Я не ў роспачы. Я радая, што мае дзеці будуць расці ў дэмакратычнай краіне. Спачатку ў іх быў шок. Я сама бачу, што беларускія дзеці зашуганыя, усяго баяцца. І таму я шкадую, што мы раней сюды не пераехалі, бо дзеці маглі б быць іншымі. Але думаю, патроху і яны адыдуць. Адыдуць...

2 лістапада 2023

„Веру, што Беларусь — перспектыўная краіна“

У 2020 годзе **Даніла** кіраваў назіраннем у адным з раёнаў Мінска, жыў на канспіратыўных кватэрах. У эміграцыі ўжо тры гады, не аматар беларускай літаратуры, аддае перавагу кінематографу і хоча ўдзельнічаць у напісанні гісторыі новай Беларусі.

Згадваецца найбольш тое, калі мяне пераследавалі

З Мінска Данілу давялося з'ехаць тры гады таму, калі на вуліцах беларускіх гарадоў яшчэ працягваліся пратэсты. Шлях яго быў даволі няпросты, хаця аб гэтым ён распавядае без падрабязнасцяў. На яго, як і на іншых актывістаў, была заведзена крымінальная справа, у кватэры праводзіўся вобшук КДБ.

— Будучы ў Беларусі, я актыўна займаўся грамадскай дзейнасцю, быў сябрам „Моладзевага блока“. Падчас выбараў кіраваў назіраннем у адным з раёнаў Мінска ад „Сумленных людзей“. І з гэтай нагоды паўгода не жыў дома, змяняў месца жыхарства, меў да дзесяці канспіратыўных кватэр.

Па адукацыі ён эканаміст, працаваў у Беларусі эканамістам, маркетолагам, спецыялістам па прасоўванні матэрыялаў у медыях. Нягледзячы на свой малады век, вельмі спакойна разважае аб усім, што тады адбылося.

— Складаныя, вядома, часы, і цяпер таксама, але я б сказаў, што мне было не так ужо і цяжка гэта перажыць. Я наогул ставіўся тэхнічна да таго, што трэба было хавацца, з'язджаць. Разумеў, што ўсё гэта патрэбна дзеля светлай будучыні — маёй асабістай і таксама краіны.

Цікава, што з тых падзей яму найбольш згадваецца менавіта той перыяд, калі яго праследавалі і яму даводзілася хавацца. Так сышлося, што менавіта ў той час, разам з актыўнай грамадскай дзейнасцю, наладжвалася і асабістае жыццё.

— З аднаго боку, рамантычны перыяд — шмат чаго пабачыў, шмат дзе пажыў. З іншага боку, сумую па бацькоўскай кватэры... і па той, якую толькі пачаў здымаць са сваёй дзяўчынай. Тады яшчэ была эпідэмія кавіду, мы сядзелі дома, і было так утульна, класна... А потым нам давялося кватэру пакінуць, хаця працягвалі яе здымаць, але не маглі там жыць. За ёй увесь час назіралі, і там таксама былі вобшукі, таму знаходзіцца было небяспечна.

Пасля невялікай паўзы дадае:

— Адчуванні супярэчлівыя. З аднаго боку — цікавы досвед, з іншага боку — шкада, што не магу жыць дома ў сваім горадзе, дзе нарадзіўся і жыў усё жыццё. І таксама сумую па тым жыцці, якое ў мяне толькі наладжвалася ў 2020 годзе.

Беларусі ёсць куды расці

Тым не менш тры гады, праведзеныя за мяжой, таксама папоўнілі жыццёвы досвед майго суразмоўцы. Нягледзячы на тое, што людзі ва Украіне, Польшчы, Чэхіі, дзе яму давялося пабываць, шмат у чым падобныя да беларусаў, у кожнай з гэтых краін розныя сістэмы і асаблівасці.

— Мяне вельмі ўражваў дзікі капіталізм ва Украіне, дзе нават у маленькіх гарадках ёсць па тры кавярні і рознага кшталту бізнес. А ў Еўрасаюзе я бачу наладжаную сістэму жыцця людзей — значна больш высокія заробкі, чым ва Украіне і Беларусі, і ўвогуле ўзровень жыцця. Гэта ўсё наводзіць на думкі, што Беларусі ёсць куды расці. Я прыкмячаю з досведу жыцця за мяжой, як бы можна было арганізаваць тыя ці іншыя рэчы ў нашай краіне.

Многія намагаюцца нешта рабіць, каб вярнуцца на радзіму

У Польшчы Даніла чакае атрымання статусу ўцекача і пакуль не можа афіцыйна працаваць. Але гэты час выкарыстоўвае для вывучэння мовы і стараецца стаць запатрабаваным на польскім рынку працы. Не пакідае і грамадскую дзейнасць, паколькі надалей застаецца сябрам Рады „Маладзевага блока".

— Мы робім адукацыйныя відэа на нашым YouTube-канале, распавядаем пра розныя грамадска-палітычныя тэмы ў іншых сацыяльных сетках. Напрыклад, два месяцы таму рабілі эканамічны кэмп для тых, хто цікавіцца эканомікай і займаецца ў нейкай ступені грамадскай дзейнасцю, але недастаткова добра валодае тэорыяй. Прычым прыярытэт мы аддаём тым, хто цяпер жыве ў Беларусі.

Даніла звяртае ўвагу, што, нягледзячы на небяспеку ў Беларусі, людзі там усё роўна імкнуцца трапіць на адукацыйныя мерапрыемствы.

— У нас заўсёды вельмі вялікі конкурс, каб патрапіць на нашы мерапрыемствы. Напрыклад, на эканамічны кэмп мы мелі 24 месцы, а атрымалі для ўдзелу 200 заявак — амаль 10 чалавек на месца. І пераважна гэта былі людзі з Беларусі. Тое ж датычыць і анлайн-мерапрыемстваў. Мы маем больш за 5 тысяч падпісантаў, і гэта таксама пераважна людзі, якія жывуць у Беларусі.

Калі ж казаць пра беларускую дыяспару ў Польшчы, то хлопец прызнаецца, што актыўна не ўдзельнічае ў яе жыцці з-за недахопу часу, але ў той самы час адзначае яе важнасць.

— Відавочна, што пашыраецца спектр актыўнасцяў, якія робіць беларуская дыяспара, і захоўваецца нейкая самабытнасць. А што самае галоўнае — захоўваецца кантакт з беларусамі ўнутры Беларусі. Шмат людзей тут намагаюцца нешта рабіць дзеля таго, каб вярнуцца ў Беларусь і зрабіць яе дэмакратычнай.

Мне цікава займацца гэтым праектам

Цікаўлюся ў суразмоўцы, што ён чытае ў эміграцыі, ці бярэ ў рукі беларускую прозу альбо паэзію? Аказваецца, мастацкія творы не ў прыярытэце, аддае перавагу гістарычным манаграфіям, а цяпер чытае філосафа Валянціна Акудовіча.

— Па-першае, я не вялікі аматар паэзіі. Па-другое, я не вялікі аматар мастацкай літаратуры наагул. І па-трэцяе, выкажуся правакацыйна, але не тое каб быў вялікім аматарам беларушчыны наагул. У спектр маіх цікавасцяў у жыцці ўваходзяць іншыя рэчы. Я люблю кінематограф. І ў першую чаргу не беларускі, вядома, бо ў ім няшмат чаго ёсць.

Тым не менш пра Беларусь Даніла думае часта, у коле сяброў гэтая тэма таксама сярод першых. Бо, як і ў большасці, прысутнічае настальгія па мінулым, якое звязана з Беларуссю.

— Рацыянальна я разумею, што гэта проста сантыменты, якія можна неяк падавіць. Адмовіцца ад беларускай ідэнтычнасці — тэхнічна гэта магчыма. Я магу стаць палякам, магу атрымаць польскі пашпарт, і што мне гэтая Беларусь... Але я ж не магу сцерці мае ўспаміны, не магу сцерці мой досвед. І ўсё ж я эмігрант, які толькі тры гады жыве ў эміграцыі, а большая частка жыцця прайшла ў Беларусі. І праз гэта я думаю, што і ментальна, і фізічна мне будзе лепш, калі я буду знаходзіцца ў Беларусі.

Да ўсяго, Даніла верыць, што Беларусь — перспектыўная краіна і яна зможа функцыянаваць не горш за Польшчу ці Літву і з цягам часу здолее стаць такой жа заможнай і такой жа краінай магчымасцяў, як Злучаныя Штаты.

— І мне проста цікава займацца гэтым праектам. Я б хацеў удзельнічаць у напісанні гэтай гісторыі з чыстага ліста пад назвай „Новая Беларусь". Таму я думаю пра Беларусь і займаюся ёй, намагаюся суадносіць з рэальнасцю, імкнуся наладжваць побыт тут, дзе цяпер знаходжуся.

10 лістапада 2023

„Зарабляць грошы ў Польшчы — далёка не рамантыка“

У Беларусі **Аляксандр** пакінуў бізнес, уласны дом, родных і сяброў, каб пачаць адбудоўваць новае жыццё ў Польшчы. Бізнес ён ужо знайшоў, але што датычыцца радзімы, то яна там, дзе жыве яго сям'я.

Мы пажылі ў сваім доме толькі два тыдні

Аляксандр кажа, што ў Беларусі быў дастаткова паспяховым чалавекам. Меў дзве вышэйшыя адукацыі, добрую працу, свой бізнес, пабудаваў дом, але 2020 год усё змяніў.

— Як кожны беларус, зрабіў тады выбар, але яго ўкралі. І мы ўсёй сям'ёй хадзілі на акцыі пратэсту. А потым мне патэлефанавалі сябры і сказалі, што трэба з'язджаць, бо па мяне хутка прыйдуць.

Аляксандр згадвае, што было шкада ўсё пакідаць, хаця апошнім часам і бізнес весці не давалі, нягледзячы на тое, што старанна плаціў усе падаткі. Ад прадпрымальнікаў, з яго слоў, тады вымагалі болей, чым проста заплаціць падаткі, трэба было аддаваць усё, што зарабіў.

— Мы пабудавалі свой дом і пажылі ў ім толькі два тыдні. Пацешыліся сваім домам і вымушаны былі адразу з'ехаць.

За год на ровары праехаў 25 тысяч кіламетраў

Аляксандр кажа, што ехалі практычна ў невядомасць, паколькі ад пачатку ён не ведаў, дзе і як будзе працаваць, дзе наагул будзе жыць сям'я. А ў іх двое малых дзяцей. Адзінае, што суцяшала, — ён шмат чаго ў жыцці ўжо рабіў, таму ведаў, што працу знойдзе. І сапраўды, уладкаваўся хутка.

— Пачаў працаваць кур'ерам на дастаўцы і зарабляў вельмі добрыя грошы. Праўда, працаваў па 12 гадзін. За год праехаў на ровары 25 тысяч кіламетраў. Сябры смяяліся з мяне, але я не меў іншага выйсця, бо трэба было плаціць за кватэру і карміць дваіх дзяцей. Мы прывыклі добра жыць у Беларусі, у нас усяго хапала. Мне, дарэчы, ніхто не верыў, што я на дастаўцы зарабляў да дзвюх тысяч долараў у месяц.

Спадар прызнаецца, што ніколі не баяўся працы, свае першыя кішэнныя грошы пачаў зарабляць з 13 гадоў, мыючы падлогі і падмятаючы вуліцы, і заўсёды меў сваю фінансавую незалежнасць. І ў той самы час прызвычаіўся шанаваць любую працу.

Калі ты ў Беларусі займаўся бізнесам, то зможаш гэта рабіць у любой краіне

Пабачыўшы ў Польшчы магчымасці развівацца, Аляксандр думаў, як адчыніць сваю кавярню, аб якой даўно марыў. Ён пачаў даследаваць, што заказваюць палякі, што яны купляюць.

— У Беларусі ў большасці людзей не было магчымасці заказваць ежу па дастаўцы, бо заробкі малыя і хапала толькі на сціплае пражыванне. Тут я пазнаёміўся са сваім будучым калегам па бізнесе Мацеем. Ён працаваў у бургернай. Мы сталі сябраваць і праз паўгода здолелі адчыніць сваю бургерную.

Цікаўлюся ў Аляксандра, ці не было яму страшна пачынаць бізнес у чужой краіне. Так ці інакш, дзеля гэтага трэба было ўкладваць грошы.

— Ведаеце, я быў бізнесменам у Беларусі. А калі ты там даваў рады займацца бізнесам, то зможаш рабіць гэта ў любой краіне. І калі ваўкоў баяцца, то не трэба хадзіць у лес. Не магу сказаць, што мне было лёгка, і цяпер таксама не проста, але трэба ўвесь час працаваць.

На погляд суразмоўцы, у Польшчы таксама хапае бюракратыі, каб адкрыць справу, таксама шмат паперак. Але з іншага боку — у Беларусі ён не адважыўся б адкрыць рэстаран, бо там пастаянна трэба было плаціць хабар самым розным дзяржаўным службам, правяраючым і г. д.

— Тут таксама трэба адразу заплаціць розным інстанцыям, але ты адразу заплаціў — і можаш спакойна працаваць. Тут няма такога, што нехта потым прыйдзе і пачне з цябе вымагаць грошы.

Бургерная з беларускім прысмакам

Тым не менш, са слоў Аляксандра, адразу на гэтым багатым не станеш. Яны працуюць ужо тры месяцы і пакуль для сябе не ўзялі ні златоўкі. Хлопец распавядае, што ўсе даходы ішлі на рэкламу, на набыццё новага начыння і патрэбных рэчаў для кавярні. А таму адзначае, што зарабляць у Польшчы грошы — гэта далёка не рамантыка.

— Але я выбраў гэты шлях сам. Я разумею, што ў Беларусі меў усё, але там у любы момант маглі мяне пасадзіць. Там цяпер садзяць проста за падабайкі. А для мяне галоўным у маім пераездзе была будучыня маіх дзяцей.

Бургерная Аляксандра адрозніваецца ад падобных установаў у Познані, паколькі мае своеасаблівае меню.

— Мы робім бургеры ў бульбяных дранiках. Я прывёз гэты рэцэпт з Беларусі, і наша кухня мае прысмак беларускасці. Беларусы яе заціанілі і сказалі, што вельмі смачна атрымліваецца. Палякі таксама з задавальненнем да нас наведваюцца, бо ў іх дранікі прадаюцца моцна высмажаныя і зробленыя ў фрыцюры, а мы свае дранікі смажым на патэльні, натуральным спосабам. Таму атрымліваецца вельмі смачна.

Мая радзіма там, дзе мая сям'я

Калі пачынаем гаварыць пра Беларусь, Аляксандр прызнаецца, што сумуе па родных, блізкіх і сябрах. Але ў той самы час упэўнена кажа, што туды больш не вернецца. На яго думку, нават калі ў Беларусі адбудуцца палітычныя змены, то там не ўсё хутка пачне дзейнічаць як у цывілізаваных краінах, бо там вельмі шмат людзей з савецкай ментальнасцю.

— Жончыны бацькі ўсё прадалі ў Беларусі і прыехалі сюды, жывуць у Познані. А мае вырашылі застацца. Мая мама адпрацавала ў беларускай медыцыне 30 гадоў — яе заробак 500–600 беларускіх рублёў. Яна скардзіцца, што ёй ні на што не хапае, працуе на дзве-тры стаўкі, але змяняць нічога не збіраецца. Такая беларуская натура. Мы хацелі зрабіць змены ў 2020 годзе, але ў нас не атрымалася.

Наагул, Аляксандр хоць і сумуе па сваім горадзе і блізкіх, але прыйшоў да высновы, што радзіма там, дзе твая сям'я. І з гэтым цяпер жыве.

— Я змагаўся да апошняга, але калі пачаўся хапун, нягледзячы на ніякія заслугі і дасягненні, калі пачалі збіваць усіх запар, я зразумеў, што буду наступным. Ты на радзіме, але там нікому не патрэбны. Дык навошта я буду на той радзіме нікому не патрэбным, калі я буду лепш у чужой краіне нікому не патрэбным, але затое буду свабодным?

14 лістапада 2023

„Беларусы хацелі і хочуць перамен“

Ад клерка ў дзяржустанове да ўласніка. Праз збіццё АМАПам і да эміграцыі. Ад працы на пана да працы на сябе. **Мікалаю** хочацца дапамагчы адбудаваць новую Беларусь.

Было шмат надзей

Мікалай па адукацыі эканаміст, але, як сам заўважае, у Беларусі на дзяржпрадпрыемствах давялося працаваць на розных пасадах: і эканамістам, і бухгалтарам, і намеснікам дырэктара. Толькі вось ужыцца з гэтай сістэмай так і не атрымалася.

— Я сышоў з гэтай сістэмы, мы цалкам разышліся. Не мог я там працаваць. Ты прыходзіш на працу, а кожны начальнік патрабуе нешта сваё, дасылаюць лісты з загадамі, а ты разумееш, што гэта поўнае глупства.

Працаваў сам на сябе. Праўда, з яго слоў, перад 2020 годам сітуацыя з бізнесам пачала пагаршацца, паколькі эканамічны стан у краіне змяніўся не ў лепшы бок. Тым не менш быў сам сабе гаспадаром. Але тут пачалася выбарчая кампанія.

— Вельмі шмат надзей тады было. Далі людзям волю, і былі такія шматлюдныя акцыі. Людзі выходзілі даволі смела, бо мелі надзею. Я не хачу сказаць, што перад выбарамі актыўна ўдзельнічаў, а калі прайшлі выбары і акцыі былі кожны дзень — я пайшоў.

Прайшоў аўтазакі, збіццё, АМАП...

Трохі задумаўшыся, працягвае і кажа, што зведаў падчас акцый усё тое ж, што і астатнія.

— Мяне затрымалі, прайшоў аўтазакі, збіццё, АМАП, РАУС, бачыў збітых людзей, якіх не давалі вывесці хуткай дапамозе. Міліцыянты нікога не падпускалі: збіты ляжыць — і хай ляжыць. У крыві — хай у крыві. Я таксама быў у крыві. Мяне аглядалі медыкі, але нічога страшнага. Вось увесь гэты шлях я адчуў на сабе.

Цікаўлюся ў Мікалая, пра што думаў у тыя хвіліны. А ён цяпер вельмі спакойна адказвае:

— Калі ты ляжыш у аўтазаку адзін на адным — там нічога не думаеш. Цябе б'юць, ты замыкаешся ў сабе, бо не можаш нават павярушыцца. Маленькі штуршок — табе дручком па галаве. У той момант ні пра што не думаеш.

Адкуль у людзей столькі бел-чырвона-белых сцягоў?

Праўда, Мікалай кажа, што не гэта найбольш запомнілася з тых акцый. Як і многія, ён перажыў пачуцці, якія дагэтуль з ім.

— Мяне вельмі ўразілі падзеі, якія адбываліся на першым тыдні пасля выбараў, калі ладзіліся самыя масавыя акцыі. Мяне гэта вельмі ўразіла, і я дагэтуль гэта памятаю, бо ніяк не мог зразумець, адкуль у людзей столькі бел-чырвона-белых сцягоў. Вось так жывеш — усюды ціха, нікога не бачна, а тут раптам — усё ў бел-чырвона-белых сцягах, балёніках, нейкіх плакатах...

Пазней, як заўважае Мікалай, сам сабе адказаў на гэтае пытанне.

— Беларусы хацелі і хочуць перамен, беларушчыну, а не тое, што цяпер там адбываецца. Аказваецца, людзі ўсе гэтага хацелі, а мы раней не бачылі адно аднаго. А тут раптам убачылі. Адчулі, што беларус беларусу брат, як казаў Вітольд Ашурак. Ён вельмі дакладна сказаў. І мы тады ўсе былі сябры, браты і сёстры адно аднаму.

Цеплілася надзея, што хутка вернемся…

А потым пачаўся масавы хапун. Мікалай згадвае, што разумеў: хутка прыйдуць і па яго. Выходзячы з хаты, азіраўся, як ніколі раней. Праўда, з'ехаць удалося без асаблівых прыгодаў. У Польшчы Мікалай не думаў заставацца, не спяшаўся рабіць дакументы, але час ішоў, а нічога не змянялася.

— У мяне была надзея, што ўсё гэта хутка скончыцца. Я думаў, што прабуду 2–3 месяцы, ну паўгода і вярнуся. Была надзея, а пазней зразумеў, што дарогі назад няма.

Лепей працаваць не на пана

Уладкаваўся на будоўлю, пачынаў з памочніка майстра, а праз сем месяцаў дарос да брыгадзіра. Тым не менш кажа, што праца нялёгкая, працаваць даводзілася па 8–10 гадзін. Бывалі моманты, калі гаспадары не плацілі грошай, і даводзілася быць галодным па некалькі дзён. Таму плюнуў на ўсіх гаспадароў і пачаў сам займацца рамонтам і будаўніцтвам.

— Вось з траўня я пайшоў працаваць самастойна, і мяне цяпер ужо з рук у рукі перадаюць. Адным трэба прыбіць, іншым павесіць, некаму прыбудаваць — хапае працы. А за гэтыя паўгода я разгледзеўся і бачу, што трэба пашырацца ў гэтай справе, бо не хочацца працаваць на пана.

Беларусь — наш дом

Апроч працы, Мікалай займаецца актыўнай дзейнасцю ў беларускіх арганізацыях, прымае ўдзел у акцыях, якія ладзяць беларусы. У Польшчы яму ў цэлым таксама падабаецца, шмат агульнага з беларусамі. Спадар кажа, што, калі часам чагосьці не ведае, запытаецца па-польску, гаворыць па-беларуску і можа дамовіцца.

— Мне падабалася наша мова, і яна была заўсёды са мной. Я і ўкраінскую мову добра разумею. Некалі ўдзельнічаў у ТБМ, гэта нешта дало. Але быў такі перыяд, калі я пачаў размаўляць з асобнымі людзьмі цалкам на беларускай мове. А тут гэта вельмі добра, калі ты размаўляеш па-беларуску, — гэта як знак гонару за мову. Ды і ва ўсіх сацыяльных сетках пішу па-беларуску.

А таму і па Беларусі Мікалай сумуе, асабліва па прыродзе, дзе часта бавіў час з сябрамі і блізкімі. Яму гэтага вельмі не хапае.

— Беларусь — гэта наш дом. Калі будуць там змены, то я хацеў бы прыехаць назад. Але ўжо каб і там, і тут нейкі бізнес рабіць. Бо тут таксама ёсць сябры, а там — родны дом. Ну і хацелася б пабудаваць новую Беларусь, дапамагчы, бо досвед маю, каб нешта зрабіць. Усе мы на гэта спадзяёмся.

18 лістапада 2023

Адна з „партызанак“

Адна з першых у Польшчы, хто пачаў дапамагаць беларускім уцекачам, Яна Шостак разам з сяброўкамі ў першыя дні вайны прыйшла на дапамогу ўцекачам з Украіны. І сёння працягвае сваю дзейнасць. Яна таксама займаецца навукай і працуе…

„Партызанка“ пачынала з дапамогі беларускім уцекачам

Яна Шостак даволі вядомая асоба сярод беларусаў у Польшчы, хоць пра сябе гаворыць даволі сціпла. Нарадзілася і скончыла школу ў Гродне. З 17 гадоў жыве ў Польшчы, атрымала польскае грамадзянства. Скончыла дактарат у галіне мастацтва і выкладае ў Акадэміі мастацтваў, а таксама працуе мастачкай.

Яна стала вядомай пасля шэрагу артыстычных акцый: перформанс „Хвіліна крыку для Беларусі“, прапанова ўвесці слова „новак“ замест „уцекач“ у польскую мову і стварэнне сукенкі, якая складаецца з 1280 партрэтаў палітвязняў.

Але сёння мы размаўляем з Янай на іншую тэму. Яна адна з тых, хто ў 2020 годзе спрычынілася да стварэння ў Польшчы грамадзянскага руху „Партызанка“. І ўжо на працягу трох гадоў разам з іншымі валанцёрамі аказвае дапамогу ўцекачам з Беларусі і Украіны.

Яна распавядае, што падчас выбараў знаходзілася ў Гродне, удзельнічала ў пратэстах. Праз некаторы час, калі людзі пачалі з'язджаць ад пераследу, зарыентавалася, што трэба наладжваць ім дапамогу ў Польшчы.

— І менавіта тады сустрэла першых чацвярых уцекачоў, якія мелі праблемы з тым, што найперш трэба рабіць у іх сітуацыі, дзе шукаць хоць нейкую дапамогу. І тады з неабыякавымі сяброўкамі пачалі ствараць гарызантальную структуру, якую назвалі „Партызанка" і якая перш за ўсё мела на мэце дапамагаць уцекачам.

Галоўнае было дапамагчы

Напачатку, як згадвае Яна, даводзілася займацца практычна ўсім, паколькі большасць уцекачоў не арыентаваліся ў новай для іх краіне.

— Займаліся ўсім: ад збору рэчаў для ўцекачоў да стварэння канкрэтных інструкцый. Напрыклад, куды звяртацца па міжнародную абарону, якія дакументы дзеля гэтага рыхтаваць, дзе шукаць іншыя арганізацыі, якія аказваюць фінансавую дапамогу, і многае іншае.

Дзеля больш эфектыўнай працы „Партызанкі" яе сябры прыдумалі ўласную структуру, падзялілі дзейнасць на розныя накірункі ў залежнасці ад таго, якая дапамога патрабавалася ўцекачам.

— Я, да прыкладу, займалася ў Міністэрстве працы і дапамагала людзям уладкоўвацца на працу. Дзякуючы намаганням нашай юрысткі Ганны Маціеўскай, якая працавала ў Міністэрстве справядлівасці, дзякуючы яе інтэрпрэтацыі закона людзі, якія атрымлівалі гуманітарную візу, аўтаматычна атрымалі права на працу.

Справа ў тым, што спачатку ўцекачы, якія атрымлівалі гуманітарныя візы, не мелі права працаваць. Потым змянілася права, але з-за неабходнасці супастаўлення і інтэрпрэтацыі некалькіх нарматыўных актаў працадаўцы не мелі ўпэўненасці, ці могуць браць на працу беларусаў з гуманітарнымі візамі без дазволу на працу. Але дзякуючы інтэрпрэтацыі закона юрысткай „Партызанкі" з 1 снежня

2020 года ўцекачы з гуманітарнымі візамі атрымалі права на працу, што значна аблягчыла іх знаходжанне ў Польшчы.

Пазней яна ж падрыхтавала інтэрпрэтацыю, якая датычыла права працаваць для тых, хто знаходзіцца ў працэсе атрымання міжнароднай абароны і мае візу. Гэта было важна, бо часам уцекачы атрымлівалі неактуальную інфармацыю ад памежнай службы аб поўнай забароне працы і што іх віза нядзейсная з моманту пачатку справы аб міжнароднай абароне.

Рабілі тое, за што іншыя не браліся

Яна згадвае складанасці, з якімі даводзілася сутыкацца іх Міністэрству адукацыі. Уцекачы, якія прыязджалі ў Польшчу з сем'ямі, часта не мелі дакументаў, у дзяцей не было ніякіх даведак з адзнакамі аб тым, колькі класаў яны скончылі. І іх даводзілася ў сярэдзіне навучальнага года ўладкоўваць у польскія школы. Валанцёры з „Партызанкі" самі хадзілі і размаўлялі з дырэктарамі школ, пераконвалі іх, прасілі і тлумачылі.

— Іншыя фонды вельмі рэдка рабілі такое, бо гэта даволі складаная праца і займае шмат часу.

Дарэчы, дзякуючы Яне была створана камісія на ўзроўні горада Варшавы, якая дапамагала ўладкоўвацца дзецям уцекачоў у школы ў такіх сітуацыях. „Партызанка" дзейнічала не толькі ў Варшаве, але і ў іншых гарадах Польшчы, дзе патрабавалася іх дапамога.

Існавала ў „Партызанцы" і Міністэрства польскай мовы. Марта, якая займалася гэтым працэсам, здолела для 70 навучэнцаў згодна з іх узростам, родам дзейнасці і інтарэсамі знайсці столькі ж носьбітаў мовы, якія ў парах здзяйснялі навучанне.

— І тэарэтычна, і практычна 70 пар займаліся вывучэннем польскай мовы, што дало свой плён. Такая практыка шмат у чым зблізіла людзей. І гэта хоць і невялікая, але ўсё ж значная частка інтэграцыйнага працэсу, якую б хацелася пашыраць.

У першыя дні вайны апынуліся на мяжы, каб дапамагаць

Мая суразмоўніца зазначае, што адчувалася і дапамога палякаў. Людзі прыносілі рэчы, нехта прапаноўваў свае кватэры для жылля, некаторыя дапамагалі грашыма. Адна з польскіх фірмаў пагадзілася на працягу года прафінансаваць тры стаўкі супрацоўнікам для правядзення інфармацыйнай лініі, якая дзейнічала і дзейнічае дагэтуль.

У лютым 2022 года валанцёры з „Партызанкі" сярод першых апынуліся на польска-ўкраінскай мяжы, каб дапамагаць уцекачам, якія ратаваліся ад вайны.

— Мы стварылі там групу, якая вітала людзей і давала ім першую неабходную інфармацыю. Акрамя гэтага, тлумачылі, што мы беларусы, але не з Лукашэнкам, а разам з імі. І ў той жа час дапамагалі ўсім неабходным на мяжы.

Валанцёры „Партызанкі" акрамя інфармацыйнай дапамогі арганізавалі для ўкраінскіх уцекачоў дапамогу з харчаваннем, элементарнымі бытавымі рэчамі, хаця самі спачатку не мелі нават дзе жыць. Яна згадвае, што многія з-за моцнага эмацыйнага ўздзеяння не маглі там знаходзіцца больш за тры дні і працавалі па зменах. Пазней удалося арганізаваць для іх жыллё, і стала лягчэй.

— Больш за 90 нашых валанцёраў за ўвесь час былі на мяжы. Гэта былі перш за ўсё беларусы, якія самі ўцяклі ад рэжыму і мусілі з'ехаць з Украіны, а таксама тыя, хто ўжо даўно жыў у Еўропе. Мы дзейнічалі сапраўды 24 гадзіны ў суткі кожны дзень на працягу шасці месяцаў. І, ведаеце, там не было ні хвіліны, каб думаць аб нечым іншым, акрамя таго, як дапамагаць людзям.

„Партызанка" існуе на вашы данаты

Цяпер, праз тры гады пасля падзей у Беларусі, са слоў Яны, да іх па дапамогу стала звяртацца менш людзей. Але „Партызанка" імкнецца падыходзіць да тых жа праблемаў ужо на больш глабальным узроўні, комплексна, каб дапамога адчувалася не адзінкамі, а сотнямі і тысячамі ўцекачоў.

— Хаця адначасова 10–20 чалавек кожны дзень звяртаюцца па дапамогу на кругласутачную інфармацыйную лінію і канал у Тэлеграме. Мы замяняем працу тых людзей, якія стаяць пад адміністрацыямі і за 4–6 тысяч злотых прапануюць дапамогу ў падачы дакументаў на міжнародную абарону. А нашы „партызанкі“ робяць гэта бясплатна.

Яна кажа, што цяпер „Партызанка“ існуе пераважна як інфармацыйная лінія, паколькі дзейнічаць шырокім фронтам, як напачатку, ужо немагчыма. Цяпер яны не займаюцца зборам і раздачай адзення, пошукам кватэраў, затое дапамагаюць шукаць месцы для лячэння ці праходжання рэабілітацыі былым беларускім палітзняволеным.

Фонд „Партызанка“, як заўважае Яна, з’яўляецца прыватнай арганізацыяй, не мае ніякіх грантаў, а іх інфармацыйная лінія працуе на данатах.

На развітанне цікаўлюся ў Яны: як з прыватным жыццём, ці ёсць яно?

— З гэтым дагэтуль складана… Я магла ўключыцца ў валанцёрства дзякуючы таму, што атрымала навуковую стыпендыю на тры гады. Канешне, хацелася б прыехаць у Гродна, але ўсе мы вернемся калі-небудзь у вольную Беларусь.

22 лістапада 2023

„Не лічу сябе тут эмігрантам“

Аляксандр пераехаў у Польшчу дзеля лепшых заробкаў. Адчувае нармальнае стаўленне да сябе. Жыве поўным жыццём, дапамагае дзецям у Беларусі, а сумаваць па доме папросту не мае часу.

Я вырашыў змяніць сваё жыццё

Аляксандр патрапіў у Польшчу з эканамічных прычын. Маючы дзве вышэйшыя адукацыі, не змог знайсці ў Беларусі працу, якая забяспечвала б прыстойны заробак і магчымасць жыць.

— Не задавальняла мяне ні праца ў Беларусі, ні яе аплата. У нас у буйных гарадах шмат агенцтваў па працаўладкаванні. Я звярнуўся ў адно з іх, заплаціў грошы, і мне зрабілі візу, далі накіраванне на працу, і так я першы раз апынуўся ў невялікім горадзе Лешна.

Праца была на заводзе металічных канструкцый, як згадвае Аляксандр. Прычым даволі цяжкая: даводзілася працаваць пазменна, у тым ліку і ў начныя змены. Але іншай працы не шукаў. Адпрацаваў той тэрмін, колькі дазваляла знаходзіцца віза, і вяртаўся дамоў.

— Але калі я ехаў у аўтобусе і пад'язджаў да Брэста, то зразумеў, што ізноў вярнуся сюды. Бо як бы цяжка тут ні было, але я адчуваў сябе добра і мне было тут цікава.

Вядома, значным аргументам, каб вярнуцца на цяжкую фізічную працу, былі не толькі заробкі, якія ў разы большыя, чым у Беларусі. Але мой суразмоўца гаворыць аб гэтым толькі агульна.

— Працаваць у Беларусі мне было неяк няўтульна. Я ў сваім жыцці не раблю таго, што мне не падабаецца. Не хацеў там хадзіць і прасіць якую-небудзь пасаду. Я вырашыў усё змяніць, цалкам перайначыць сваё жыццё.

Тая самая праца ў Беларусі ацэньваецца ў два разы танней

Другі прыезд Аляксандра на працу пачаўся з таго, што ён трапіў адразу да махляра, які займаўся нібы будоўляй, але на самай справе ашукваў сваіх рабочых.

— Я быў ужо не першы. Ён набраў сабе людзей у будаўнічую кампанію, але пры гэтым не рабіў для іх ніякіх дакументаў, а значыць, мы працавалі незаконна. І калі я запытаўся пра дакументы, ён пачаў сыпаць абяцанкамі: маўляў, пазней. Але я адразу зразумеў, што гэта махляр, і развітаўся. Ведаючы трохі польскую мову з папярэдняй паездкі, пачаў шукаць працу праз інтэрнэт.

Знайшоў фірму па ўкладцы тратуарнай пліткі. Досвед такой працы раней ужо быў. У фірме працуюць толькі польскія рабочыя. Аляксандр кажа, што яму падабаецца гэты занятак і калектыў, у якім працуе.

— Мы ўкладаем плітку прамысловым спосабам. Гэта калі ты кладзеш не толькі рукамі, а гэта робіць адмысловая машына, якая кладзе адразу 38 костак. Для мяне гэта было спачатку дзіўна, бо ў Беларусі я не бачыў такіх тэхналогій. І вось тут я працую ўжо 10 месяцаў.

Аляксандр працай задаволены, хаця кажа, што зімой даводзіцца значна цяжэй, але, маўляў, зіма праз некалькі месяцаў скончыцца. Затое ўсё аплочваецца належным чынам.

— Я вам проста скажу, што тая самая праца ў нас аплочваецца ў два разы менш, а кошты на жыццё ў нас у два разы даражэйшыя. І відавочна, што грошы ў мяне тут збіраюцца. Дапамагаю дачцэ і сыну ў Беларусі. І мне на жыццё хапае, а калі хочаш, то можна і падпрацоўку знайсці.

І працую, але і адпачываю

У польскім калектыве, дзе працуе Аляксандр, з яго слоў, таксама стаўленне на роўных, як і да польскіх рабочых.

— Ставяцца ў калектыве як да свайго. Напачатку прыглядаліся, але не было ніякай розніцы, што я беларус. Заўсёды глядзелі на тое, што ты ўмееш, як ты працуеш. Там няма ніякай розніцы. Працуеш добра, адпавядаеш працы, добрасумленна выконваеш абавязкі — і на гэтым усё.

Цікава, як мой суразмоўца праводзіць тут вольны час, ці мае сяброў сярод беларусаў. Аляксандр усміхаецца і адказвае:

— Ёсць сябры і сярод беларусаў, і сярод украінцаў, і сярод палякаў. Сябрую з усімі, але сам люблю займацца спортам, хаджу ў лазню, у басейн. Некалі бегаў, але паколькі цяпер праца цяжкая, то толькі плаваю. На імпрэзы з сябрамі хаджу. Нядаўна былі на канцэрце беларускага гурта Naviband.

Розніца ў эканамічных сістэмах

Спрабуем з Аляксандрам разважаць пра тое, чаму з Беларусі з'язджаюць на працу і будаўнікі, і лекары, і людзі іншых прафесій і розных узростаў. На думку суразмоўцы, праблема крыецца ў розных эканамічных сістэмах.

— Ты ведаеш, што цябе тут не ашукваюць. Што зрабіў — за тое і атрымаў. Гэта вельмі важна. І потым, цябе не абкладаюць немагчымымі падаткамі. Наадварот, калі за год не маеш пэўнай сумы даходаў, то падаткі табе вяртаюць. Ды і заробкі падвышаюцца. Я напачатку атрымліваў 22 злотых за гадзіну, а потым 23, 24. Яны глядзяць на тваю працу. А ў Беларусі ці ты добра працуеш, ці горш — табе плацяць тое самае.

Трохі падумаўшы, Аляксандр дадае:

— Але ўсё ж паказчык, калі мы бачым, як шмат людзей з'язджаюць з Беларусі, прычым самых розных прафесій, у каго ёсць рукі, у каго галава працуе. Вось у чым наш боль і праблема — людзі не могуць там сябе рэалізаваць так, як яны могуць гэта зрабіць тут, у Польшчы. Умовы павінны быць такімі, каб людзі працавалі ў сябе дома і там будавалі, лячылі, вучылі...

Па доме асабліва не сумую

Цікава, што мой суразмоўца даволі аптымістычна глядзіць у будучыню. Ён упэўнены, што надыдзе час, калі большасць беларусаў з еўрапейскім досведам вернуцца ў сваю краіну і пабудуюць там сапраўдную Беларусь. Я цікаўлюся, што б ён хацеў найперш змяніць у Беларусі.

— Першае, я б дазволіў, каб пускалі з хатнімі жывёламі ў грамадскі транспарт, у крамы. Бо жывёла — гэта сябра чалавека. І тут на кожным кроку гэта бачыш. І ў грамадскі транспарт, і ў кавярні спакойна з імі заходзяць. І не бачу тут беспрытульных жывёлаў, ніводнага разу не бачыў.

Што датычыць Беларусі, то Аляксандр кажа, што асабліва не сумуе па доме. Праўда, калі сустракаецца ў Польшчы з беларусамі, то імкнецца размаўляць, распытваць. А сваю беларускасць падтрымлівае тым, што чытае літаратуру, слухае беларускую музыку.

— Ды і эмігрантам я сябе не лічу. Во, радзіма мая побач, я тут у суседзяў, у гасцях. Вядома ж, сумую па дзецях, па бацьках, сябрах, але не так, каб была нейкая дэпрэсія. Ды і няма часу стрэсаваць: то праца, то адпачынак — расклад такі.

23 лістапада 2023

„Мы хочам размаўляць на роднай мове, ведаць нашу культуру і вывучаць гісторыю...“

Актывісты беларускай арганізацыі „Рух“ правялі для беларусаў Велікапольскага ваяводства мерапрыемства, прысвечанае ўгодкам Слуцкага збройнага чыну. Адна з удзельніц акцыі, **Кацярына**, пагадзілася падрабязней распавесці пра дзейнасць сваёй арганізацыі.

— Мы заўсёды, калі гаворым пра нашу арганізацыю, называем яе „Рух“, але поўная назва — „Рух беларускіх нацыяналістаў“. Адразу хачу адзначыць, што на постсавецкіх прасторах слова „нацыяналіст“ успрымаецца як нешта скрайняе. Сваімі мерапрыемствамі мы імкнёмся паказаць, што мы патрыятычная арганізацыя, і падкрэсліваем сваю любоў да роднай мовы і культуры, хочам вывучаць нашу гісторыю. У нас няма нейкіх ультраправых поглядаў, мы за тое, каб вярнуцца на радзіму, каб у нашай краіне існавалі справядлівыя дэмакратычныя выбары і г.д. І, вядома, у першую чаргу мы павінны ў сваёй краіне вярнуцца да роднай мовы.

— У вас гэта студэнцкая арганізацыя ці можа прыйсці кожны ахвочы?

— Кожны ахвочы можа стаць сябрам нашай арганізацыі. Сярод нас ёсць людзі рознага ўзросту і не толькі студэнты. Я, напрыклад, далучылася, калі яшчэ была студэнткай. Але да нас прыходзяць дзяўчаты і хлопцы розных прафесій — дызайнеры, інжынеры, навукоўцы... Нас усіх аб'ядноўвае тое, што мы хочам вывучаць нашу мову і нашу гісторыю.

— Наколькі я разумею, мэта дзейнасці вашай арганізацыі перадусім асветніцкая?

— Так, бо займаемся вывучэннем гісторыі, культуры, мовы. Праводзім такія мерапрыемствы для людзей. Сёння, напрыклад, зладзілі мерапрыемства, прысвечанае Слуцкаму збройнаму чыну. Мы нагадваем беларусам, што маем такое свята, што ў нас былі такія людзі, і пра тое, што гэта барацьба не скончылася, яна працягваецца. Так было і 100, і 200, і 300 гадоў таму, і дагэтуль барацьба за незалежнасць працягваецца.

— А можаце распавесці пра іншыя вашы мерапрыемствы?

— Гэта першае наша мерапрыемства для вялікай беларускай аўдыторыі. Да гэтага мы праводзілі акцыі. Напрыклад, на Дзяды. У Велікапольскім ваяводстве не шмат пахаванняў беларусаў, але ў той дзень мы ўсклалі кветкі і запалілі znічы каля помніка Адаму Міцкевічу. І гэта быў такі знак, што мы памятаем. Цікава, што палякі лічаць Міцкевіча сваім, і беларусы таксама, і літоўцы. Але ў нас шмат такіх людзей, якіх шануюць розныя народы. Дагэтуль мы яшчэ рабілі акцыю, прысвечаную двум беларускім добраахвотнікам, якія дагэтуль знаходзяцца ў палоне. На сцяне малявалі іх мурал і ўскладалі кветкі. Імкнёмся на такія акцыі запрашаць людзей, каб прыцягваць іх увагу да розных падзей і нагадваць пра нешта важнае.

— У вас масавая арганізацыя?

— Так. У нас шмат філій у розных польскіх гарадах: у Беластоку, Варшаве, Шчэціне і іншых. І, дарэчы, пасля публічных мерапрыемстваў да нас звычайна далучаюцца новыя сябры. Што датычыцца сацыяльных сетак, то там пераважна толькі цікавяцца, а вось калі пабываюць на нашых мерапрыемствах, то іншыя вынікі.

— На ваш погляд, што прыцягвае людзей у вашу арганізацыю, чаму яны да яе далучаюцца?

— Добрае пытанне. Ведаеце, калі я прыйшла, з першага дня пабачыла такое правіла: спрабуй размаўляць па-беларуску, нават калі не ўмееш. У іншых арганізацыях да гэтага ставяцца больш лаяльна: маўляў, магчыма, мова і культура не настолькі важныя, мы ўсе людзі, галоўнае, каб Лукашэнка адышоў ад улады і г.д. У нас больш нацыянальна арыентаваныя людзі. Мне падабаецца, што ў нас няма нейкіх скрайнасцяў, што ўсё будуецца на нашым патрыятызме, каб вярнуць нашу культуру і мову.

— Вы ўжо ўдзельнічалі ў розных імпрэзах, акцыях. Якія высновы робіце — ці вартая гэта справа?

— Я асабіста, як і многія, хто далучыўся да арганізацыі, добра разумеем, што зараз не ў сілах змяніць тое, што адбываецца ў Беларусі. Але мы можам пастарацца змяніць сябе. Мы адукоўваемся, набываем нацыянальную самасвядомасць. Цяпер бяром усё лепшае, што ёсць у Польшчы: глядзім, як яны будуюць гарады, як уладкоўваюць жыццё, як эканамічна развіваюцца... І наша задача — узяць гэта лепшае і прынесці ў Беларусь, калі з'явіцца магчымасць туды вярнуцца.

— Вы сумуеце па Беларусі?

— Вельмі сумую. У мяне атрымалася як у Міцкевіча. Я палюбіла сваю радзіму, калі яе пакінула, і не магу туды вярнуцца. У мяне сітуацыя на 100 % як у творы „Пан Тадэвуш“. Сумую, вельмі сумую. Я нарадзілася ў невялікім горадзе, але з багатай гісторыяй, і вельмі тужу па сваіх блізкіх.

— Але гэта сітуацыя некалі выправіцца. Вы не захочаце тады застацца ў Польшчы?

— Я адразу вярнуся. Вельмі люблю Польшчу за тое, што яна зрабіла для мяне і такіх жа беларусаў, якіх вымусілі пакінуць бацькаўшчыну. Але гэта ўсё ж не мая краіна. Я хачу да сябе, на радзіму.

28 лістапада 2023

Ён любіць падарожжы, а галоўнае ў іх — людзі

У Яўгена быў доўгі шлях пасля 2020 года: праз Турцыю, Арменію ў Польшчу. Але гэта толькі прамежкавы этап. Далей — новыя падарожжы.

За 26 дзён прайшоў 814 кіламетраў

Перш чым апынуцца ў Польшчы пасля падзей 2020 года, Яўген прарабіў даволі доўгі і няпросты шлях. Амаль два гады пражыў у Турцыі, але там легалізавацца не ўдалося, таму падаўся ў Арменію. А там яго адразу арыштавалі па запыце Беларусі, паколькі ён знаходзіўся ў вышуку як удзельнік падзей 2020 года.

— Паўтара месяца мяне не выпускалі з краіны. Трохі патрымалі ў ІЧУ, хоць гэта нават цяжка назваць ІЧУ. Хай і сядзеў у камеры, але стаўленне да мяне было зусім іншае, чым у Беларусі. Давалі некалькі разоў на дзень есці, пыталіся, ці не хачу больш. Ну і ўвогуле: Жэня-джан, не хвалюйся, усё будзе добра, хутка выпусцяць, у нас такія ўжо былі.

Яўген з павагай адзываецца пра армян, бо ў Беларусі прайшоў праз суды, камеры і добра ведае, як там ставіліся да людзей. Відавочна, яму не вельмі хочацца пра гэта згадваць. Ён распавядае, што за паўтара месяца ў Арменіі здолеў нават трохі пападарожнічаць. Але найбольш ён усё ж гаворыць пра Турцыю, дзе ўжо даўно займаецца арганізацыяй пешых тураў па гэтай краіне.

Згадвае, што некалі прыехаў туды на адпачынак і, пабачыўшы тыя краявіды, захапіўся іх прыгажосцю. Сам шмат прайшоў і нават распрацаваў некалькі маршрутаў для пешага турызму.

— У мінулым годзе я прайшоў Сафійскі шлях — гэта ад Стамбула да Коны. Гэта частка таго шляху, якім ішлі мусульмане ў Мекку. Я за 26 дзён прайшоў 814 кіламетраў з заплечнікам, пешшу...

На маё здзіўленне да цікавасці такіх падарожжаў Яўген толькі ўсміхаецца:

— Гэта проста жаданне атрымаць нейкую асалоду ад жыцця. Не ведаю, з якіх часоў я стаў разумець, што мы тут ненадоўга. Наш жыццёвы шлях вельмі кароткі, і таму трэба выкарыстоўваць кожнае імгненне, каб потым цешыцца ўспамінамі. Гэта вялікая падзяка майму дзядулю і майму дзядзьку, якія жывуць на Палессі і навучылі мяне ставіцца да асяроддзя, да прыроды ў тым сэнсе, што мы не гаспадары тут, а жывём у адзіным доме. Вось, хутчэй за ўсё так.

Найбольшыя ўражанні ад людзей

Цікаўлюся ў Яўгена яго ўражаннямі ад далёкай краіны.

— Найбольшыя ўражанні ад людзей, якіх ты сустракаеш. І ты пачынаеш разумець, што гэта ўжо частка твайго жыцця, бо не бывае выпадковых сустрэч — я так лічу. Усе людзі, якія з'яўляюцца ў нашым жыцці, прыходзяць для таго, каб даць табе нейкі ўрок і атрымаць пэўны досвед. І я таксама даю гэты досвед іншым. Ну і, безумоўна, гісторыя самой краіны. Гэта велізарная гісторыя. Калі ісці ад Асманскай імперыі... Урарту — вельмі ўразіла. Яна перасякаецца з Арменіяй — вельмі цікава. Ды і ў кожнай частцы Турцыі свая гісторыя і свае цікавосткі.

2020 год даў разуменне беларусаў

— Вы кажаце, што ўсе людзі, якіх мы сустракаем, невыпадковыя, даюць нам нейкі досвед. А які досвед даў вам 2020 год і тыя людзі, якіх вы сустрэлі?

— Ён даў досвед, што беларусы сапраўды моцная нацыя. Шкада, што цяпер усё так атрымліваецца, але я ўпэўнены, што ў хуткім часе ўсё зменіцца і кожны зможа вярнуцца ў сінявокую да бацькоў, да родных, да знаёмых і да тых, каго сустрэў у дваццатым годзе. Да тых моцных неабыякавых людзей, якія гатовы дапамагаць адзін аднаму. Тады ж і з'явілася ідэя, што беларус беларусу беларус.

Маё жыццё можна запіхнуць у заплечнік

Па прыездзе ў Польшчу Яўген знайшоў працу, але трапіў у фірму махляроў, якія не хацелі плаціць заробак. Праўда, грошы свае ён спагнаў, але потым пачаў займацца непасрэдна тым, чым любіць займацца, — пачаў падарожнічаць па краіне, весці Instagram і вадзіць экскурсіі ў горы, каб зарабляць такім чынам на жыццё.

— Хто са мной знаёмы, тыя ведаюць, што мне шмат не трэба. Маё жыццё, як многія мне кажуць, можна запіхнуць у заплечнік — намёты, дыванкі розныя... Я жыву ў хостэле, бо не бачу сэнсу здымаць кватэру. Я не ведаю, дзе буду на наступным тыдні. Яшчэ нядаўна я быў у Гданьску, Гдыні, Сопаце... Я катаюся па Польшчы часам на свае грошы, а часам нехта з падпісантаў падкідвае нейкія данаты на падарожжы. Многія лічаць, што гэта праца. Я таксама лічу, што трачу на гэта свой час.

Дарэчы, у Польшчы Яўгену трапляюцца пераважна, як ён сам заўважае, добрыя спагадныя людзі. І вельмі падабаецца прырода, якая, здавалася б, вельмі падобная да беларускай.

— Мяне вельмі ўразіла Дравінская пушча, якая знаходзіцца недалёка ад Гожува-Велькапольскага. Пушча гэтая побач з руслам Дравы — вельмі прыгожыя мясціны, вельмі.

Калі казаць па праўдзе, у Беларусі такіх лясоў няма. Вельмі шмат букаў — прыгожыя дрэвы, велізарныя, з магутнай энергетыкай, месца сілы.

Вельмі сумую па Палессі

У Польшчы Яўгену таксама падабаюцца гарады, асабліва са старой забудовай, касцёлы, нават у невялічкіх мястэчках. І ён са шкадаваннем дадае, што ў Беларусі засталося вельмі мала падобнага. Цікаўлюся ў яго, ці сумуе па радзіме.

— Вельмі сумую па Ельні, па Альманскіх балотах, па Палессі наагул. Хто жыве на Палессі, той са мной пагодзіцца, што ў нас нават сонейка ўзыходзіць і заходзіць інакш, чым у астатняй Беларусі. Таму калі атрымаецца прыехаць у Беларусь, то найперш паеду на Палессе: там прайшло маё дзяцінства, там пахаваныя бабуля і астатнія продкі.

На развітанне пацікавіўся ў Яўгена — што для яго падарожжа?

— Падарожжа — гэта не новыя мясціны. Гэта людзі, якіх я сустракаю і якія пішуць гісторыю маіх дарог. Для мяне кожнае падарожжа — як новая кніга, а людзі, якіх я сустракаю, і ёсць падарожжа...

Ужо на наступны год Яўген запланаваў новыя вандроўкі. Адна з іх — шлях Султан-трэйл ад Вены да Стамбула. Больш за дзве з паловай тысячы кіламетраў Яўген разлічвае пераадолець за тры месяцы пешшу.

31 лістапада 2023

У эміграцыі аднавілася жаданне маляваць

Мастачка **Вольга** распавядае пра сваё жыццё ў эміграцыі і згадвае, як нечакана для самой сябе ізноў адчула жаданне заняцца жывапісам.

Усё змяніў 2020 год

Вольга — мастачка. Вучылася ў мастацкай школе, скончыла ўніверсітэт, і наогул, як сама заўважае, усё яе жыццё так ці інакш звязана з мастацтвам ці з чымсьці, што каля мастацтва.

Праўда, пасля сканчэння ўніверсітэта яна занялася вырабам вітражоў. Рабілі гэта разам з мужам, як правіла на прыватныя замовы. Чаму менавіта вітражы, а не жывапіс — нейкага ўцямнага адказу пакуль сама не знайшла.

— Хацелася займацца графікай, бо я навучалася ў вядомага ў свеце графіка. Але нешта ў мяне не атрымалася, і я акунулася ў вітражы. Для мяне гэта было спалучэннем жывапісу, графікі і нечага прыкладнога ў адным. І мне гэта тады было вельмі патрэбна.

Праца, як згадвае суразмоўніца, падабалася, мелі з мужам сваю майстэрню, жылі, будавалі планы, але наступіў 2020 год. Вольга ўдзельнічала ў зборы подпісаў за альтэрнатыўнага кандыдата, разам з мужам выходзілі на акцыі пратэсту... Усё як і ў большасці яе знаёмых і сяброў. А потым пачаліся рэпрэсіі.

— Пачуццё небяспекі, якое не праходзіць, не давала магчымасці нармальна жыць. Пра творчасць наогул не магло ісці гаворкі. Увесь час напружанне і думаеш: прыйдуць, не прыйдуць, што будзе заўтра; бачыш, як забіраюць тваіх сяброў, знаёмых, суседзяў... Нейкі сюррэалізм... І калі ты ўспрымаеш усё гэта блізка да сэрца, то жыць папросту немагчыма.

У Польшчы ўсё было знаёма, але пачалася вайна

Знаёмыя падказалі, што прыйшла іх чарга з'язджаць. Былі нейкія дзіўныя адчуванні, бо ніколі не думалі, што ў такіх варунках давядзецца мяняць месца жыхарства.

— Увогуле мы раней падумвалі паехаць некалі пажыць у іншай краіне, бо я ніколі не жыла нідзе, акрамя дома. Але ж не так, каб уцякаць, а каб паспрабаваць пажыць, набыць нейкі досвед.

Польшча прыняла нармальна, як распавядае Вольга, бо тут жыве шмат знаёмых, сяброў, сюды часта раней прыязджалі на закупы, многае ведалі, ды і ў мужа ёсць польскія карані. Польшча ніколі не была чужой краінай. Праўда, праз два месяцы пачалася вайна.

— Я пайшла валанцёрыць і валанцёрыла тры месяцы — дапамагалі ўкраінцам. Гэта быў мой пачатак. Муж працаваў, а я валанцёрыла цэлымі днямі па 12 гадзін разам з іншымі беларусамі, украінцамі, расейцамі, палякамі. І гэта, дарэчы, нейкім чынам дапамагло мне перажыць той складаны момант, калі было вельмі цяжка.

А праз год здарылася нечаканае

— Год таму я пачала ізноў маляваць, нават трохі нечакана для сябе. Можна сказаць, што гэта ішло ад сэрца, я проста адчула, што хачу ізноў маляваць. Я адчула гэтае жаданне, натхненне і проста пачала.

Сябры і знаёмыя, пабачыўшы новыя працы Вольгі, дапамаглі зарыентавацца, дзе іх можна выстаўляць і прадаваць. Сама Вольга кажа, што гэты працэс аказаўся зусім няпростым, трэба прыкладаць намаганні, але яна ўвесь час імкнецца ўдасканальвацца.

— Мастацтва — гэта мая праца. Жыву з гэтага. Думаю, што пачатак добры, і спадзяюся, што далей будзе лепш.

Ёй падабаецца ствараць краявіды.

— На дадзены момант малююцца спакойныя пейзажы з адзінокімі дамамі, але каларыстычна яны даволі яркія, каляровыя і пазітыўныя. Я нават не ведаю, чаму так. Папросту, што прыходзіць у галаву, тое і малюю. Імкнуся сябе не прымушаць, не абмяжоўваць, не ставіць ніякіх рамак, каб не спалохаць сваё натхненне і працягваць рабіць тое, што раблю.

Звяртаю ўвагу мастачкі на тое, што яе пейзажы нагадваюць хутчэй не Беларусь, а нешта скандынаўскае.

— Матывы маіх пейзажаў адначасова і беларускія, і скандынаўскія. Натхняюся я і Беларуссю, і Скандынавіяй, і Польшчай, і прыродай наогул. І здаецца мне, што я імкнуся намаляваць такое месца, у якім мне будзе ідэальна. Такую прастору, дзе ўсё будзе, як я хачу. Ну і так паўстаюць мае карціны.

Беларусь застаецца з намі

Са слоў мастачкі, за свае працы яна ўжо можа пражыць у Польшчы. У дадатак да таго, што працуе муж, маюць магчымасць паехаць летам на адпачынак. У матэрыяльным сэнсе многае падобна на Беларусь, але вось стаўленне да мастака ў Польшчы іншае.

— Палякі заўсёды захапляюцца карцінамі, кажуць: „Як прыгожа намалявана!“, і да ўсяго — купляюць іх. А калі людзі не купляюць мастацтва, не маюць на гэта сродкаў, то цяжка сказаць, як яны да гэтага ставяцца. Магчыма, ніяк.

Цікаўлюся ў Вольгі: якое месца зараз у яе жыцці займае Беларусь? Трохі ўсміхаючыся, мастачка кажа, што пра Беларусь з мужам не забываюць.

— Не адбіліся мы ад Беларусі, у нас тут знаёмыя і сябры з Беларусі, і яшчэ некаторыя даязджаюць. З гэтым усё добра. І беларускае жыццё тут ёсць, і імпрэзы, і месцы беларускія, куды можна схадзіць. Можна не адрывацца ад радзімы. Праўда, шкада, што не маем магчымасці хаця б раз-два на год паехаць дадому, але пакуль ёсць як ёсць, і на гэта мы не можам паўплываць.

Праўда, трохі падумаўшы, дадае:

— Канешне, сумую па Беларусі, па людзях, па любімых мясцінах. Але імкнуся не канцэнтравацца на гэтым, каб заставалася прастора для далейшага развіцця, для жыцця, для нечага новага.

Хочацца, каб пра нашу культуру ведалі больш у свеце

Вольга з жалем заўважае, што ў Польшчы няшмат ведаюць пра беларускае мастацтва і культуру наогул. Да большасці людзей, шкадуе яна, даходзяць толькі навіны з тэлевізара.

— Хацелася б зрабіць усё магчымае, каб прамаваць у Еўропе беларускае мастацтва і культуру. Вось цяпер пра ўкраінскую культуру свет даведаўся. А я думаю, што было б цікава свету пазнаёміцца і з беларускай культурай і ідэнтычнасцю.

Вольга кажа, што заўсёды верыла ў свой народ, у яе не было ніякіх сумневаў у яго годнасці. А 2020 год толькі пацвердзіў гэта.

На развітанне пацікавіўся ў суразмоўніцы, хто яе любімы мастак.

— Любімы мастак? Барыс Забораў. Гэта беларускі мастак, які жыў у Парыжы, у эміграцыі. Калі была на яго выставе ў Мінску, працы моцна ўразілі мяне, да глыбіні душы. У яго вельмі сур'ёзныя вобразы, яны прымусілі мяне, тады яшчэ юначку, задумацца аб жыцці. Гэта было моцнае ўражанне: і візуальнае, і сэнсавае. Вось так адразу — усё разам.

8 снежня 2023

„Дзялюся вопытам: у Польшчы выгадней весці бізнес легальна“

Яўген больш за год утрымлівае ўласную кавярню ў Польшчы і дзеліцца з беларусамі досведам, як весці тут прадпрымальніцкую дзейнасць.

Дапамагаў іншым і адкрыў сваю справу

Яўген Скарабутан вучыўся ў Польшчы па праграме Каліноўскага на філалагічным факультэце, займаўся даследаваннямі па развіцці памежнага турызму паміж Польшчай і Беларуссю, а таксама ва Універсітэце імя Адама Міцкевіча пісаў працу па фінансаванні самакіравання. Увесь гэты досвед, як зазначае Яўген, быў скіраваны на тое, каб прынесці карысць Беларусі ў будучыні, аднак 2020 год змяніў гэтыя планы.

Ён таксама ў тыя дні быў сярод пратэстантаў, але, калі беларусы пачалі з'язджаць з-за пераследу, у Польшчы спатрэбіліся тыя, хто мог бы арганізоўваць для іх дапамогу.

— Тады ў Варшаве пачала дзейнічаць праграма дапамогі беларусам, і мае сябры паклікалі мяне: маўляў, прыязджай, будзеш дапамагаць, бо няма сэнсу там хавацца. І я прыехаў. А на наступны дзень пачаў працаваць.

Дзеля таго, каб нейкім чынам уладкаваць сваё жыццё, Яўген вырашыў заняцца прадпрымальніцкай дзейнасцю.

— Я адкрыў беларускую кавярню ў Варшаве. Мы прадаём там уласную выпечку: печыва, торцікі, дэсерты — і робім каву.

Беларуская кавярня — што гэта азначае?

Яўген кажа, што з задавальненнем падзеліцца сваім досведам, паколькі бачыць, як часта многія беларусы нерашуча спрабуюць рабіць падобныя рэчы ў Польшчы. Але найперш ён тлумачыць, што значыць адчыніць „беларускую“ кавярню. У іх у кавярні на сцяне вялікімі літарамі напісана, што гэта беларуская кавярня.

— Размаўляем з кліентамі-землякамі па-беларуску. Палякі, якія да нас прыходзяць, як правіла, цікавяцца Беларуссю, але ім відавочна не хапае інфармацыі пра нашу краіну. Некаторыя згадваюць свае карані, распавядаюць, што паходзяць з нашых краёў. У нас ёсць адзін пастаянны кліент — дзядуля, які нарадзіўся каля Маларыты і памятае, як у дзяцінстве хадзіў там у грыбы. Ён лічыць сябе палякам, хаця прызнаецца, што беларус, і вельмі ганарыцца тым, што ў яго раёне ёсць беларуская кавярня.

Наогул, Яўген нават і не ўяўляў, што для многіх гэтая беларускасць будзе так шмат значыць.

— Беларусы прыходзяць да нас не толькі каб пагутарыць, ім падабаецца атмасфера, беларуская мова. Ёсць сталыя кліенты, якія прыязджаюць нават з далёкіх раёнаў Варшавы. Пастаянна заходзяць беларускія студэнты, якія жывуць у суседнім інтэрнаце. Але большасць кліентаў — палякі, якія імкнуцца нас падтрымаць. І беларусы бачаць, што мы робім добрую справу, прапагандуем нашу мову, — пакідаюць чаявыя, купляюць увесь асартымент. Гэта цешыць.

Быў прыемна здзіўлены мясцовай бюракратыяй

Дарэчы, вяртаючыся да таго, чаму раптам кавярня, Яўген кажа, што меў даўнюю мару пра гэта, праўда, у яго не было ніякага досведу. Таму, маўляў, вырашыў пачаць з невялікага бізнесу, якім таксама ніколі раней не займаўся.

— Зразумела, што не хацелася рызыкаваць вялікімі грашыма. Я ўклаў у справу на той момант 50 тысяч злотых — гэта было эквівалентна 10 тысячам долараў. Гэтыя грошы мы патрацілі на працягу чатырох месяцаў: рамонт памяшкання, закуп абсталявання, мэбля, прадукты. І гэта была тая сума, якой можна было рызыкнуць. Нават калі не атрымаецца, то грошы невялікія, па варшаўскіх мерках. У нас быў бізнес-план, і шчыра скажу, што атрымалася нават лепей, чым мы планавалі.

Што датычыцца афармлення рознага кшталту дакументаў і стасункаў з рознымі адміністрацыйнымі службамі, то, як кажа суразмоўца, ведаючы сітуацыю ў Беларусі, быў прыемна здзіўлены тутэйшымі парадкамі.

— Гэта ўсё было настолькі проста, што я дарма не спаў начамі, хваляваўся, баяўся зрабіць памылку, пастаянна адкладваў прыезд санэпідэмстанцыі на зацвярджэнне памяшкання, бо мне здавалася, што нешта недарабіў. А калі прыехала дзяўчына з санэпіда, паглядзела і адразу сказала, што ўсё нармальна, падпісала пратакол: маўляў, пачынайце працаваць, — я недаверліва запытаўся: „Ці не будзеце мераць вышыню столі, ці выцяжка адпавядае нормам?..“ Яна патлумачыла, што ў мяне ўсё зроблена добра, тым больш што тут невялікая дзейнасць.

Мне стала зразумела, на што ідуць мае падаткі

Яўген пачаў працаваць як індывідуальны прадпрымальнік. З яго слоў, гэта спрошчаная форма вядзення дзейнасці і не выклікае ніякіх праблем з бухгалтэрыяй і падатковай службай, што для многіх на першы погляд здаецца вельмі складаным.

— Гэта аказалася вельмі нескладана. Больш за тое, на кожным этапе існуе інфалінія, куды ты можаш патэлефанаваць, і па незразумелых пытаннях цябе пракансультуюць.

Няма праблемы, што табе не адкажуць ці будуць пасылаць у іншыя кабінеты. І вось тут, у Польшчы, я пачаў разумець, навошта мы плацім такія падаткі, — гэтыя грошы сапраўды трацяцца на абслугоўванне бізнесу. Усе гэтыя чыноўнікі жывуць за нашы грошы, і яны не хочуць цябе тапіць, наадварот — яны табе падказваюць, каб ты функцыянаваў. І гэта вельмі істотная розніца паміж тым, як да бізнесу ставяцца ў Беларусі.

У гэтай сувязі Яўген звяртае ўвагу на тое, што некаторыя беларусы, якія пачалі займацца бізнесам у Польшчы, не адразу зразумелі, што тут выгадней весці законны бізнес, а не працаваць па схемах, якія дазваляюць абыходзіць падаткі.

— Я размаўляў з прыяцелямі, якія спрабавалі рабіць бізнес у Польшчы і не рэгістравалі яго. Раскруцілі — інстаграм, фэйсбук... І адна вялікая фірма зрабіла ім даволі значны заказ, а яны не маглі за яго ўзяцца, бо не мелі магчымасці выставіць фактуру для заказчыка. І гэта выклікала вялікае здзіўленне ў палякаў: вы маеце мільён падпісчыкаў, а дзейнічаеце нелегальна? І мы падказваем людзям, каб яны ад пачатку дзейнічалі згодна з законам.

Не шыкую, але на жыццё стае

Кавярня Яўгена існуе ўжо больш за год. За гэты час давялося праводзіць шмат эксперыментаў з асартыментам, каб максімальна задаволіць попыт кліентаў і ў той самы час мець прыбытак. Гэты, як заўважае мой суразмоўца, творчы працэс працягваецца на працягу ўсёй дзейнасці. Цяпер ёсць думкі аб пашырэнні бізнесу.

— Мы ўжо ад самага пачатку пачалі выходзіць у плюс, імкнуліся мінімізаваць затраты, і стае грошай, каб заплаціць за жыллё, хапае на ежу. Як кажуць палякі — шалу няма, не разбагацееш з адной кавярні, але на жыццё хапае.

Цікаўлюся ў Яўгена, ці можа ён уявіць сабе, што мог бы адкрыць такую кавярню ў Беларусі.

— Вельмі гэтага хачу і нават бачу, як яна будзе выглядаць. Там мы будзем сустракацца з сябрамі, будзе гучаць беларуская музыка, усё будзе па-беларуску, але гэта яшчэ не сёння. Вельмі шкада, што гэты час, верагодна, прыйдзе не хутка. Пра гэта думалася больш за дваццаць год таму, але мушу прызнацца, што большую частку гэтага часу правёў у змаганні з лукашызмам.

Цікаўлюся ў Яўгена, ці сумуе ён па Беларусі. Ён кажа, што настальгічныя моманты перажыў яшчэ ў часы, калі быў студэнтам. Да ўсяго, большасць яго сяброў цяпер жывуць у Польшчы. Праўда, засталіся знаёмыя ў Зэльве, дзе нарадзіўся і хадзіў у школу. Вось сустрэч з імі найбольш не хапае.

12 снежня 2023

„Мой гумар пра тое, чым жывуць людзі“

Міхась Ільын распавядае пра тое, з чаго смяецца публіка, і пра што думае комік у эміграцыі.

Гумар у Беларусі таксама павінен адпавядаць…

Міхась Ільын — адзін з нямногіх прадстаўнікоў беларускага стэндапу ў Польшчы. Акрамя таго, ён таксама журналіст. Падчас пратэстаў працаваў у Беларусі, і з'язджаць прыйшлося разам з рэдакцыяй.

— Тады ўжо стала зразумела, што людзей саджаюць за каментары, проста за набор тэксту, а ў мяне быў на той момант даволі папулярны твітар. І я зразумеў, што быць гумарыстам у Беларусі таксама небяспечна. Месяц, два, тры — і прыйдуць па мяне…

У стэндапе Міхась пачынаў з 2017 года. Да падзей 2020 года ў яго было не адно выступленне, і таму ён таксама змог адчуць, што гумар у Беларусі павінен адпавядаць пэўным ідэалагічным патрабаванням уладаў.

— Быў не толькі намёк, але і канкрэтныя рэчы. Мне казалі, што з восені 2021 года я быў у чорных спісах як артыст. І мне нават сказалі, што калі мой твар з'явіцца на афішах, то такое мерапрыемства не атрымае гастрольнага пасведчання.

Пачынаў стэндап па-расейску

Наогул, стэндапам Міхась зацікавіўся на пачатку 2010-х гадоў, калі пачалі з'яўляцца пераклады замежных выступаў, у прыватнасці амерыканскіх. Спачатку яму было цікава як гледачу, а потым ён падумаў: чаму я так не змагу?

— Першыя тры ці чатыры выступы былі даволі добрыя. Хаця звычайна ў іншых першыя нават некалькі дзясяткаў выступаў не вельмі атрымліваюцца. А ў мяне было наадварот. Потым пайшоў спад, і толькі калі я зразумеў, у чым мае памылкі, усё закруцілася як трэба.

Міхась згадвае, што пачынаў стэндап па-расейску, хаця практычна ніколі не глядзеў расейскіх комікаў. Проста так тады выглядала сітуацыя з мовай. Былі спробы рабіць гэта ў Мінску, але ахвотных на беларускі стэндап было няшмат.

— Калі мы ўжо апынуліся тут, я і іншыя комікі ў нейкі момант падумалі: чаму не? Калі ўжо зарадзіўся такі трэнд, што нават Ідрак Мірзалізадэ пачаў выступаць па-беларуску, то чаму мы не зможам? Я ўжо год выступаю ў Польшчы, і толькі па-беларуску. На рускай мове ўжо адмаўляюся, калі запрашаюць.

Сярэдні партрэт гледача цяжка скласці

Цікавіўся ў суразмоўцы, як цяпер успрымаецца гумар, пра што ён, адкуль бяруцца тэмы. На яго погляд, жарт дае магчымасць хоць на нейкі час расслабіцца і забыцца, адцягнуць дрэнныя думкі. І гэта патрэбна людзям, яны і прыходзяць на канцэрты. А што датычыць тэмаў, то іх шмат.

— Пра Лукашэнку шмат, шмат пра розныя праблемы ў Беларусі. Ну і, вядома, эмігранцкае жыццё, бо гэта ўсё ж тое, чым я жыву і чым жывуць гледачы. І гэтыя перажыванні адлюстроўваюцца ў людзях і маюць водгук.

Па словах Міхася, публіка самая разнастайная. Прыходзяць і маладыя, і старэйшыя людзі.

— Насамрэч, самая разнастайная публіка, сярэдні партрэт цяжка скласці. Гэта можа быць моладзь 20 плюс і 30 плюс і г. д. Калі канцэрт адбываецца на вялікай пляцоўцы, скажам на 100 чалавек, то абавязкова 5–6 з іх могуць быць і 60 плюс. Прыходзяць часам людзі ўзросту маёй мамы. Часам нават становіцца няёмка, бо разумееш, што жарты на розныя тэмы, і потым думаеш, што не хацеў бы, каб мама глядзела такі выступ. Але ў агульным усё нармальна.

Спрабую дарыць людзям пазітыўныя эмоцыі

Пытаюся ў коміка: а як жарт ужываецца з сумам, з нядобрым настроем ад таго, што вайна, што мы ўсе ў эміграцыі?

— Я сваімі жартамі спрабую людзям дарыць нейкія пазітыўныя эмоцыі. І спадзяюся, што прынамсі падчас маіх выступаў яны забудуць пра той сум. Я проста агучваю бытавыя праблемы, з якімі людзі штодня сутыкаюцца ў эміграцыі, кшталту звязаных з легалізацыяй ці яшчэ з чым-небудзь. Галоўнае, што ў людзей гэта мае водгук, яны разумеюць гэтыя праблемы і самі могуць з іх пасмяяцца.

Дарэчы, пра сваё ўласнае жыццё ў эміграцыі Міхась кажа, што наракаць няма на што. Пераезд адбыўся з рэдакцыяй, працу шукаць не трэба было, ды і ў Польшчы асабліва асвойвацца было нескладана, бо частка жыцця праходзіла ў Брэсце, а там людзі папросту ці не штодня ездзілі ў Тэрэспаль.

— У мяне нават і цяпер ёсць жарт, што ў Польшчы так шмат беларусаў і ўкраінцаў, што цяжка пачуць польскую мову, і за два гады знаходжання тут я стаў ведаць польскую мову горш, чым да пераезду. Уся мая польская мова — „так, мам карту ‚Бедронкі'". І то гэта ў тым выпадку, калі мы з прадаўцом удаем, што не ведаем расейскай мовы.

Рыхтуйся да горшага, але спадзявайся на лепшае...

Цікавіўся ў суразмоўцы, як палякі ставяцца да беларускага стэндапу, ці прыходзяць на канцэрты. Аказваецца, у іх свой вельмі добры стэндап, і яны аддаюць яму перавагу. Міхась таксама адзначае, што стэндап у Польшчы даволі смелы: высмейваюцца і ўлады, і касцёл.

— Але комікі ў Польшчы не сутыкаюцца з такімі праблемамі, з якімі сутыкаюцца комікі ў Беларусі...

І яшчэ хацелася запытацца ў Міхася, што ён думае пра вяртанне дадому, ці верыць, што гэты час хутка наступіць.

— У прынцыпе, я рыхтуюся да горшага, у тым плане, што не раблю сабе пазітыўных думак кшталту „заўтра памрэ, і адразу збіраем рэчы і едзем дадому“. Я рыхтуюся да таго, што гэта можа зацягнуцца яшчэ на год-два. Складана ўсё ж, што ў пэўным сэнсе ёсць такая нявызначанасць. Але ў любым выпадку я яшчэ не гатовы асімілявацца, у мяне ўсё роўна яшчэ такое адчуванне: рыхтуйся да горшага, але спадзявайся на лепшае...

13 снежня 2023

„Вялікіх цяжкасцяў няма, але думкі пра радзіму не пакідаюць“

У эміграцыі **Валянціна** змяніла некалькі заняткаў, нарадзіла сына, у яе ёсць свае планы на жыццё. І вельмі хочацца наведаць радзіму, блізкіх і родных.

У Польшчы пачалося не проста новае жыццё

Валянціна па адукацыі педагог, настаўніца нямецкай і англійскай моваў. Праўда, працаваць у школе ёй не давялося. Як сама кажа, замежныя мовы не былі яе прызваннем, хаця ў Польшчы веданне нямецкай мовы ёй вельмі дапамагло.

— Я змагла хутка знайсці працу з нямецкай мовай. Праз тры месяцы пасля пераезду я даведалася, што цяжарная. Трэба было хутка шукаць працу, прычым афіцыйную. А ў гэты час яшчэ пачалася вайна — быў вельмі складаны час. І вось з нямецкай мовай я ўладкавалася ў тэлефонную кампанію, якая аказвае паслугі сувязі ў Нямеччыне, і адказвала на запыты кліентаў.

А далей усё склалася ўдала — Валянціна нарадзіла хлопчыка, яшчэ на працягу паўтара года кампанія выплачвала ёй дэкрэтныя. Дарэчы, яна згадвае, што нараджаць у Польшчы было зусім не страшна — сучасная медыцына і адпаведнае стаўленне медыцынскага персаналу.

Наогул, да прыезду ў Польшчу яна не вельмі ўяўляла, як будзе складвацца яе жыццё. І вось так з мужам і сабакам ехалі ў невядомасць.

— На самай справе нейкіх цяжкасцяў у нас не было. Яшчэ калі мы былі ў Беларусі, нам казалі, што з сабакам будзе складана знайсці жыллё. Але калі прыехалі, то пабачылі, што ў многіх палякаў ёсць сабакі і яны добра да іх ставяцца, і жыллё мы знайшлі хутка. Ну, ёсць нейкія справы, звязаныя з легалізацыяй, але гэта хутчэй маральныя цяжкасці, бо не ведаеш мовы і табе трэба ўвесь час нешта даведвацца, як правільна рабіць. Але палкі ў колы табе ніхто не ставіць. Адзін раз паспрабаваў, а потым ужо і ведаеш. Таму, што датычыць адаптацыі, у нас не было ніякіх цяжкасцяў.

Усё паціху ўладкоўвалася, хаця была надзея, што хутка вернуцца дадому.

— Мы спачатку казалі, што не будзем купляць шмат рэчаў, каб не захламляцца, а потым скупілі ўсё, што маглі, заставілі ўсю кватэру. Час падышоў ужо нешта выкінуць. Мне вельмі падабаюцца людзі ў Польшчы — вельмі адкрытыя, добразычлівыя. Нават нягледзячы на тое, што мы не вельмі ведаем іх мову, ніхто ніколі нам не сказаў нічога дрэннага.

Чаму я плакала?

Іншая справа, як згадвае Валянціна, — не адпускалі падзеі, якія адбыліся ў Беларусі ў 2020 годзе.

— Маральна было вельмі цяжка. Больш за тры месяцы я знаходзілася ў дэпрэсіі. Пасля падзеяў у Беларусі мы прыехалі нейкія як пабітыя. Маральны стан быў вельмі цяжкі, не хацелася нічога глядзець, ні пра што новае дазнавацца, — проста сядзець у кватэры і глядзець у вакно.

А яшчэ з пачаткам вайны сталі хадзіць на антываенныя мітынгі, і гэта дадавала маральнага цяжару.

— Заўсёды хацелася плакаць. І я думала: чаму я плачу, хоць зусім не плаксівая? Але потым, калі аналізавала свой стан, зразумела, што мне было незвычайна тое, што я стаю на мітынгу і тут бяспечна. Ёсць разуменне, што мяне ніхто не паб'е, што ёсць паліцыя, якая мяне ахоўвае. Было дзіўна глядзець, як паліцыя праводзіць жанчыну з каляскай сярод людзей, каб ёй было бяспечна. І вось ад гэтага хацелася плакаць.

Так хацелася будаваць новую Беларусь

Дарэчы, узгадваючы падзеі ў Беларусі, Валянціна сціпла адзначае, што нічога асаблівага не зрабіла, проста разам з усімі хадзіла на маршы, чакала, калі яны будуць, і нават уяўляла, як удзельнікаў на іх катуюць. Згадвае, як стаяла з іншымі дзяўчатамі на першым маршы, як было страшна, але не пакідала разуменне, што гэта трэба рабіць.

— Я была ўпэўнена, што Беларусь стане вольнай і ўсё зменіцца, пачнуцца перамены. І я гэтага чакала, бо вельмі хацелася ўдзельнічаць у пабудове новай Беларусі. Быў такі вельмі высокі маральны ўздым. Але калі пачала чытаць навіны з Акрэсціна, ды і наогул, тады ўздым змяняўся на супрацьлеглыя пачуцці...

З любімай справай аказалася не ўсё так проста

У Беларусі Валянціна пасля сканчэння ўніверсітэта займалася офіснай працай, але гэта яе не задавальняла. Кажа, лепш бы будавала сцяну, то хоць бачыла б, што канкрэтна зрабіла, а ў офісе канкрэтных вынікаў не відаць. Пасля доўгіх пошукаў новай справы Валянціна занялася рамесніцкай дзейнасцю, пачала рабіць дзявочыя ўпрыгожанні.

— Я рабіла карункі, з дапамогай чаўнакоў пляла розныя карункавыя рэчы з нітак. І, нарабіўшы іх, паехала ўдзельнічаць у сваёй першай выставе ў Мінску.

Як ні дзіўна, але справа ў Валянціны хутка закруцілася, вучылася сама, шмат і ўжо праз некаторы час гэтым заняткам магла забяспечыць сваё жыццё. І гэта было, з яе слоў, сапраўды цікава. І з'явілася задавальненне ад працы.

Праўда, у Польшчы ад пачатку справа з тым жа рамесніцтвам не заладзілася, і яна нават настроілася закінуць гэты занятак. Скончыла курсы маркетынгу, спрабавала займацца вэб-дызайнам, але, як сама заўважае, рукі свярбелі.

— Ну, вось пару тыдняў таму я пачала ізноў прадаваць свае вырабы. Таму гэта не закрытае пытанне, і паглядзім, што з гэтага атрымаецца праз год.

А пакуль дзяўчына цалкам змяніла матэрыялы, з якімі працуе, і больш гэта не карункавыя рэчы.

— Мне давялося пераасэнсаваць усю сваю дзейнасць. Пакуль я атрымліваю шмат пазітыўных водгукаў, але продажаў няшмат.

Тут і лясы не такія дзікія, як у нас...

Цікаўлюся ў Валянціны, як даўно яна размаўляе па-беларуску. Усміхаецца і кажа, што на яе таксама паўплывалі падзеі 2020 года і атмасфера ў эміграцыі. Ды і самі жыццёвыя абставіны дапамаглі гэтаму.

— Але на самай справе ў мяне гэта нешта большае, чым проста нейкі пратэст. Бо беларускую мову я заўсёды любіла, і мне падабалася, як прыгожа яна гучыць. Я памятаю, як у нас у пад'ездзе жыў мужчына, які размаўляў толькі па-беларуску. Калі ён прыходзіў да таты і нешта казаў, я сядзела, прытуліўшыся да сцяны, і ўважліва слухала яго гутарку. Але, жывучы ў Беларусі, я ніколі не дапускала, што сама магу размаўляць па-беларуску. Было сорамна, што беларуска не ведае беларускай мовы. І насамрэч я ведала лепш нямецкую, чым беларускую.

Цяпер Валянціна і на Беларусь глядзіць па-іншаму. Ёй вельмі хочацца адвезці туды свайго сына, каб яго пабачылі блізкія і родныя. Шмат наагул думак пра радзіму.

— Гэта цяжкае для мяне пытанне. Асабліва ў гэты перыяд, калі вельмі сумую па доме. І калі бачу фотаздымкі нейкіх хат, вёсак беларускіх, у мяне нібы ўнутры ўсё пераварочваецца. Вельмі сумую па маіх бацьках, і, калі была б магчымасць хоць з гадзінку з імі пасядзець, паехала б праз усю Польшчу. Тут і прырода не такая, як у нас. Мне не хапае таго дзікага лесу, як у нас, і балотаў тут такіх няма...

14 снежня 2023

„Эміграцыю можна станцаваць. Толькі ў кожнага гэта будзе свой танец…“

Насце няпроста ў эміграцыі, як і многім іншым, але яна шукае розныя шляхі, каб пражыць сваё жыццё цікава і творча. І пры магчымасці абавязкова зрабіць нешта карыснае для Беларусі.

Як беларуская культура плача ціхенька ў кутку…

Наста па адукацыі харэограф, скончыла Мінскі каледж мастацтваў, танцамі наогул займалася з пяці гадоў. Са сталіцы яе накіравалі на адпрацоўку ў невялікі раённы горад. У планах было пастутаць ва ўніверсітэт, але планы, як сама заўважае, змянілі жыццё.

Выкладчыцкая дзейнасць у музычнай школе па 36 гадзін у тыдзень, плюс бясконцыя канцэрты на розных афіцыйных сходах і нязначны заробак, каб толькі выжыць, — з гэтым маладой спецыялістцы давялося сутыкнуцца на пачатку кар’еры.

— Наша ўстанова дадатковай адукацыі лічылася вышэйшай па рангу, чым звычайныя школы ці дамы культуры. А там заробкі былі яшчэ меншыя, чым у нас. Хаця я ніяк не магла ўявіць, як на такія грошы пражыць, мне заўсёды не хапала ад заробку да заробку.

Але гэта не адзінае, да чаго крытычна ставілася Наста. Ёй было цяжка ўспрымаць гэтую штучную шэрую сістэму, у якой чалавек, які працуе ў культуры, нічога не значыць, з ім ніхто не лічыцца. З іншага боку, дзяўчыне было цяжка зразумець псіхалогію людзей, якія звыкліся з гэтым і не шукалі ў жыцці нечага іншага, большага.

— Прычым гэтая сістэма такая дзіўная. Усе разумеюць, што гэтыя мерапрыемствы штучныя, і кожны ведае, што мы не павінны перапрацоўваць. А мы ў свае выходныя дні выходзім на гэтыя мерапрыемствы, працуем — і нам ніхто нічога не даплачвае. Уся гэта дзяржаўная філасофія ніколі не змянялася і дагэтуль такой застаецца: маўляў, так трэба. Мы чамусьці заўсёды павінны і яшчэ ў нечым недапрацавалі, і намі яшчэ і не задаволеныя. Такая вось дзіўная сістэма, і для мяне яна заўсёды была незразумелая.

Апроч гэтага, непрымальным было і стаўленне да маладога спецыяліста непасрэдна ў працоўным калектыве.

— І яшчэ гэтыя ўсялякія статусы: адно, калі старэйшы настаўнік, іншае, калі малады, то і стаўленне да цябе адпаведнае. Кшталту нейкай дзедаўшчыны. Я паважліва стаўлюся да настаўнікаў любых, але таксама бачу, у каго які ўзровень, і калі гэта педагог сапраўдны, то гэта відаць. Але калі сама сябе назвала мэтрам, а праца — нешта зусім мінулае... Тым не менш кіраўніцтва, па незразумелай логіцы, ставіцца лепш да такіх выкладчыкаў.

Усё можа быць інакш

Відавочна, дзяўчына не хацела мірыцца з гэтым, а таму ўжо праз год такой працы знайшла прыватную студыю ў сталіцы і два разы на тыдзень ездзіла туды праводзіць заняткі, каб пасля адпрацоўкі было куды перабрацца. І менавіта ў прыватнай студыі адчула розніцу не толькі ва ўмовах працы, але і ў стаўленні да асобы.

— Мне там вельмі падабалася, зусім іншы падыход. Адміністрацыя імкнулася стварыць найлепшыя ўмовы для дзейнасці. А па выніках бачна, як ты працуеш: дзеці ў тваёй групе застаюцца, прыходзяць новыя — гэта сведчыць аб тваім майстэрстве. Да ўсяго, два разы на год былі канцэрты, і ўсе мелі магчымасць ацаніць тое, што ты зрабіла. І заўсёды былі вельмі добрыя водгукі ад кіраўніцтва, мы атрымлівалі дадатковыя бонусы, прэміі, падарункі, падзякі. Вельмі прыемна працаваць у такім калектыве — іншае стаўленне да чалавека, іншы фармат мыслення.

У 2020-м убаку не засталася

Пра сябе Наста кажа, што яна чалавек не аселы і заўсёды была ў пошуку новага, імкнулася падарожнічаць і яшчэ да 2020 года хацела змяніць месца жыхарства, праўда, ніколі не разглядала заходнія краіны, якія былі ёй менш вядомыя. Аднак сітуацыя 2020 года, а пасля і падзеі 2022-га скіравалі яе ў бок Захаду. Падыходзіла чарга, па яе павінны былі прыйсці.

— Я такі чалавек, што не буду маўчаць, а таму была вельмі актыўнай у сацсетках. Пасля ўсіх гэтых падзей людзі затыкаліся, а я проста не магу, ну не магу, мне баліць. Я лічу важным, каб грамадства ведала ўсё, у мяне проста шлюзы тады адкрыліся... Я разумела, што са сваёй свабодай слова доўга там не пратрымаюся.

Падзеі і людзі падштурхнулі да беларускасці

Дарэчы, менавіта ў той час, як згадвае суразмоўніца, пачала звяртацца да беларускай мовы — падштурхнулі падзеі і блізкія людзі, якія заўсёды з гэтым жылі, а яна ніяк да гэтага не даходзіла.

— Я больш за ўсё ўдзячная тым людзям, якія выходзілі на акцыі ў 2020 годзе, — ім сапраўды атрымалася данесці сэнсы, якія сталі табе зразумелымі. Раней мае сябры мне ў якасці аргумента прыводзілі існаванне ВКЛ, але праз гэта я так і не адчула патрэбы ў мове. А вось у 2020 годзе я пабачыла канкрэтна гэтую неабходнасць. У мяне сапраўды расплюшчыліся вочы.

Наста згадвае, што тыя падзеі зрабілі на яе вялікае ўражанне, яна моцна хвалявалася за людзей, не магла зміpыцца з катаваннямі і прыніжэннямі. З іншага боку, яна ўпершыню ў жыцці адчула небывалую салідарнасць паміж людзьмі. І кажа, што гэта не забываецца. І наагул прызнаецца, што пасля гэтых падзей сама стала іншым чалавекам.

— З таго моманту я зразумела, што ўсё змянілася. Калі раней мне было збольшага ўсё роўна, то цяпер усё, што я кажу і раблю, правяраю праз прызму тых падзей. Мне не ўсё роўна і дагэтуль.

І такім чынам, як заўважае дзяўчына, у яе абудзілася нацыянальная свядомасць, якая ў эміграцыі яшчэ больш узмацнілася. Вось так крок за крокам яна цяпер вядзе ўсе свае сацсеткі па-беларуску. І наагул лічыць, што можна колькі заўгодна наракаць на дзяржаву, але трэба заўсёды пачынаць з сябе.

— Усё, што я цяпер раблю, мае большы сэнс. Бо творчасць таксама складаецца з тваіх эмоцый. Памятаю, як перад адным танцам на справаздачным канцэрце я па сюжэце зрабіла, што сцюардэса выходзіць да людзей і аб'яўляе, каб прышпілілі рамяні. Там, дарэчы, музыка была амерыканская, танец у стылі лаціна, але я выйшла з мікрафонам і ўвесь тэкст прагаварыла па-беларуску. І потым зразумела, што інакш больш не можа быць. Мы беларусы — і ўсё.

Тут больш свабоды і магчымасцяў

У Польшчы Наста думала, што неўзабаве ўсё зменіцца і яна вернецца дамоў. Аднак з часам зразумела, што купіць білет на цягнік у Беларусь хутка не ўдасца. Пачалося будзённае эмігранцкае жыццё. Уладкавацца на працу паводле прафесіі не ўдалося, але прафесійнай справай займаецца ў асяроддзі беларускіх эмігрантаў: удзельнічае ў канцэртах, спрабуе рабіць сумесныя праекты з іншымі творчымі людзьмі.

— Я працую няняй, адкрыла для сябе цікавую прафесію. Галоўнае, што я гэта ўмею, у мяне атрымліваецца. Вядома, гэта не праца маёй мары, але за гэта плацяць грошы і можна пражыць. А яшчэ праз Instagram набіраю групу ахвотных вучыцца танцам. Гэта дадатковы заробак і плюс творчасць.

Дзяўчына кажа, што па сваім характары заўсёды знаходзіцца ў пошуку новага. Калі загаварылі пра Беларусь, то, вядома, сумуе па блізкіх, родных, сябрах, але імкнецца рэальна ацэньваць, што адбываецца навокал.

— Тым не менш, нягледзячы на ўсе складанасці і розныя настроі (усё ж ёсць: і сумуеш, і цяжка бывае, і нейкія бытавыя праблемы), усё роўна я для сябе вырашыла, што мне тут лепей, чым бы я засталася, бо тут для мяне больш свабоды, больш магчымасцяў.

На развітанне пацікавіўся ў Насты, ці магла б яна станцаваць такую з'яву, як эміграцыя. Дзяўчына непадробна ўсміхаецца.

— Вядома, усё можна станцаваць. Проста эміграцыя — гэта агульная тэма, але можна многа розных падтэм вылучыць, выбраць, што табе бліжэй, і паставіць на гэтай аснове канкрэтны танец. І станцаваць на гэтую тэму можна шмат аб чым. Прычым і сола, і з некім...

22 снежня 2023

„Эміграцыя — гэта тое, што змяняе чалавека...“

Ілоне давялося жыць у эміграцыі спачатку ў Грузіі, а цяпер у Польшчы. Яна прыходзіць да высновы, што эміграцыя не аддаляе чалавека ад радзімы, хіба што толькі фізічна. Але яна змяняе яго.

Мары не заўсёды супадаюць з рэальнасцю

Ілона распавядае, што з дзяцінства марыла стаць пісьменніцай. Шмат чытала, з шостага класа пачала займацца ў розных літаратурных гуртках. У старэйшых класах кола яе творчых інтарэсаў пашырылася, дзяўчынка зацікавілася жаночымі ўпрыгожаннямі, нават спрабавала разам з сяброўкамі нешта сама рабіць.

Тым не менш сваю дзіцячую мару — стаць пісьменніцай — вырашыла ажыццявіць і паступіла на журфак. Праўда, як прызнаецца, амаль адразу зразумела, што журналістыка — гэта не тое, аб чым яна марыла.

— Свабодных медыя ў нашай краіне было вельмі мала, а ўся астатняя журналістыка нагадвала прапаганду. І як ты ні круціся, але для мяне было вельмі мала свабоды там. Гэта не маё, і ў мяне не было шмат жадання займацца гэтым. Я хацела пісаць, але пісаць літаратуру, а не прапагандысцкую журналістыку. Я проста памылілася пры паступленні. І на журфаку вучыцца мне было даволі сумна.

Таму я толькі чытала кнігі, а ўсё астатняе для мяне было нуднае.

Ілона працягвала свой пошук у творчасці, ёй падабалася, калі яна нешта робіць рукамі і хутка бачыць вынік сваёй працы. Аднойчы, падарожнічаючы па Беларусі, на прыгожым квітнеючым лузе паклала ў кніжку закладку з кветак, а праз нейкі час, разгарнуўшы яе, пабачыла цудоўны матэрыял для творчасці — сухую кветку.

— О, а што можна з імі зрабіць? І так пачалася мая рамесніцкая дзейнасць. Мяне гэта вельмі захапіла, і я пачала рабіць з кветак усё, што толькі можна было. Карціны можна было ствараць. Эксперыментавала, і гэта мяне вельмі захапляла, бо адразу бачыла вынік сваёй працы.

Дарэчы, як канстатуе мая суразмоўніца, праца гэтая была даволі няпростая, часам вельмі складаная, але яна вырашыла працягнуць гэтым займацца. Пасля сканчэння ўніверсітэта працавала ў выдавецтве, але ўжо галоўным сваім заняткам лічыла рамесніцтва. Удзельнічала ў рамесніцкіх кірмашах і прадавала свае вырабы.

Тады перавярнуўся свет

Жыццё наладжвалася, праца падабалася і атрымлівалася, але прыйшлі падзеі 2020 года.

— Для мяне гэта быў пераломны момант у жыцці. Я адчула, што ў мяне ёсць права голасу. Я адчула, што магу нешта змяніць. Адчула, у якім кашмары мы жылі і не хацелі гэтага бачыць. А раней была як большасць: маўляў, што мне гэта палітыка, я жыву сваім жыццём і займаюся творчасцю...

Трохі задумаўшыся, дзяўчына працягвае:

— 2020 год — гэта самыя моцныя перажыванні ў жыцці. Тады перавярнуўся сусвет, тады расплюшчыліся вочы, адкрылася сэрца, з'явіўся голас, узнікла нейкае разуменне сябе, разуменне, дзе я жыву, як жыву, навошта жыву. Жыццё падзялілася на да гэтага і пасля гэтага. І ўсё здарылася літаральна ў адзін дзень, і назад ужо нічога не вернецца.

Яна згадвае, што, нягледзячы на рэпрэсіі, не хацела нікуды з'язджаць. Наадварот, было жаданне заставацца, каб нешта рабіць у Беларусі. 23 лютага 2022 года нават паляцела з мужам на адпачынак у Грузію.

— Мы сустрэлі вайну ў Тбілісі. Муж сказаў, што ў Беларусь ён не вернецца, а ў мяне там майстэрня, усё маё жыццё там. Я паехала дадому, сабрала рэчы і вярнулася ў Тбілісі. Я вельмі хвалявалася, там было небяспечна, і я разумела, што гэта пачатак канца...

Эміграцыя пачалася ў Грузіі...

Ілона згадвае, што рашэнне аб пераездзе ёй вельмі цяжка далося, бо яна ніколі не хацела пакідаць Беларусь. Не будавалі з мужам ніякіх планаў, проста жылі нейкі час, бо здавалася, што хутка ўсе гэтыя кашмары скончацца. Месяцы праз чатыры прыйшло разуменне, што трэба заставацца ў эміграцыі.

Пра Грузію суразмоўніца згадвае з усмешкай. На яе думку, там даволі своеасаблівае жыццё і самі людзі. Яе занятак пачаў хутка прыносіць ёй грошы, паколькі ў краіне не вельмі строгая падатковая сістэма, людзі даволі разняволеныя і не напружваюцца асабліва ў жыцці. Праўда, клімат і ландшафты для Ілоны не вельмі падыходзілі.

— Клімат, прырода — усё гэта вельмі прыгожа, але гэта не маё. Беларусь — паўночная краіна, і мне тут было загарача. Потым, я не люблю горы, мяне вабяць палі, лясы, балоты...

...Працягнулася ў Польшчы

Але з часам мужу прапанавалі працу ў Польшчы, і яны пераехалі.

— Тут мне лепш, чым у Грузіі, і ёсць адчуванне, што я бліжэй да Беларусі. Я ў сваёй прыродзе, тут адчуваецца большая сувязь з Беларуссю.

Праўда, з іншага боку, тут складаней з мовай, якую яшчэ толькі вучыць, падатковая сістэма таксама розніцца ад грузінскай, ды і наагул, лічыць Ілона, у Польшчы практычна іншая цывілізацыя ва ўсіх адносінах.

— Польская мова даецца мне цяжка — я яе вучу, але размаўляць так і не пачала. Кошты на ўсё іншыя, і падаткі другія, таму ў гэтым сэнсе складаней. Але я адчуваю, што тут больш магчымасцяў, чым у Грузіі.

Яшчэ дзяўчына прыводзіць цікавае параўнанне: маўляў, у Польшчы не прынята звяртаць увагу на іншых людзей на вуліцы ці ў транспарце, у Грузіі, пакуль дойдзеш да прыпынка, цябе некалькі чалавек запыняць і пацікавяцца тваім жыццём.

— Там усе табой цікавяцца, усе з табой размаўляюць, яны ўсе такія адкрытыя. Яны не могуць размаўляць ні па-расейску, ні па-англійску, але будуць на пальцах з табой размаўляць. Ім усё цікава. Гэта такі вельмі дзіцячы і шчыры інтарэс.

Жыць толькі дома

І ў той самы час Ілона кажа, што ў галаве толькі думкі пра вяртанне дамоў у Беларусь.

— Я хачу дахаты, і гэта нармальна, думаю.

Задаю пытанне: ці вернецца дзяўчына, калі сітуацыя ў краіне зменіцца?

— Так, канешне, вярнуся. Мне цікава паглядзець свет, але жыць я хацела б на радзіме. Гэта мая зямля. Я так адчуваю. А калі ты на сваёй зямлі, больш моцы, больш сэнсу ў жыцці. Я ў Беларусі шмат падарожнічала і заўсёды, дзе б ні была, адчувала сябе ў бяспецы. Хай сабе ты ў нейкіх лясах, дзе розныя звяры, але табе добра, і ты адчуваеш сябе абароненай. Я заўсёды ведаю, што магу дайсці да людзей, і ўсе — беларусы, — смяецца. — Ну, не ўсе, вядома, але ўсё роўна свае, якія б яны там ні былі.

Параўноўваючы эміграцыйнае жыццё ў Грузіі з эміграцыяй у Польшчы, мая суразмоўніца кажа, што ў Грузіі беларусы не імкнуцца інтэгравацца ў грамадства. А вось што датычыцца Польшчы, то тут сярод беларусаў існуе меншая згуртаванасць паміж сабой.

На развітанне я пацікавіўся ў Ілоны, што для яе значыць эміграцыя і як яна гэта тлумачыць.

— Гэта зусім іншае адчуванне сябе. Паспрабую патлумачыць. Гэта вельмі цяжкае выпрабаванне ў жыцці, гэта ўсё змяняе. Я калі сустракала сяброў, якія не эмігранты, — мы з імі ўжо розныя, і гэта адчуваецца. Я калі нешта пачую пра Мінск, Беларусь — я плачу. Эмігранцкая музыка, эмігранцкія стасункі. І ты проста на вуліцы пазнаеш беларуса, бо ў эміграцыі яны адзначаюць сябе. Я магу адразу адрозніць беларуса ад расейца, украінца. І вось ты ідзеш па вуліцы, бачыш беларуса, і ў цябе адразу сэрца адкрыта — вось мой сябра. У Беларусі такое я адчувала толькі ў 2020 годзе. Эміграцыя не аддаляе ад радзімы, хіба толькі фізічна. Наадварот, хочацца больш чытаць беларускае, гаварыць па-беларуску. Эміграцыя — гэта тое, што змяняе чалавека... Наагул, цікавае пытанне...

12 студзеня 2024

„У Беларусі тэхнічна больш прасунутая бухгалтэрыя, але ў Польшчы да бухгалтара ставяцца больш чалавечна і не пакараюць за няправільна пастаўленую коску“

Вольга пакінула бізнес у Беларусі і разам з мужам і траімі дзецьмі пераехала ў Польшчу. Пачыналі з нуля. Вывучылі мову, аднавілі бухгалтарскае агенцтва, прынялі на працу наёмных работнікаў, абслугоўваюць беларускія і польскія фірмы і мараць аб вяртанні дамоў.

Цяпер аб гэтым толькі згадваем

Спадарыня Вольга ў Беларусі працавала бухгалтарам. У свой час скончыла політэхнічны ўніверсітэт. Разам з мужам арганізавалі турыстычную фірму, прымалі турыстаў з замежжа і адпраўлялі беларусаў паглядзець іншыя краіны.

— Часцей за ўсё мы прымалі турыстаў з Польшчы, хаця былі і з іншых краін. У нас была такая вялікая атракцыя — беларуская вёска. Асабліва гэта любілі польскія турысты. На вогнішчы пяклі гусь або нешта яшчэ. У нас была там свая сядзіба. Мясцовыя людзі старэйшага ўзросту паказвалі турыстам, як у Беларусі пякуць хлеб, і наагул нашы беларускія традыцыі.

Спадарыня згадвае, што турыстам былі цікавыя беларускія традыцыі, многія імкнуліся не проста глядзець, але і ўдзельнічаць у працэсе.

— Турыстам у нас вельмі падабалася, многія прыязджалі да нас паўторна. Дарэчы, палюбілі нашы харчы: малочныя прадукты, цукеркі і розныя іншыя салодкія прысмакі.

2020 год змяніў жыццё

Мая суразмоўніца кажа, што і ім падабалася працаваць з замежнікамі. Стараліся як мага шырэй наблізіць іх да беларускіх традыцый і беларускай прыроды. Але прыйшоў 2020 год, які ўнёс свае карэктывы ў жыццё.

— Так, 2020 год прынёс складаную сітуацыю, стала небяспечна жыць у Беларусі. У нас дзеці, страшна стала, і мы вырашылі з'ехаць, як і многія іншыя беларусы.

Праўда, як кажа суразмоўніца, нічога не забылася, усё засталося ў памяці і часта згадваецца.

— Тое, як людзі тады сабраліся разам, выйшлі на плошчу, праявілі такую волю. Мы такога самі не чакалі. Былі на пад'ёме эмацыйным. Праўда, з іншага боку, было страшна, калі ідзеш па вуліцы з дзіцячым вазком, а з падваротні выбягаюць людзі ў чорных масках. Гэта было жудаснае адчуванне. Нават калі цяпер гэта ўзгадваеш, то ідуць дрыжыкі па целе. Страшна.

У спадарыні Вольгі трое дзяцей, і яны ўсе разам папросту селі ў сваю машыну, загрузілі неабходныя рэчы і паехалі, як згадвае суразмоўніца, у нікуды. У Польшчы, нягледзячы на пандэмію, ім хутка ўдалося ўладкавацца.

— Напачатку было страшна, бо не ведаеш, што рабіць, куды кідацца. Муж адразу, як і многія беларусы, пайшоў працаваць у таксі. І гэта нас выратавала, бо за яго заробак мы маглі аплаціць кватэру і ўтрымаць сям'ю. Потым ён стаў кіроўцам аўтобуса, і мы нейкі час так жылі. А я пайшла вучыцца. Была на курсах, перавучвалася тут на бухгалтара. Было няпроста, але ў мяне была моцная матывацыя, я разумела, што павінна гэта рабіць.

Цяпер цікавей весці бухгалтэрыю

Была яшчэ адна праблема. Па прыездзе ў Польшчу на польскай мове мог размаўляць толькі муж, а спадарыня Вольга і дзеці мовай не валодалі. Яна кажа, што асвойвала мову паралельна з авалодваннем прафесіі бухгалтара на польскі лад.

— Цяпер мне ўжо цікавей працаваць з польскай мовай, бо гэта зусім па-іншаму, не так, як у Беларусі. Ты адчуваеш сябе ў два разы мацнейшай, бо змагла гэта зрабіць на іншай мове. І мне гэта дадае нейкага азарту.

Паколькі бухгалтэрыя па-польску пакарылася маёй суразмоўніцы, яна разам з мужам заснавала бухгалтарскае агенцтва і пачала прапаноўваць свае паслугі кліентам.

— Мы, як правіла, дапамагаем беларусам, якія сюды прыязджаюць і адкрываюць фірмы, ІП, мы вядзём іх бухгалтэрыю.

Яна так хутка справілася, таму што падобнае агенцтва стварыла яшчэ ў Беларусі, набыла досвед, а таму ідэя адкрыць тут сваё прысутнічала, і, са слоў Вольгі, разумела, што трэба рабіць — і ўсё, бо няма іншага выйсця.

Свая фірма, абслугоўваем беларусаў і палякаў

Усё пачыналася, як кажа спадарыня Вольга, павольна і паціху. Напачатку быў адзін, затым два кліенты, спрацавала сарафаннае радыё, і цяпер дзеля таго, каб абслужыць усіх жадаючых, у бухгалтарскае агенцтва набралі наёмных супрацоўнікаў з беларусаў.

Дарэчы, для перавучвання беларусаў вядзенню польскай бухгалтэрыі яна сама распрацавала адмысловы бухгалтарскі курс на расейскай мове, што дапамагае іншым асвоіць прафесію.

Цікаўлюся, ці моцна адрозніваецца вядзенне бухгалтэрыі ў Польшчы ад таго, што ў Беларусі.

— Розніца вялікая, і перавучвацца неабходна. Найперш у падатках розніца. Тое, што ў нас значнае, тут наадварот. У Беларусі бухгалтэрыя тэхнічна больш прасунутая, там выстаўляюць электронныя рахункі-фактуры, і дзяржава адразу бачыць, што адбываецца. Мы рабілі гэта ўжо з 2016 года, а тут яшчэ дагэтуль іх не ўвялі. Гэта значыць, польская дзяржава не настолькі кантралюе аперацыі ў бізнесе. Хаця стаўкі падаткаў тут вышэйшыя, чым у Беларусі. Але, з іншага боку, у Польшчы значна спакайней весці бухгалтэрыю, няма такога гнёту, што калі не там паставіў коску, то цябе ўжо за гэта пакараюць. Можна заўсёды патэлефанаваць, патлумачыць памылку, і на тым баку цябе заўсёды зразумеюць і не будзе ніякага пакарання. Тут гэта больш чалавечна і прасцей працаваць бухгалтару.

Няма дня, каб не ўзгадалі Беларусь

Быццам бы жыццё наладзілася ў чужой краіне. Але, як кажа спадарыня, кожны дзень у іх размовах з мужам згадваецца Беларусь. Яны сумуюць па родных, блізкіх, па знаёмых мясцінах. Суразмоўніца прызнаецца, што былі хвіліны настальгіі, калі хацелася ўсё пакінуць і вярнуцца дадому.

— Быў такі перыяд, першыя дзевяць месяцаў мінулі, і вельмі хацелася дадому. Мовы не ведала, працы не мела і ўжо намерылася з дзецьмі вярнуцца, але тут пачалася вайна. І нам стала зразумела, што дарогі назад няма. Муж дагэтуль вельмі хоча вярнуцца, дзеці ўжо больш-менш звykліся, а я нават не ведаю, ці змагу тут усё пакінуць, бо працы шмат.

20 студзеня 2024

Беларусь у бетоннай форме, пасярод якой ёсць агеньчык

Падзеі 2020 года дапамаглі ёй зразумець, кім яна ёсць, а яму — спраўдзіць, на што ён гатовы ў гэтым жыцці. **Вольга** і **Яўген** ведаюць, што абавязкова вернуцца на радзіму.

Іспанскі ўплыў

Вольга і Яўген — маладыя людзі. Абое лінгвісты, спецыялізуюцца на іспанскай і англійскай мовах. У Вольгі цікавая гісторыя, звязаная з Іспаніяй. У школьным узросце яна патрапіла ў Іспанію па чарнобыльскай праграме для аздараўлення беларускіх дзяцей.

Краіна зрабіла на яе такое вялікае ўражанне, што, вярнуўшыся дамоў, яна самастойна занялася вывучэннем іспанскай мовы, хоць у школе вучыла нямецкую, і ў выніку паступіла ў лінгвістычны ўніверсітэт на іспана-англійскае аддзяленне. Адчуваецца, што тыя юначыя ўражанні дагэтуль захаваліся ў дзяўчыны.

— Мае першыя ўражанні былі: вау!.. Культурны шок. Я сама са звычайнай сям'і і летам заўсёды адпачывала толькі ў бабулі на вёсцы. А тут прыехала ў вялікі прыгожы горад. І ты не разумееш, як у кватэры можа быць не два пакоі, а сем... Мне тады ўсё запала ў душу і задало кірунак у маім далейшым жыцці і па сённяшні дзень...

Яна і надалей падтрымлівае адносіны з людзьмі, якія яе тады прымалі, і іспанская культура працягвае жыць у душы.

У Яўгена гісторыя знаёмства з Іспаніяй больш празаічная. Ён, хоць і скончыў той самы факультэт, толькі праз некалькі гадоў пасля вучобы змог наведаць гэтую краіну.

А навошта нам гэта іспанская мова?

Пасля сканчэння ўніверсітэта Вольга патрапіла працаваць у мінскую спецыялізаваную школу з іспанскай мовай. І была расчараваная не толькі ўзроўнем ведаў вучняў, але і навучальнай сістэмай, стаўленнем да іспанскай мовы. У трэцім класе яна сутыкнулася з тым, што дзеці яшчэ не маглі ні чытаць, ні пісаць па-іспанску, хаця вучылі мову з першага класа.

— Тут панавалі такія адносіны да іспанскай мовы, што яна нікому не патрэбная, маўляў, перспектыўна вучыць англійскую. Нягледзячы на тое, што школа была спецыялізаваная, насіла імя Сімона Балівара, у ёй засталося мала класаў з вывучэннем іспанскай мовы. Я працавала з дзецьмі ў 3-м і 4-м класах, і першае, што яны ў мяне запыталіся, было: „А навошта нам гэта іспанская мова? Зараз на ёй ніхто не размаўляе, дзе я яе буду выкарыстоўваць?“

Яна з жалем заўважае, што падобнае стаўленне панавала і сярод настаўнікаў. Нягледзячы на творчую прафесію педагога, ёй адразу прапанавалі план заняткаў, якога неабходна абавязкова прытрымлівацца, але згодна з якім дзеці так і не навучацца чытаць, пісаць і размаўляць па-іспанску.

А Яўген кажа, што адмыслова пайшоў вучыцца на платнае аддзяленне, каб потым не мець абавязковага размеркавання ў школу. Праўда, педагагічную практыку ў школе ўсё ж давялося праходзіць.

— Пасля практыкі ў школе трэба было пісаць справаздачу і рабіць там высновы. І з 80 чалавек, якія былі на курсе, я і яшчэ адзін мой сябар напісалі ў сваіх высновах, што ніколі не хацелі б працаваць у школе...

Вользе падабаліся дзеці, і яны з удзячнасцю прымалі яе ўрокі не толькі з планавай граматыкай, але і з цікавымі аповедамі пра Іспанію, яе культуру, традыцыі, з прыгожымі словамі і цэлымі сказамі, якія так натуральна гучалі з яе вуснаў. Магчыма, нехта з іх, як яна цяпер, узгадвае або абавязкова некалі ўзгадае ўрокі іспанскай мовы.

Пасля адпрацоўкі Вольга пачала шукаць у сталіцы працу з іспанскай мовай, але гэта аказалася не проста, паколькі падобных вакансій у Беларусі няшмат. І ўсё ж аддалена пачала працаваць у маркетынгу з іспанскай мовай. Ішоў 2020 год.

Жыццё падзялілася на да гэтага і пасля гэтага

Усё змяшалася тады ў жыцці. Толькі што знайшла новую працу, а на вуліцах пратэсты, адключаюць інтэрнэт, а ты толькі пачала працаваць на аддаленні. Колькі гэта працягнецца і чым скончыцца?.. А з іншага боку, як прызнаецца суразмоўніца, гэта быў нечаканы перыяд, калі табе выпаў шанец зразумець, хто ты, што ты і што наагул адбываецца ў тваім жыцці і тваёй краіне.

— Мы ўсе тады зразумелі, хто мы. Мне здаецца, кожны чалавек, калі яго пытаюць, хто ён або адкуль ён, можа адказаць: „Настаўнік, журналіст, выкладчык“, сказаць, што ён іспанец, італьянец, з Польшчы, а ты вось гэтую катэгорыю (адкуль ты) заўсёды апускаў, бо трэба было шмат тлумачыць. А вось пасля 2020 года я ведаю, хто я. Я для сябе абудзілася: я з Беларусі, я беларуска.

Трохі падумаўшы, дзяўчына тлумачыць, адкуль узяліся такія пачуцці.

— Па-першае, гэтыя адчуванні: а чаму нас катуюць? Колькі нас яшчэ будуць падманваць і казаць гэтую хлусню? І людзі тады выйшлі, а ты зразумеў, што не адзін, што ўсім абрыдла і ўсе сказалі: „Хопіць“. Мы ўсе тады пабачылі адно аднаго, заглянулі адно аднаму ў вочы і зразумелі, што мы ёсць, што Беларусь не нейкі там прыдатак Расеі, што мы нацыя і мы не горшыя і што мы павінны адстойваць свае правы.

Яшчэ ў дзяцінстве, вяртаючыся з Іспаніі, Вольга задавала маме пытанні накшталт: „Чаму бабуля ў Іспаніі ходзіць у дарагіх упрыгожаннях, дагледжаная, з манікюрам, а беларуская бабуля ўсё жыццё працавала і цяпер працуе цяжка, але ў яе не будзе такога дабрабыту і такога ўзроўню жыцця?“ Дваццаты год дапамог адказаць і на такія пытанні.

А вось у Яўгена ўсё гэта было інакш. Трохі задумаўшыся, слухаючы Вольгу, ён кажа, што ў 2020 год прыйшоў нацыянальна свядомым чалавекам. Над пытаннямі, адказы на якія Вольга атрымала ў 2020-м, ён пачаў задумвацца пасля падзей Плошчы 2010 года. Таму вывучаў гісторыю Беларусі, удасканальваў родную мову.

— А вось падзеі дваццатага года хутчэй дазволілі паглядзець на свае магчымасці, зразумець, на што ты гатовы ў гэтым жыцці.

У польскае грамадства не інтэграваліся, жывём сярод беларусаў

У Польшчу патрапілі, як і большасць беларусаў. Праўда, у іх была праца, паколькі мелі з сабой камп’ютар, і гэтага было дастаткова. Планавалі, што едуць максімум на паўгода, і нават думалася, калі змены не наступяць, то ўвосень вернуцца, каб узяць зімовае адзенне. Але змены так і не наступілі, і па адзенне з’ездзіць не давялося.

Вольга кажа, што нейкіх бытавых складанасцяў не маюць, бо ёсць праца, а астатнія пытанні вырашаюцца. А Яўген дадае, што ў польскае грамадства так і не інтэграваліся, паколькі імкнуцца жыць у беларускім асяроддзі. Праўда, Вольга дадае, што і без польскай мовы не абысціся.

— Тады ты сядаеш і пішаш сцэнар, што і як будзеш казаць: „Дзень добры. Пшэпрашам, але не разумеем за бардзо па-польску...“ Ну вось так рыхтуешся і ідзеш вырашаць свае справы.

Свечкі ў бетоне

У іх ёсць яшчэ адзін цікавы занятак. Вользе карцела зрабіць прыгожыя свечкі на святы. Яна бачыла, як гэта робяць іншыя, і рукі прасілі нейкай творчасці. Яўген распрацаваў незвычайны дызайн: форма ў выглядзе контуру мапы Беларусі, зробленая з бетону, заліваецца воскам і ўстаўляецца кнот. Выглядае вельмі шыкоўна, беларусы на калядным кірмашы ўсе іх раскупілі. Аўтар не менш цікава тлумачыць ідэю свечак.

— Мы шмат разважалі ў працэсе пра ідэю. І як бы беларусы больш ні думалі пра часы ВКЛ і Рэчы Паспалітай, але сучасная рэчаіснасць — гэта Беларусь у бетоннай форме, пасярод якой ёсць агеньчык... Любы горад Беларусі сёння — гэта практычна адзін бетон, але калі заглянуць унутр кватэры, то там гарыць вось гэты агеньчык...

На развітанне я цікаўлюся ў суразмоўцаў, ці сумуюць па радзіме і ці хочуць вярнуцца. Яўген не мае ніякіх ілюзорных мрояў на гэты конт.

— Я дагэтуль, магчыма, існую яшчэ ў такім настальгічным свеце, але ўсё яшчэ жыву думкамі пра вяртанне. Думаю, што на радзіме мне не будзе горш, чым дзе-небудзь. Але дзеля гэтага патрэбны пэўныя ўмовы...

Вольга кажа, што пра Беларусь думае штодня.

— Тут жывецца добра, але я разумею, што не ў сябе дома. І што тут ці ў любой іншай краіне ты павінен прыстасавацца да парадку, які ўжо быў створаны да цябе, без цябе, і ты са сваім самаварам не прыйдзеш і не скажаш, што табе тут не падабаецца, давайце, як я хачу. Я гэта добра зразумела, а таму хачу жыць дома ў Беларусі і хачу, каб у кожнага беларуса была магчымасць будаваць тую краіну, у якой нам усім будзе добра...

22 студзеня 2024

„Было б вельмі класна вярнуцца дамоў“

Увесь эмігранцкі шлях сям'і **Ірыны** нічым не адрозніваецца ад шляху іншых. Напачатку было складана, аднак боль змяніўся нармальным штодзённым жыццём, з'явіўся новы досвед і новы погляд на чужую краіну. Але ўсё ж хочацца дамоў.

Мы не маглі паверыць, што гэта адбываецца з намі

Спадарыня Ірына ў Беларусі працавала выкладчыцай англійскай мовы. Праца падабалася, паколькі замежную мову яна выкладала, як правіла, для дарослых у рознага кшталту кампаніях.

— У асноўным гэта былі прафесіяналы, якім у працы патрабуецца англійская мова. Часцей за ўсё гэта былі спецыялісты ў сферы ІТ. Я супрацоўнічала з некалькімі фірмамі і, як правіла, сустракала там шмат цікавых людзей, якія ўзбагачалі і мяне сваім досведам. Гэта ўвесь час такі энергаабмен.

Жнівень 2020 года заспеў нават трохі нечакана, і на многія рэчы, паводле ўспамінаў маёй суразмоўніцы, адкрыліся вочы. Да гэтага яны з мужам сачылі за перадвыбарнымі падзеямі ў краіне, але не былі актыўна ў іх заангажаваныя.

— І калі пачаліся гэтыя жнівеньскія падзеі, вядома, быў шок. Мы не маглі паверыць, што ўсё гэта чыніцца, што гэта магчыма, што гэта адбываецца з намі. Было вельмі балюча, і, натуральна, на гэтай хвалі хацелася падтрымаць тых, хто тады знаходзіўся ў засценках, выказаць сваю салідарнасць. І мне, як маме, як жанчыне, хацелася зрабіць гэта менавіта ў такі мірны спосаб.

Наогул, той час згадваецца спадарыні Ірыне як нешта, чаго раней у жыцці ніколі не было.

— Гэта быў час вялікага эмацыйнага пад'ёму, неверагоднай салідарнасці людзей. І гэта адчувалася нават у невялікіх, далёкіх ад цэнтра мястэчках. Пасля выбараў мы паехалі адпачываць на азёры. Там мясцовая кавярня, і людзі вывесілі на ёй транспарант: „Не гвалту!“ І падобных знакаў было шмат паўсюль. Да нас падыходзілі вясковыя людзі, размаўлялі, як са старымі знаёмымі, цікавіліся, адкуль мы, як там і што цяпер адбываецца. Гэта было нешта блізкае і сапраўднае, адчуванне еднасці людзей.

Цяжка было псіхалагічна

Спадарыня згадвае, як да апошняга спадзявалася, што спыніцца гэты татальны прэсінг, але падзеі вакол развіваліся так, што сям'я прыняла рашэнне з'ехаць. Больш таго, яны з мужам маглі працаваць аддалена, і гэта шмат у чым аблягчыла іх знаходжанне ў чужой краіне.

— Для мяне асабіста асноўнай цяжкасцю была псіхалагічная адаптацыя. Я, калі ехала, лічыла, што гэта будзе такі выпрабавальны тэрмін: маўляў, пажывём, паглядзім, а калі не спадабаецца, вернемся. Я нават не магла сабе ўявіць, што ад'езд можа быць так надоўга. Гэта не ўкладвалася ў галаве і нават выклікала адмову. І першы год быў вельмі цяжкі, бо я як бы засталася там, жыла фактычна там, з навінамі, людзьмі і падзеямі. А тут было ўсё абсалютна чужое. Фактычна толькі фізічна я тут існавала, але ўсе іншыя працэсы адбываліся там, у Беларусі.

Але час ішоў, і, як кажа мая суразмоўніца, нельга пастаянна знаходзіцца ў стане болю, таму з часам пачалася адаптацыя. Спадарыня Ірына працягвае выкладаць англійскую мову, а цяпер яшчэ дадалася і польская. Цікаўлюся, як цяпер на яе ўплывае эміграцыя.

Варта да ўсяго прыглядацца

Яна прызнаецца, што пасля першага цяжкага года з'явілася іншае адчуванне. Стала больш свабоднай, заўважыла, што людзі тут з павагай ставяцца да нейкіх адрозненняў, што кожны чалавек імкнецца па-свойму праяўляць сябе як асобу, і гэта не будзе асуджацца.

— Яшчэ, дарэчы, калі недзе сустракаемся разам, то прысутнічае такая эмігранцкая рэч. Пачынаем крытыкаваць чужую краіну, маўляў, тут не так, тут інакш, але потым прыходзім да высновы: калі ў іх і тое не так і іншае не так, то чаму яны жывуць значна лепш за нас? Нешта, значыцца, працуе, варта прыгледзецца пільней.

Пытаюся, што ж ім падаецца тут такім цікавым, што б яны перанеслі ў Беларусь.

— Гэта найперш значна большая псіхалагічная адукаванасць насельніцтва. Стаўленне да асобы, асабліва ў выхаваўча-адукацыйных установах. Калі я гляджу, як яшчэ на ўзроўні садкоў дзяцей вучаць агучваць свае эмоцыі, асэнсоўваць: а што ты цяпер адчуваеш, а што табе цяпер хочацца, ці хочаш, каб цябе пакінулі аднаго, ці каб прытулілі... І вось дзеці ўжо асэнсоўваюць, а гэта развівае эмпатыю і разуменне пачуццяў іншых людзей.

Трохі задумаўшыся, спадарыня працягвае:

— Я назіраю, як польскія бацькі на дзіцячых пляцоўках размаўляюць з дзецьмі — ніхто на іх не раве, няма ніякай нервовасці, прэсінгу, калі ўсё зацятае, заціснутае. Не, зразумела, здараецца па-рознаму, але ў большасці сваёй я думаю, што, можа, яны не ўсе вырастуць граматнымі, але яны напэўна будуць больш шчаслівыя.

Не хапае свайго

Цікаўлюся яшчэ ў суразмоўніцы, чаго ёй найболей не хапае тут з таго, што засталося ў Беларусі. Спадарыня зноў задумалася, кажа, што тут ужо таксама шмат знаёмых, з якімі можна паразмаўляць на розныя тэмы, ёсць школка, хор, тэатр...

— Але не хапае людзей сваіх самых блізкіх, якіх ведаеш шмат гадоў, і такія стасункі не будуюцца за два-тры гады. Гэта нейкія суседскія кантакты, якія таксама цягам гадоў паўставалі. Калі людзі сустракаюцца настолькі сардэчныя, што твае клопаты ўспрымаюць як свае. Бывала, нейкі дробны чыноўнік пранікаўся тваёй праблемай і пачынае вырашаць твае пытанні: „Давайце лепш так зробім". Ён мог фармальна адрэагаваць, але пачынае падказваць і выбіраць найлепшы спосаб. Вось гэтага мне тут таксама не хапае.

Мы загаварылі са спадарыняй Ірынай пра тое, ці думае яна вяртацца на радзіму, калі сітуацыя там зменіцца. Яна ў адказ распавяла, што нядаўна спаткалася з полькай, якая праз 20 гадоў жыцця ў Англіі вярнулася ў Польшчу з сям'ёй.

— Яна мне кажа, што не можа ўявіць старасці ў Англіі: маўляў, у старасці хачу быць на сваёй радзіме. Хаця калі была там, то ёй падабалася прыязджаць у Польшчу як турыстцы, а цяпер разгубленая, бо зразумела, што вярнулася ў іншую краіну. І зноў трэба адаптавацца, інтэгравацца... Вось мы ў падобнай сітуацыі, хаця яна вярнулася, а я прыехала. Яе дзеці па-англійску размаўляюць лепш, чым па-польску, а таму, як і мае, вучаць польскую мову. І я думаю, што было б вельмі класна вярнуцца дамоў.

26 студзеня 2024

Урокі дзеда па-беларуску

Міхал Бяшчынскі нарадзіўся ў Гожаве-Велькапольскім. Яго мама — беларуска, хаця нарадзілася ў Польшчы, а тата — паляк. На працягу апошніх дзесяці гадоў малады чалавек сам вывучае беларускую мову, чытае беларускую літаратуру і беларускія парталы, піша словы для сваіх песень на беларускай мове... Ён ніколі не быў у Беларусі, але адчувае сябе беларусам.

Дзядуля быў сапраўдным беларусам

Міхал — малады чалавек, скончыў Універсітэт імя Адама Міцкевіча ў Познані, працуе ў тэатры гукарэжысёрам. Па праўдзе, я адчуў нейкую разгубленасць, сустрэўшыся з ім, паколькі, пачуўшы яго беларускую мову, зразумеў, што такіх самародкаў, тым больш на самым захадзе Польшчы, ніколі раней не сустракаў.

Ён ветліва ўсміхаецца, а я першае, што прашу, — проста распавесці аб яго беларускім паходжанні.

— Мае дзядуля і бабуля з Беларусі. Яны прыехалі сюды пасля Другой сусветнай вайны. Дзядуля прыехаў з Клецка, а бабуля з Пінскага раёна — яна паляшучка. І мая беларусізацыя пачалася ад дзядулі, бо гэта ён мяне вучыў падставовай беларускай мове, адкрыў для мяне беларускую культуру. Ён выдатна размаўляў па-беларуску на працягу ўсяго свайго жыцця, і гэта была яго першая мова, а не польская. Таму я адчуваю сябе беларусам.

Міхал прызнаецца, што ў яго сям'і ні сястра, ні брат яго мамы, ні нават сама мама не размаўляюць па-беларуску. А яго ў дзяцінстве вельмі зацікавілі дзедавы аповеды на мілагучнай мове з цікавай інтанацыяй. Ён згадвае, што ўрокі дзеда пераважна заключаліся ў яго аповедах, ён вельмі цікава распавядаў і перакладаў унуку незразумелыя словы, часта жартаваў.

Што датычыць бабулі, то яе мова была з палескім дыялектам, але яна, са слоў Міхала, шмат не магла ведаць, бо прыехала ў Польшчу малым дзіцем.

— Мне было вельмі лёгка атаясамлівацца з беларускай культурай і гісторыяй. Гісторыя Беларусі, так можна сказаць, — гэта заўсёды барацьба за свабоду. І мне гэта вельмі падабалася і натхняла.

Мяне вельмі цікавіла беларуская культура

Сталеючы, Міхал самастойна пачаў працягваць дзедаву адукацыю, хаця ў прынцыпе нідзе не мог яе прымяніць.

— Пачаў чытаць артыкулы на парталах кшталту „БЕЛСАТ", „Будзьма", „Годна" і г.д. Глядзеў таксама фільмы. Мяне вельмі цікавіла культура, і толькі тут я мог нешта пра яе знайсці. Акрамя гэтага, проста імкнуўся чытаць па-беларуску, нават калі мяне гэта не вельмі цікавіла, але такім чынам даведваўся больш беларускіх слоў.

А вось літаратура хлопца не надта прыцягвала.

— Калі казаць пра пісьменнікаў, то я не шмат прачытаў беларускіх кніг у жыцці. Спрабаваў чытаць Быкава, Дуніна-Марцінкевіча. А што датычыць музыкі — слухаў шмат „НРМ", Вольскага, гурт „Нюрнберг" зрабіў на мяне вялікі ўплыў. Я шмат чаго слухаў, калі гэта было па-беларуску, бо мне было цікава.

Адмысловы інтарэс мае Міхал да гісторыі Беларусі.

— Я шмат чытаў пра гісторыю Беларусі, асабліва пра Вялікае Княства, пра тую культуру, якая панавала тады на тых землях, і пра тое, як яна пачала занікаць праз маскоўскія ўплывы. Але яна заўсёды была блізкай для мяне. І таму, што яна вельмі блізкая да польскай культуры, а таксама таму, што ў нашым раёне Польшчы дагэтуль жыве шмат людзей, якія некалі прыехалі адтуль. І шмат гэтай культуры ў іх дагэтуль ёсць, многія старэйшыя людзі памятаюць сваю мову, толькі вось за пэўны час усе асіміляваліся. Да прыкладу, мая мама цалкам спаланізаваная і па прафесіі настаўніца польскай мовы. Хаця цяпер займаецца адукацыйнымі праектамі ў адным з фондаў і нават арганізоўвала летась Дзень Вольнай Беларусі ў Гожаве. На мерапрыемстве прысутнічаў Павел Латушка.

У мяне з'явіліся новыя сябры — беларускія эмігранты

Добрай падмогай у вывучэнні мовы стаў час пасля 2020 года, калі ў Познань прыехала шмат беларускіх эмігрантаў. У Міхала з'явіліся беларускія сябры, і амаль кожны дзень ён цяпер змог размаўляць з імі на беларускай мове. Дарэчы, беларускія сябры Міхала таксама ганарацца ім і кажуць, што гэта будучая беларуская музычная зорка. Дарэчы, Міхал з'яўляецца часткай музычнага беларускага лэйбла „МЫ", які стварылі якраз беларускія эмігранты.

Цікаўлюся ў Міхала, дзе ён выкарыстоўваў свае веды беларускай мовы.

— Да таго часу, пакуль не пазнаёміўся з сябрамі з Беларусі, практычна карыстаўся ёй толькі сам. Праўда, зрэдку пісаў нешта ў інтэрнэце.

Міхал вывучаў мову, планаваў паехаць у Беларусь, паглядзець.

— Ніколі там не быў, на жаль. Але вельмі хацеў. У мяне атрымалася так, што, калі я збіраўся туды, там пачаліся пратэсты. Потым я збіраўся ва Украіну, але там пачалася вайна. Цяпер нічога не планую, але вельмі хачу паехаць.

Я музыкант, пішу песні па-беларуску

Хлопец крыху падрабяней расказаў пра сябе.

— Я музыкант, пішу песні па-беларуску ў жанры постпанку. Мой праект называецца „Афіцына“. Я пачаў пісаць песні па-беларуску тры гады таму. Мне беларуская мова здавалася вельмі добрай для жанру постпанку. Яна такая старажытная, гучыць вельмі па-славянску. Я пакуль не вельмі дасканала валодаю ёю, таму імкнуся пісаць кароткія тэксты. Натхненнем мне служаць польскія музыканты постпанку 80-х гадоў, такія гурты, як „Siekiera“ ці „Brygada Kryzys“.

Майму суразмоўцу вельмі хочацца, каб у свеце было больш беларускай музыкі ў розных жанрах. Ён лічыць, што цяпер замала беларускіх музыкантаў, бо патэнцыял беларускай культуры значна шырэйшы.

Беларусь для мяне — краіна кантрастаў

Пытаюся ў Міхала, што ён думае пра беларусаў, калі пабачыў іх у эміграцыі.

— Для мяне яны вельмі прыемныя і цікавыя людзі. І мне цяпер цяжка зразумець, што могуць быць іншыя беларусы, якіх я ніколі не бачыў, але якія там жывуць і падтрымліваюць рэжым.

— А якой вы наогул уяўляеце сабе Беларусь?

— Для мяне гэта краіна кантрастаў. Напэўна, постсавецкая — і адначасова фальклярыстычная, натуралістычная. Там шмат прыроды — але і багата старых хрушчовак. У той самы час я мяркую, што яна вельмі цікавая, і я хацеў бы там пабываць. Мой дзед, калі там жыў, перанёс цяжкія часы, вайну, але для яго гэта заўсёды была краіна мараў.

27 студзеня 2024

„Хочацца напісаць кнігу пра гэты час...“

У 2020 годзе **Наталля** была на плошчы, страціла бізнес, з’ехала ў эміграцыю і не змагла прыехаць на пахаванне таты. Прайшоўшы праз усе гэтыя выпрабаванні, напісала на беларускай мове два практычныя псіхалагічныя дапаможнікі аб тым, як ратавацца ад стрэсу. І ёсць яшчэ планы на жыццё...

Працавала ў школе, была ў БРСМ

У спадарыні Наталлі свой эмігранцкі лёс, і яна не вельмі хацела ім дзяліцца, але неяк мы ўсё ж сустрэліся і паразмаўлялі. Па першай адукацыі мая суразмоўніца — настаўніца рускай мовы і літаратуры. Распавядае, што працавала ў школе, але да той пары, пакуль там не пачалі ўводзіць ідэалогію, патрабаваць справаздачы, розныя паперкі, а на тое, каб займацца адукацыяй, часу не ставала. Не хавае, што была ў БРСМ, кажа, што нічога дрэннага там не зрабіла. Наадварот, разам з моладдзю прыбірала магілкі, арганізоўвала спартыўныя спаборніцтвы, імкнулася жыць сучасным жыццём. Але гэтага дзяржаве было замала, і калі на моладзевую арганізацыю пачалі пільна ўздзейнічаць старэйшыя сябры з „Белай Русі“, яна пакінула яе. Урэшце жанчына занялася бізнесам, мела некалькі крамаў на Віцебшчыне, гандлявала пераважна беларускімі таварамі лёгкай прамысловасці, падтрымліваючы айчыннага вытворцу. А ў 2020 годзе апынулася на плошчы разам са сваім народам.

Усё было ў тым 2020-м...

— Затым мы пачалі ездзіць на акцыі ў Мінск. То на маёй машыне, то часам на машыне сяброў. Я ўдзельнічала ва ўсіх вялікіх акцыях, нічога не прапускала.

Спадарыня кажа, што тады давялося шмат перажыць падчас сутыкненняў з сілавікамі — і ўцякалі, і адбіваліся.

— І плот вялікі быў, які давялося пераскокваць. Але, дзякуй Богу, уцяклі. І вадой нас гэтай рудой аблівалі, і адмысловыя меткі на адзенні заставаліся...

Яна ў той час атрымлівала другую адукацыю — псіхалагічную. І распавядае, што атрыманыя веды імкнулася прымяняць, калі патрэбна была такая дапамога людзям. А потым яе выклікалі ў міліцыю. Запеленгавалі па лакацыі, што ў той час, калі адбываўся пратэст, знаходзілася там і размаўляла па тэлефоне. Сілавікі нават паказалі ёй фота і відэаматэрыялы, на якіх нібыта была яна. Але высветлілася, што гэта была зусім іншая жанчына.

— Удалося ад усяго адмовіцца. Маўляў, праходзіла там побач, размаўляла па тэлефоне. А што, хіба нельга хадзіць па цэнтры горада?

Але гэта быў толькі пачатак. Яна не спыняла сваю дзейнасць: дапамагала сем'ям палітвязняў, перадавала харчы і ўсё неабходнае для затрыманых у ізалятары. Урэшце сілавікі зацікавіліся яе бізнесам. Раптам пачаліся праверкі, прыходзілі падаткавікі і пажарныя, пасыпаліся штрафы.

Страціла бізнес

— Я ўжо зразумела, што чакаць няма чаго. Паразмаўляла з бацькам, пазачыняла крамы, акрамя адной. Усё ж надзея цяплілася, што хутка вернемся. Але 24 лютага 2022 года ў маю краму прыйшлі незнаёмыя людзі, выгналі маю прадаўшчыцу і пачалі з яе тэлефона званіць да мяне: „А ты дзе? Прыязджай“. Я тады спакойна адрэагавала і прапанавала дасылаць пісьмовыя пытанні, паведаміўшы, што з імі будзе размаўляць адвакат. Адвакат мой гаварыў з імі, на мяне двойчы ўзбуджалі крымінальную справу. І вось цяпер я не маю сувязі з адвакатам, ён дапамагаў такім людзям, як я. А што датычыць крамы, то прадаўшчыца распавяла, што з крамы вывозяць рэчы...

Спадарыня Наталля страціла тады шмат, але кажа, што не гэта галоўнае: маўляў, жыццё даражэйшае.

— Калі казаць пра бізнес менавіта, то было шкада, але не таго, што страчваю, а што нічога зрабіць не магу з тым, што адбываецца. З розумам сябрую, законаў не парушаю, раблю карысную справу. Слёзы ліліся ад таго, што, да прыкладу, у гарадку прыходзяць людзі, здзіўляюцца: „Як так, такая добрая крама зачыняецца. Усё можна было купіць, простыя рэчы для жыцця: трусы, майкі, шкарпэткі, сукенкі нейкія... А зараз што, па трусы нам у Віцебск ездзіць, як сорак гадоў таму?“

Спадарыня Наталля трохі расхвалявалася, на хвілінку задумалася і працягвае:

— З аднаго боку, я злавалася на людзей, казала ім: „Чаму не ідзяце ў раённы Савет і не скажаце там, што добрая крама зачыняецца?“ А яны... Ну што яны? Як усе прыгнечаныя людзі: „А што мы зробім, што наш голас, хто нас паслухае?“ Была такая злосць на людзей: ну чаму вы маўчыце, у вас адбіраюць апошняе! А з іншага боку — што было рабіць з такой дзяржавай? І вось быў адчай, але адначасова і жаданне працягваць, супрацьстаяць.

Ад смутку ратуе праца

У Польшчы спадарыня Наталля пачала працаваць і кажа, што ад пачатку не імкнулася нешта атрымаць ад польскай дзяржавы, была ўдзячная за тое, што ў гэтыя цяжкія часы яна прыняла беларусаў. Але менавіта тут яе заспелі трагічныя абставіны.

— У мяне быў тата вельмі хворы, і ў 2023 годзе ён памёр, а я не магла паехаць на пахаванне. Ён мне казаў: „Дачка, я буду жыць, а ты ўжо багата чаго зрабіла, глядзі ўперад і кроч“. Гэта было вельмі цяжка перажыць. Мама мая памерла раней, і цяпер я адна.

Яшчэ адна непрыемнасць, што папсавала настрой у Польшчы. Гаспадар, які здаваў ёй кватэру, пачаў неадэкватна да яе ставіцца: не выпускаў з кватэры альбо не пускаў у дом, калі яна вярталася. Давялося шукаць дапамогі ў паліцыі. Але і гэта неяк перажыла, праўда, кажа, што стаўленне да палякаў засталося дваякае.

Мая суразмоўніца імкнецца засяроджвацца на працы, бо хочацца зрабіць нешта, што застанецца для іншых. Яна падрыхтавала ўжо дзве кнігі на беларускай мове.

— Гэтыя кніжкі больш з адукацыяй звязаны, з працай мозгу, з тым, як сабе дапамагаць у стрэсавых сітуацыях. Я сама праз усё гэта прайшла, маю досвед і адпаведную адукацыю.

Дахаты, як толькі з’явіцца магчымасць

Спадарыня кажа, што з Беларуссю пастаянна на сувязі, гэта не адпускае. І дахаты яна збіраецца, як толькі з’явіцца такая магчымасць.

— Гэта і мая мара, і жаданне. Чалавеку дае магчымасць жыць і адчуваць сябе на належным узроўні энергіі і нейкіх мараў і жаданняў, калі ў яго засталося нешта няскончанае. А ў мяне ў Беларусі шмат няскончанага.

Яна ізноў трохі задумалася...

— У мяне ёсць мара напісаць кнігу на беларускай мове пра гэты час. Зараз пішу багата чаго ў стол. А вельмі хачу пакінуць свой след для беларускай мовы, літаратуры, для людзей. Няхай яе прачытаюць пяць чалавек, лепш, калі больш, але дакладна — вось так...

2 лютага 2024

„Усё нармальна з нашай музыкай у эміграцыі адбываецца“

Аляксандр Памідораў — вядомы беларускі выканаўца і вядоўца. Ён удзельнічаў у шэрагу супольных музычных праектаў, такіх як „Народны альбом“ і „Я нарадзіўся тут“. Ён вядоўца канцэртаў і фестываляў („Басовішча“, „Рок за Баброў“, „BeFree“, „Рок-каранацыя“). І цяпер у розных гарадах Еўропы ў беларускіх эмігранцкіх колах Аляксандр дае сольныя канцэрты.

— Аляксандр, як даўно вы знаходзіцеся ў эміграцыі?

— Са снежня 2021 года я знаходжуся ў Польшчы, бо ўжо немагчыма было заставацца ў Беларусі.

— А што канкрэтна вас прымусіла пакінуць Беларусь?

— Сама сітуацыя, якая склалася ў мяне, прымусіла гэта зрабіць. У мяне заблакавалі банкаўскія рахункі, пачаліся розныя выклікі ў Следчы камітэт... Ну і потым, не было ніякага жадання зноў ісці ў турму.

— Вы траплялі тады за краты?

— Канечне. Нас забралі адных з першых. Арыштавалі на дваровых канцэртах у верасні 2020 года.

— Што зараз згадваецца з таго часу?

— У мяне ўжо быў досвед, і я ведаў, як сябе паводзіць у падобных сітуацыях. Хаця ўсё роўна гэта адбіваецца на любым чалавеку, бо ты знаходзішся ў замкнёнай прасторы, на цябе адбываецца ціск. Праўда, мушу прызнаць, што мы тады яшчэ адседзелі суткі даволі спакойна. Бо, калі выйшлі на волю напрыканцы месяца, нам распавядалі, што пачаліся сапраўдныя жарсці.

— А як вам здаецца, што адчувалі тыя, хто быў па іншы бок турэмнай камеры?

— Яны баяліся і баяцца размаўляць. Яны баяцца на ўсіх узроўнях: ад простага шараговага выканаўцы да тых, хто прымае рашэнні, — генералаў і міністраў. Усе яны баяцца, і гэта бачна.

— Аляксандр, як вы ўладкаваліся ў Польшчы?

— Мне ад пачатку пашчасціла, бо адразу замовілі тры артыкулы ў польскім выданні, і напрыканцы снежня я атрымаў першы ганарар. А потым мы досыць хутка ўладкаваліся ў гіпермаркет на выкладку тавараў. Я патрапіў у малочны аддзел. Ну а калі з'явіліся выступы, здымкі, канцэрты, то праца ў краме пачала замінаць. Справа ў тым, што з некім можна дамовіцца, каб цябе раней адпускалі альбо каб цябе наогул цэлую змену не было, а некаму з адміністрацыі такая праца не падабаецца.

— Гэта значыць, што выступамі і канцэртамі вы пражыць тут не можаце?

— Можна пражыць і выступамі, і канцэртамі, хаця б таму, што яны тут ёсць дзякуючы гледачам. Мушу заўважыць, што столькі канцэртаў, колькі ў нас тут ёсць, маю на ўвазе ўсіх беларускіх артыстаў, столькі канцэртаў у Беларусі ў нас не было вельмі даўно.

— Значыцца, вы цяпер, акрамя артыстычнай дзейнасці, больш нічым не займаецеся?

— Фактычна цяпер я знаходжуся ў турнэ па еўрапейскіх гарадах, дзе існуюць беларускія дыяспары. Сёння раніцай я прыехаў у Познань з Аўстрыі. Сёння канцэрт у Познані, у аўторак — у Кракаве, а потым яшчэ выступ у Варшаве. Планаваў яшчэ адзін выступ, але, здаецца, трэба зрабіць перапынак. Сёння будзе ўжо чатырнаццаты канцэрт.

— За які перыяд?

— З 31 студзеня.

— Гэта менш чым за месяц... А што ўяўляюць сабой вашы канцэрты? Маецца на ўвазе, якія песні спяваеце, што распавядаеце гледачам, якія пытанні вам задаюць?

— Пытанні задаюць самыя розныя. Ды я і сам імкнуся, каб мой канцэрт быў размовай з гледачом. Прычым заўсёды гатовы гутарыць на любыя тэмы, якія мне прапануюць. Як і ўсе артысты, калі яны выпускаюць новы альбом, на канцэртах не іграюць усе новыя песні, а імкнуцца спяваць хіты альбо проста больш вядомыя. У мяне хітоў не шмат, але, безумоўна, людзі чакаюць „Цуд на Каляды“, „Дзень без гарэлкі“, „Быць беларусам“... І вельмі прыемна, калі людзі на канцэрце пачынаюць падпяваць.

— А дзе вам было найцікавей выступаць?

— Я люблю выступаць у Вроцлаве, Кракаве, Познані, Берліне... Ну, паўсюдна. Я не магу сказаць, што недзе мне не падабаецца і я туды не паеду. А новыя месцы, калі адкрываеш іх, то гэта наогул файна. Я атрымаў эстэтычны шок у Брэмене і Бруселі. Потым атрымаў тэхнічны і тэхналагічны экстаз у Берліне.

— Усе гэтыя ўражанні, якія вы чэрпаеце з падарожжаў і канцэртаў, — яны ўплываюць на вашу творчасць, пішаце нешта новае?

— Пішацца, але не вельмі хутка. Я раблю нейкія замалёўкі, бо стварыць нешта адразу новае ў такім рэжыме цяжкавата.

— Замежнікі трапляюць на вашы канцэрты? Якія ў іх уражанні?

— Так, безумоўна. Да прыкладу, у Брэмене немцы мне раілі зарэгістравацца ў нямецкім агенцтве аўтарскіх правоў, бо, маўляў, наступны раз, калі я прыеду, гэта спатрэбіцца. Яны прызнаваліся, што не разумелі беларускай мовы, але тое, што чулі і бачылі падчас канцэрту, іх уразіла. А мне было вельмі прыемна. Дарэчы, на канцэрты прыходзяць і ўкраінцы, і палякі...

— У эміграцыю пасля 2020 года выехала шмат творчых людзей, у тым ліку музыкантаў. На ваш погляд, што адбываецца ў эміграцыі з беларускай музыкай?

— Усё нармальна тут з нашай музыкай адбываецца. Музыкі выступаюць, пішуць новыя песні, гастралююць, з'яўляецца шмат новых твараў, новай музыкі. Мне, да прыкладу, падабаецца апошні альбом Светы Бень і Галі Чыкіс, Dlina Volny, Nürnberg, плюс тое, што робіць Саня Багданаў, ды шмат чаго можна пералічваць. Назаву яшчэ гурт Atesta — гэта, напэўна, самая маладая наша зорачка.

— Ці маеце вы сувязь з Беларуссю і што там адбываецца ў музычным свеце?

— Там нічога не адбываецца, там усё дрэнна: канцэртаў няма, магчымасцяў выступаць таксама няма. Мы кантактуем з калегамі і ў Беларусі, і ў Амерыцы, і ў Ізраілі. Таму ўсё вядома, што там адбываецца. І ўсе вінаватыя за гэта адкажуць, прыйдзе час. І я спадзяюся, што гэта будзе не помста, а нармальны Закон. Нам давядзецца не проста аднаўляць, а нанова ўсё будаваць. Лёгка не будзе.

— Аляксандр, як на вас уплывае эміграцыя, як вы яе пераносіце?

— Нармальна ўплывае. Мне, па вялікім рахунку, усё роўна, дзе жыць. Магчыма, я касмапаліт, але працы паўсюль хапае не толькі каб перабівацца, але і жыць нармальна. А веданне мовы і культуры — гэта ўсё з часам набываецца. Зразумела, ёсць нейкія рэчы, па якіх сумуеш, але ў прынцыпе ўсё нармальна.

— А вы па чым сумуеце?

— Я нават не магу сказаць. У мяне родныя засталіся ў Мінску, і, безумоўна, гэта часам і нервы, і іншае. Але дакладна не скажу.

20 лютага 2024

У пошуках страчанай Беларусі

Уладзя жыве ў Польшчы ўжо больш за 30 гадоў. За гэты час яго творчасць з беларускімі матывамі знікла, з'явіўся новы цікавы занятак, іншы сэнс набыло жыццё, а месца Беларусі ў ім амаль не засталося.

Шлях да мастацтва быў натуральным

Уладзя — мастак. Нарадзіўся і вырас у Беларусі, па нацыянальнасці паляк, але валодае беларускай мовай як роднай. Адукацыю атрымаў у Польшчы. Скончыў мастацкую акадэмію ў Познані, жыве і працуе тут ужо на працягу 30 гадоў. Згадвае, што побач з творчасцю адчуваў сябе з дзяцінства — яго тата быў мастак па металу і займаўся чаканкай.

— Я яшчэ нават не нарадзіўся, а ў бацькі ўжо былі планы, што я буду мастаком. Яно неяк натуральна прыйшло. Я сутыкаўся з гэтым з самых малых гадоў, і таму гэта быў натуральны шлях для мяне — прыйсці ў мастацтва. Ні аб чым іншым асабліва і не марыў. Шчыра кажучы, ніколі і не пашкадаваў аб тым, які шлях абраў.

Пакуль вучыўся, Беларусь змянілася

Суразмоўца згадвае, што ў Польшчу паехаў вучыцца ў 1992 годзе. Падчас вучобы думаў вярнуцца, бо ў Беларусі тады былі цікавыя часы: усталёўвалася дэмакратыя, з'явіліся парасткі свабоды. Кажа, што ў яго захавалася шмат асобнікаў часопіса „Крыніца", і цяпер, чытаючы іх, здаецца, што гэта тэксты не з мінулага, а з будучага Беларусі.

— З 1994 года пачаў адчуваць, нягледзячы на маладыя гады, змены, якія тады адбываліся, — гэта ўжо была не тая Беларусь, з якой я з'ехаў. І калі скончыў вучобу ў 1998 годзе, то ўжо добра разумеў, што гэта іншая краіна, і, шчыра кажучы, не бачыў у ёй для сябе месца.

Праўда, так проста з Беларуссю развітацца не давялося. Калі пасля сканчэння акадэміі прыехаў да бацькоў у адведкі, адразу ж з'явіліся міліцыянты ў доме і адвезлі яго ў ваенкамат. На Уладзю гэта зрабіла незабыўнае ўражанне.

— Калі дахаты прыязджае міліцыя і, як крымінальніка, вязуць падпісваць позву — такое не можа быць у нармальным войску і ў нармальнай краіне. Тым больш што вайны ніякай не было. Па-другое, мне заўсёды не падабалася гэтая савецкая аўра з савецкім бардаком. Нават сам той факт, што прысяга была па-расейску, — я не адчуваў сябе ў беларускім войску. Ніякай беларускасці там не было. І гэта войска адвучыла мяне любіць Беларусь цалкам.

Усе матывы ў творчасці былі звязаны з Беларуссю

У Польшчы Уладзя з галавой акунуўся ў мастацтва. Хоць і скончыў факультэт прыкладной графікі, але пачаў займацца жывапісам і скульптурай. Адзначае, што жанрава яго жывапіс набліжаны да рэалістычнага, часам з элементамі сюррэалізму.

— У Заходняй Еўропе з'явілася такая назва, як магічнае мастацтва. Мастацтва з элементамі фэнтэзі, рэалізму, сюррэалізму — вельмі ілюстрацыйнае. Яно, напэўна, не абстрактнае ў сучасным разуменні.

Дарэчы, згадваючы свой працоўны шлях у Польшчы, суразмоўца адзначае, што ён не быў цукровым, паколькі ўсё даводзілася пачынаць з нуля: не было дзе жыць, спаў на падлозе ў хлопцаў у інтэрнаце, і легалізавацца давялося па-новаму. Але, як сам кажа, знайшоў майстэрню і стаў працаваць, рабіць выставы. Маўляў, быў маладым і на многія рэчы не звяртаў увагі.

— Магчыма, гэта толькі маё ўражанне, але здаецца, што мастакам тады ўсё ж было лягчэй, чым цяпер, — людзі больш цікавіліся мастацтвам. Нават тая творчасць, якой я тады займаўся, знаходзіла больш зацікаўленых. Людзі часцей хадзілі на выставы, існавала больш галерэй. Ва ўсім гэтым адчуваўся нейкі рух, нейкае жыццё. Цяпер, мне здаецца, гэта ўсё крыху падсела. З аднаго боку, было цяжка, а з іншага — я быў у стане зрабіць выставу і адразу палову экспанатаў прадаць. Малады невядомы мастак-пачатковец мог так зрабіць. Сёння гэта амаль немагчыма.

Уладзя згадвае, што гэта быў вельмі інтэнсіўны час для яго. Прыкладна за сем гадоў ён зладзіў больш за дваццаць персанальных выставаў па ўсёй Польшчы. Цікава, што ў той час, як сам прызнаецца, уся яго творчасць была прасякнутая беларускімі матывамі.

— Тады ўсе матывы былі звязаны з Беларуссю. Гэта быў момант, калі я разумеў, што ўжо ніколі не вярнуся ў Беларусь, але засталося шмат сантыментаў і ўспамінаў, звязаных з дзяцінствам. А я вырас у невялічкай маляўнічай вёсцы і ўражаннямі ад таго часу карыстаўся шмат гадоў у сваёй творчасці. Даволі доўга гэта адбывалася, але потым, цяжка сказаць чаму, скончылася.

Крызіс і новы этап у жыцці

А потым, як шмат у каго з творчых людзей, наступіў пэўны крызіс. Пачалі дакучаць думкі: ці ёсць сэнс рабіць тое, што робіш. Перастаў ладзіць выставы, бо згубіўся сэнс у іх.

— З узростам у чалавека з'яўляецца скептыцызм да ўсяго ў жыцці, і прападае тая наіўнасць, якая ёсць у маладых людзей. Сутыкаешся з рэальнасцю, калі трэба зарабляць грошы, выжываць, будаваць хату, з'яўляецца сям'я, дзеці, і разумееш, што няма ўжо месца для мараў, якія не прыносяць прыбытку. І ўсе твае задумы разбіваюцца аб суровую сцяну рэчаіснасці.

Трохі задумаўшыся, Уладзя дадае:

— Мая Беларусь — яна скончылася. І не толькі фізічна, як дзяржава, але і як маё мастацтва. Усё, што я мог пра яе сказаць, — сказаў і больш нічога дадаць не магу. Новай Беларусі для сябе не знайшоў, а старая скончылася. Каб закрыць гэтую тэму, я выдаў кніжку з ілюстрацыямі, з маімі карцінамі і вершамі. З той пары тэма Беларусі ў мяне ў мастацтве не з'яўляецца.

Як заўважае суразмоўца, творчасць на гэтым не спынілася, узніклі іншыя тэмы: жыццё, смерць, каханне. А вось што датычыцца Беларусі, то сантыменты да яе з часам пачалі аддаляцца. Праўда, жывапіс стаў як хобі. Уладзя знайшоў сябе ў іншым творчым занятку: пачаў рабіць скульптуры ў лёдзе і ў пяску.

— Гэта мяне зацягнула так, што займаюся гэтым ужо 22 гады. У класічным разуменні, на мой погляд, гэта не сапраўднае мастацтва. Гэта ў чыстым выглядзе камерцыя. І шчыра кажучы, гэта робіцца больш дзеля грошай, але прыемнасць у тым, што грошы зарабляюцца сваёй прафесіяй і тым, што табе сапраўды падабаецца. Калі ўвечары ідзеш спаць, то думка, што заўтра трэба на працу, для цябе прыемная.

Адносіны з Беларуссю нагадваюць амерыканскія горкі

Уладзя распавядае, што дзякуючы новаму занятку аб'ехаў практычна ўвесь свет, і гэта такое дадатковае задавальненне ад працы. А да ўсяго, свет паўплываў на яго як на асобу. Цікавіць мяне, як ён успрымаў падзеі 2020 года ў Беларусі.

Паводле ўспамінаў суразмоўцы, за навінамі сачыў кожную гадзіну, не адыходзячы і ўначы. Была вера, што адбудуцца змены і на яго радзіме. Але, як заўважае, усё павярнулася ў адзін момант. Не хапіла нейкага пераломнага моманту. А вось чаму яго не хапіла?...

— Шчыра кажучы, я ганарыўся, што я з Беларусі, што людзі пасля такога трымання за морду праз 30 гадоў былі здольныя такое зрабіць. Але, з іншага боку, я не разумею, калі два гады таму ў Гародні падчас канцэрту Газманава стаялі такія ж тысячы людзей, спявалі і махалі ліхтарыкамі. Мне было сорамна за беларусаў...

Суразмоўца дадае, што ганарыўся беларускімі эмігрантамі, якія прыехалі ў Польшчу пасля 2020 года, але сорамна стала за Беларусь, калі пачалася вайна...

— І вось усё маё жыццё — гэта такія амерыканскія горкі ў дачыненнях з Беларуссю. Таму я кажу, што для мяне Беларусь — гэта гісторыя страчаных мрояў. Я веру ў нейкую іншую Беларусь і заўсёды думаю, што вось яшчэ крыху — і яно будзе. Але на сённяшні дзень я страціў гэтыя мроі цалкам. Я не веру ні ў Беларусь, ні ў тое, што там будуць змены. Мне, відаць, не дачакацца гэтага. Магчыма, мая дачка пабачыць іншую Беларусь.

25 сакавіка 2024

Змест

2020-ы год у кнігах Skaryna Press

Дубовые яблочкі
Вольга Касцюк

Мінскі дзённік 2020-2021
Юля Цімафеева

Мы вернемся
Калі я выйду на волю
Ганна Комар

Bloodlands 20/22 Belarus/Ukraine
Алесь Плотка

Belarus Knockin' at the Vatican's Door
Хрысьціянская візія

DOM
Сяржук Сыс

Беларусь у XXI стагоддзі:
паміж дыктатурай і дэмакратыяй
Рэд. Алена Карасьцялёва, Ірына Пятрова
і Настасься Кудленка

Няскоранае пакаленне.
Галасы беларускай моладзі 2020-га
Рэд. Алена Карасьцялёва і Віктар Шадурскі

* * *

Набывайце ў добрых кнігарнях і на *skarynapress.com*,
а электронныя кнігі — на Apple Books,
Google Play Books і іншых пляцоўках.

www.ingramcontent.com/pod-product-compliance
Lightning Source LLC
Chambersburg PA
CBHW050545190726
48283CB00007B/2019

9781915601780